基于标准的教师教育新教材

教师口语训练教程

主编◎张　洁

副主编◎刘春宁　陈　童　董学军　阮佳佳

华东师范大学出版社

·上海·

图书在版编目（CIP）数据

教师口语训练教程／张洁主编. —上海：华东师范大学出版社，2013.9
ISBN 978-7-5675-1255-9

Ⅰ.①教… Ⅱ.①张… Ⅲ.①小学教师—口语—师资培养—教材 ②中学教师—口语—师资培养—教材 Ⅳ.①H193.2

中国版本图书馆CIP数据核字（2013）第232078号

基于标准的教师教育新教材

教师口语训练教程

主　　编　张　洁
责任编辑　吴海红
审读编辑　史　华
责任校对　胡　静
装帧设计　卢晓红

出版发行　华东师范大学出版社
社　　址　上海市中山北路3663号　邮编 200062
网　　址　www.ecnupress.com.cn
电　　话　021-60821666　行政传真 021-62572105
客服电话　021-62865537　门市（邮购）电话 021-62869887
地　　址　上海市中山北路3663号华东师范大学校内先锋路口
网　　店　http：//hdsdcbs.tmall.com

印 刷 者　常熟市文化印刷有限公司
开　　本　787毫米×1092毫米　1/16
印　　张　15.5
字　　数　326千字
版　　次　2013年11月第1版
印　　次　2025年7月第15次
书　　号　ISBN 978-7-5675-1255-9/G·6858
定　　价　34.00元

出 版 人　王　焰

前言

1991年国家教育委员会下发的教办[1991]522号文件规定，各级各类师范院校都要开设普通话课程。这一规定，在《国务院批转国家语委关于当前语言文字工作请示的通知》（国发[1992]63号文件）中又进一步得到强调。根据以上规定和师范教育课程改革的实际需要，国家教委决定把这门课程定为“教师口语”。

为了加强对“教师口语”课程规格要求的宏观指导，确保课程开设质量，国家教育委员会师范教育司总结各地成功经验，广泛征求语言应用理论、教育理论、课程论方面的专家和各级各类师范院校“口语”教师的意见，并在此基础上，研究、制定了《师范院校“教师口语”课程标准》，于1993年5月印发教师[1993]3号文件，要求在各地试行。同时，根据《课程标准》的精神和我国方言复杂的现状，遵循统一性与多样性相结合的原则，国家教委决定组织编制全国通用的主干教材，并要求各地根据不同方言区实际情况，组织编写与之相配套的地方教材。1994年1月，随着国家教委师范司牵头编制的第一套“教师口语”主干教材问世以来，各地方教材也如雨后春笋般涌现出来。

这次，由我们编制的“教师口语”教材，是在教育部教师教育新标准的大背景下应运而生的。它既是台州学院第五批重点教材建设成果，同时也是浙江省教师教育基地三级建设项目成果。

我们编制这套教材的指导思想是：

准确体现《课程标准》的精神和要求；依据科学性、实用性和示范性等原则，建立以训练教师职业口语运用能力为主线的教材体系；教学内容和教学要求要符合小学教育、教学实际，符合教育对象的认知规律和语言训练规律；注意借鉴和吸收国内外口语教学的成功经验，并注意处理好与相关课程之间的关系。

本教材力求体现以下特点：

1. 针对性强。本教材主要针对小学教师职业口语的提高，从理论的阐释到练习材料的选择，充分考虑初等教育专业学生的学习目标及在职小学教师的职业特点，结合小学的教育、教学实际，突出小学教师职业口语的针对性。

2. 理论规范。在基础理论和基本知识的传授方面，坚持以应用语言学、教育学、心理学、课程论等理论为基础，广泛吸收国内外相关学科的前沿性研究成果，力求在教育理念、教材内容上做到科学规范。

3. 结构合理。本教材打破固有的教师口语教材结构，紧扣口语表达的特性——语音、语态、语义三位一体，以语音篇、语态篇、语义篇三部分组成一种全新的结构。

4. 实践性强。在语言应用理论和教育理论指导下，形成一个融知识和训练于一体的教材体系。为突出技能课的实践性，在理论的阐述中倾向于简明扼要，以求能更好地指导各项教师口语技能的训练，其中，特别重视案例教学的引入。

根据“教师口语”的性质、任务和特点、内容，本教材构建了以应用语言学、交际学的有关知识为基础，以教育理论、方法论等有关理论为依据的知识体系，设计了由理论说明、训练目的、训练内容、训练方法、训练材料和单项检测、综合检测等构成的，理论与实践相结合的训练体系。

这次教材的编写工作得到多方人员的支持与帮助，在此表示感谢。由于能力水平的局限，本教材多有不足之处，敬请批评指正。

目录

“教师口语”是一门研究教师口语运用规律的应用语言学科，是在马克思主义认识论和方法论指导下，综合运用诸多学科培养师范生的口语能力和职业技能的必修课。

一、教师口语是什么

教师口语究竟是什么？它具有哪些本质特征？这是本教程首先需要回答的问题，而这有赖于对以下概念的界定和相互间逻辑关系的梳理。

（一）言语与语言

言语和语言是一组既有区别又有联系的对立概念。

在西方语言学史上，言语（parole）概念的产生晚于语言（language），它是作为语言的对立概念提出来的。在瑞典语言学家费迪南·德·索绪尔的理论体系中，语言就是通过语言实践存放在某一社会集团全体成员中的宝库，一个潜存在每一个人的脑子里，或者说得更确切些，潜存在一群人的脑子里的语法体系；而言语则是语言的体现，包括说话者运用语言规则表达他个人思想的各种组合和使他有可能把这些组合表露出来的心理和生理机制两方面。在英国语言学家哈特曼（R. R. K. Hartmann）和斯托克（F. C. Stork）合著的《语言与语言学词典》中对“Language and Parole”的解释为：“语言可以说有两个方面：语言和言语。前者指的是从一代人传到另一代人的语言系统（system of language），包括语法、句法和词汇，而后者则是指说话者可能说或理解的全部内容。”

目前语言学界对这两个概念比较统一的认识是：所谓语言，是人们用以说（写）和存在于所说（所写）的东西中的音义结合的词汇系统和语法系统，它是一个结构成分有限、相对稳定的静态系统。而所谓言语，是个人说话（写作）的行为与话语，它有两方面的含义：其一，言语就是说话（包括写作），是一种行为动作；其二，言语就是所说的话（包括所写的话），是行为动作的产物。语言和言语之间犹如工具和工具运用的关系，语言是潜在的系统，言语则是潜在系统的实现。它们之间有着本质的区别，又有着紧密的联系：言语是对语言材料和语言规则的运用，离开了语言，言语就无从展开；语言则是在众多具体的言语活动中形成和发展起来的，语言就存在于言语中，语言是对言语的抽象和概括。

通过以上对语言与言语的概念厘清，可以明确教师口语并非静态的语言系统，而是对语言的使用，属于动态的言语范畴。

（二）口头言语与书面言语

首先，言语根据其功用和结构的不同，有外显和内隐之分。外显的言语是用以进行交际的言语，而内隐的言语是在进行思维时所伴随的大都不出声的言语。本教程所谈论的只是外显的言语，此类言语按其表达手段的不同又可分为口头言语和书面言语。

所谓口头言语，就是一个人凭借自己的发音器官所发出的某种语言的声音（语音）来表达思想感情的言语，这是人类最基本的言语形态。所谓书面言语，则是一个人凭借某种语言的文字来表达思想感情的言语。文字是在有声语言的基础上发生、发展起来的，所以书面言语也必然是在口头言语的基础上产生和发展的。

口头言语根据表达方式的不同可以分为会话和独白这两种具体的言语形式。

会话言语，就是两个人或更多的人在一起交谈时所产生的言语，例如人们在聊天、座谈、辩论、质疑等情况下的言语。会话言语是人类最基本的言语方式，其特点是：1. 会话言语是一种具有支持性的言语。参加会谈的人们互为听众和发言者，每一个参与者的言语都以对方的质疑、反驳、回答、补充为刺激，即被对方的言语所支持。2. 会话言语是一种缺乏开展性的言语。一般说来，这种言语在文法结构和逻辑系统方面都不够完善和严谨，有很多意思并不在言语中表达出来，而是彼此意会的。因为所有参与者都处于会话情境中，都在知觉着同样的事物或在谈论着同一个话题，而且每一个人都可以充分利用各种表情和动作来辅助自己的言语，所以发言者有时只用只言片语就可以使别人完全了解自己的全部意见。3. 会话言语是一种缺乏预计性的言语。一般说来，人们在参加会谈之前，很少对自己的说话内容预先进行系统的准备，而事实上也往往无法预先进行系统准备，因为参加者的发言内容是以对话者的问答、阐述及反驳为依据的。显然，任何人都不可能准确地预料别人的说话内容。因此，会话言语在表达思想上常常是即兴的和不够成熟的。

独白言语，通常是指一个人单独地发言而其他人作为听众时使用的言语，例如人们在做报告、讲演、讲课时用到的就是独白言语。它也有几个基本特点：1. 独白言语是一种缺乏支持性的言语。因为独白言语中只有一个发言者，其他人都作为听众存在，所以不会或不易得到他人的言语支持。鉴于此，独白言语也是一种水平较高的言语，需要使言语者自己的第二信号系统[①] 从事相当紧张的工作。2. 独白言语是一种具有开展性的言语。因为在进行这种言语的过程中，发言者和他的听众缺乏紧密的联系，而且彼此所在情境不同，彼此对于主题的理解不一，听众甚至可能对于主题内容一无所知，所以发言者必须在言语的结构方面力求完善，并且在言语的逻辑系统方面力求严谨，同时还必须充分利用肢体动作的辅助作用来加强言语的表现力。可见，独白言语是一种相当复杂的言语。3. 独白言语是一种具有预计性的言语。一个人在进行这种言语之前，必须预先周密地考虑听众的情况和系统地组织发言的内容，否则就不可能清晰明白、前后连贯地向听众呈现独白言语。同时，还需要在进行这种言语时有意地遵照预拟的纲要来发表自己的思想或意见，否则有可能信口开河、无的放矢。所以，独白言语是一种有组织的言语。

教师口语作为一种具体的口头言语，同样也有独白言语和会话言语之分，如课堂教学中的讲授环节就主要是独白言语，而讨论与提问环节则主要是会话言语。当教师口语作为会话言语出现时，虽然也会有即兴与不成熟的表现，但总体上要比一般口头言语的要求更高些，力求在了解学生具体情况的基础上尽量表达到位。

（三）言语交际与课堂言语交际

言语是人们运用语言表达思想情感的行为和结果，是人类特有的交际手段。

---

① 人类所特有的条件反射机制，即对语言刺激、抽象信号等能形成条件反射。

交际学认为,交际是指发生在人与人之间的,借助某种符号传递信息、交流思想、表达感情,并产生相应行为的一种社会活动。根据交际所借助的材料不同,一般把交际分为言语交际和非言语交际。言语交际是指人们使用语言这种人类最重要的交际工具进行的交际,其中包括有声言语交际和书面言语交际。非言语交际是指人们使用语言之外的交际工具进行的交际,其中包括身势交际、符号交际和实物交际。相比而言,言语交际是最重要的交际方式,非言语交际对言语交际起辅助作用,如果充分利用和发挥非言语交际的作用,会使言语交际更为成功。

言语交际是一个由编码发送与解码接收组成的过程,其基本构成要素主要有言语交际主体、言语交际环境和言语交际内容。言语交际主体是指言语交际活动的参与者,具体分为发话者和听话者,一般交际过程中至少存在两个交际主体。其中,发话者负责信息的编码与传送,即表达;听话者则负责信息的接收与解码,即理解,以及反馈。言语交际主体之间是一种互动关系,即互为发话者与听话者。言语交际环境,是指言语交际活动发生的社会文化背景和场合,具体包括时间要素和空间要素。言语交际内容,就是指言语交际活动涉及的具体信息和目的。根据构成要素的不同,言语交际可分为一般言语交际和职业言语交际。一般言语交际泛指日常生活中的言语交际,而职业言语交际则指特定职业人群在特定职业环境下,为了某种特定目的而进行的言语交际,如法庭言语交际、课堂言语交际等。

作为一种特定的职业言语交际,课堂言语交际就是教师和学生这一对言语交际主体在课堂这一特定言语交际环境中所进行的旨在达成有效教学目的的言语交际活动,具体包括教师"教"和学生"学"的言语活动,从表达方式看,它以口头言语为主,以书面言语为辅,如教师的板书。由此可知,教师口语就是课堂言语交际中教师的口头言语。

(四)教师口语的概念和性质

综合以上内容可知:教师口语是言语而非语言;教师口语是口头言语而非书面言语;教师口语是课堂言语交际中教师的口头言语,旨在达成教学目的。具体来说,所谓教师口语,就是教师在课堂教学言语交际过程中的口头言语行为和话语。

教师口语作为特定言语交际过程的一种言语表达行为和话语,其根本属性就是得体性。

所谓得体性,是指在言语交际过程中言语表达要与言语主体、言语环境、言语内容相切合、协调。通俗地讲,得体性就是"见什么人说什么话,到什么山唱什么歌"。教师口语的得体性,就是在课堂教学过程中教师的口头言语表达要与教师、学生、课堂教学以及教学内容相适应、合宜。具体表现为:

1. 科学性、情感性

这是教师口语表达与课堂教学相切合的特性。

所谓科学性,也可以说是正确性,是指教师口语要准确、规范。课堂教学的基本任务就是传递知识和技能,知识的科学性决定了教师口语表达的科学性。这主要表现在两方面:一方面是指教师口语表达要符合语言运用的规则,包括语音、词汇、语法上的使用规律,能够被社会大多数成员所接受。这是言语交际最基本的要求,是言语交际顺利进行的基本保障。另一方面是指教师口语表达要符合学科知识以及学科知识教学的特点，既要保证学科知识表达的正确性，也要保证学科知识教学的正确性，即要用科学、正确的教学方法来教授科学、正确的知识。这是教师最基本的职责所在，否则就会误人子弟。

所谓情感性，是指教师口语表达中既表现情感、释放情感，同时也作用于他人的情感，起到感染人的作用。课堂教学本身就是一种人与人的交往，教师与学生不仅进行着传递知识的认知活动，而且进行着各种情感活动，所以既有追求客观、真实、准确的求真一面，也有追求形象、生动、感人的求美一面。因此，教师口语表达要有情感感染力，既能传达教学内容本身所蕴含的情感，也要流露出教师个人的情感。哪怕是数学、科学等侧重理性思维的课程，在教学中也不应忽视教师口语表达的情感性，因为只有教师充满感情地教，学生才可能充满感情地学，也只有这种不缺乏感情的教学才是真正意义上完整的教学，才可能取得较好的教学效果。

2. 启发性、示范性

这是教师口语表达与教师身份相切合的特性。

中国的文化传统历来对教师有较高的要求和期望。为人师者，往往被人们普遍看作学识渊博、经验丰富、道德高尚、积极向上、理智稳重的典范。所以作为教师，在日常言行上要符合社会传统对教师职业特点的要求——“学高为师，身正为范”。体现在教师口语表达上就是要做到严谨规范、明白晓畅、生动形象等，总之就是言辞谆谆而富有启发性、示范性。

子曰：“不愤不启，不悱不发。”朱熹批注：“启谓开其意，发谓开其辞。”所谓启发性，就是指教师口语表达要能指点学生，使其有所领悟。示范是指做出某种可供大家仿效的典范，所以这里的示范性，就是指教师口语表达要严谨规范，要成为可供学生学习的范本。总体来看，教师口语的启发性与示范性与前面的科学性、情感性紧密相通。

3. 针对性、可接受性

这是指教师口语表达与学生和教学内容相切合的特性。

所谓针对性，就是教师口语表达要充分考虑学生的特点和教学内容的特点，以交际对象——学生的可接受性为前提，有针对性地对不同学生进行不同教学内容的口语表达。如面向低段小学生的教师口语表达要比面向高段的更形象生动，语文学科的教师口语表达要比数学学科的更富于情感性，等等。

4. 有声性、当面性

有声性表现为教师口语通过语音这一有声言语手段进行表达，以线性结构呈现出来，稍纵即逝。而当面性决定了教师口语表达必然配合有非言语表达的成分，如教师的表情、动作、衣着等。

二、教师口语练什么

教师口语作为课堂教学交际中的教师口头言语，具体来说是一种口头言语行为及其产物——口头话语。人类交际史上，最初的口头言语交际一定是面对面进行的，也就意味着口头言语的有声性与当面性是紧密结合的，即口头言语交际必然辅之以面部表情、身体动作等非言语交际。随着科技的进步，电话、广播、录音等现代通讯方式的出现使得口头言语交际不一定要面对面进行，但配合产生的非言语行为虽然不被交际对象看到，却一定是依然存在的。本教程所讨论的教师口语以真实的课堂环境为前提，所以一定是既能听得到也能看得到的。基于此，教师口语的具体行为就包括了声音表达、动作表达两方面，而汉语具有形、音、义三位一体的特点，所以声音形象里还有一个内隐的形态——意义，也可以理解为言语行为产物——话语的意义。所以，教师口语的训练内容就是声音表达、动作表达和意义表达。为了本教程结构布局的完整以及教学上的便利，我们把教师口语的训练内容统一命名为语音篇、语态篇、语义篇。

（一）语音篇

语音篇，即从教师口语的声音表达方面进行训练，以塑造教师良好的声音形象。具体包括科学发声训练、普通话训练、副语言训练。以符合教师口语本质特点为要求，力求通过训练，使得教师口语在语音表达上做到声音响亮持久、清晰圆润，语调丰富，语气动人。

（二）语态篇

语态篇，即从动作表达方面进行训练，以塑造教师良好的视觉形象。这里的语态与语法上的同名概念意义截然不同，而是比较接近大家熟知的教态，即配合教师口头言语表达产生的教师身体动作。这里的语态训练，同样以科学性、情感性、得体性为要求，力求做到精神饱满、大方得体、亲切自然。

（三）语义篇

语义篇，即从言语表达的意义层面进行训练，主要从教师言语行为的产物——话语切入，从言辞表达上塑造教师的内在气质。这里的语义不同于语言的意义，而是语言运用中的意义，即言语意义，包括语词的选择与组合。语义篇将分别以独白与会话的方式进行训练，力求使教师口语在意义运用的层面做到清晰流畅、准确到位、形象生动，满足教师口语的科学性、情感性和得体性等要求。

综合来看，教师口语的训练，就是要通过语音、语态和语义这三方面的言语行为和话语训练，最终达成教师口语表达能力的提升，让教师口语具有感染力，最大化地实现教学目的。

三、教师口语怎么练

“教师口语”是一门应用学科，有其自身相对独立的学科理论体系。但作为一门技能训练课程，并不以理论学习为主要目的。训练过程中的理论说明，旨在通过理论的指导，减少训练的盲目性和随意性，使训练更有成效。因而，本教程在秉持“实训为主，理论为辅”的大原则的基础上，具体遵循以下小原则：

（一）课内外训练相结合原则

教师口语表达技能的形成，是在理论指导下的反复训练和实践中完成的。如今大多数师范院校中普遍存在“教师口语”课程课时不足的现象，少则32课时，多则不过72课时，很难满足该课程的训练需要。而该课程的特点也决定了课内的讲授与训练只能是“抛砖引玉”，更多的还得依赖课外训练，所以必须坚持课内外训练相结合的原则。

（二）示范与实训的大小课相结合原则

配合“实训为主，理论为辅”的大原则，实行大小课相结合的原则，即在实际教学中，教师要注意把握教学节奏，做到精讲、精示范，尽量压缩教师讲授的时间，以面向全体学生的大课方式呈现理论和示例，而把更多的时间留给学生，多以小组合作学习的方式开展实训小课，一方面为每个学生提供更多的训练机会，另一方面也能增强教师对学生个别辅导的作用。

（三）传统教学方法与现代化教学手段相结合原则

现代化视听媒体为教师口语技能训练提供了先进的教学手段，应尽可能地加以利用来提高训练效果。如录音、录像、投影、网络等各类材料与手段的引入，再配合传统的言传身教教学方式，定能最大量、最高效地扩展训练内容，提高训练水平。而对学生的训练，也可以把传统的上台单项检测与现代的微格综合检测相结合，以取得理想的训练效果。

四、《教师口语》教学建议

虽然本教材把教师口语课程内容界定为语音篇、语态篇和语义篇三大部分，但教师口语表达是音、态、义三位一体的动态过程，不可能也不应该机械分解，只是出于编写的便利而如此。所以，在实际教学过程中，不必拘泥于教材编排顺序——尽管它在一定程度上反映了人类认识世界的客观规律，由易到难、由浅入深——大可根据学生的实际情况来进行调节，关键要注意协调好三者之间的紧密联系。

此外，建议可以与时俱进，把党的二十大报告中与青年、教育相关的重要内容融入教学中，作为语音、语态、语义的分项训练材料，引导师范生讲好中国故事、传播好中国声音，展现可信、可爱、可敬的中国形象。

语音篇

人的喜怒哀乐，一切骚扰不宁、起伏不定的情绪，连最微妙的波动、最隐蔽的心情，都能由声音直接表达出来，而表达的有力、动听、迷人、细致、正确，都无与伦比。

——【法】丹纳

【训练目的】

教师口语语音篇的训练，目的是为教师塑造良好的声音形象。因为，作为口头言语的教师口语，语音是其最基本的外在表现形式，能直接影响学生的听觉和心理，进而影响整个教学效果。

语音训练以教师口语的特性为标准，即教师口语的发音应做到科学性、情感性和得体性。

【训练内容】

语音篇共分三章：

第一章训练发声技能。该章从理论上简明扼要地介绍了科学发声的原理及方法，进而从用气发声、口腔共鸣、吐字归音三个方面进行训练，以提升师范生的科学发声能力，为日后从事以口头发声为主的教师职业打下良好基础。这部分是教师口语科学性在语音上的体现。

第二章训练普通话。该章结合教师资格要求之一的普通话水平测试，对师范生进行普通话训练，力求使每位师范生都能发音规范，为日后的教学工作提供有力保障。内容主要包括声、韵、调的训练及朗读、说话训练。这部分也是教师口语科学性在语音上的体现。

第三章训练有声副语言。该章主要针对教师的职业特点，对师范生日后在教育、教学工作中的语音调控能力进行培养，如音量的调控、节奏的把握、语气语调的变化等，以增强教师语音感染力为目的。这部分是教师口语情感性与得体性在语音上的体现。

➢ 理论说明

在教师口语表达过程中，教师的声音应做到清晰、响亮、持久不衰，从而有利于课堂教育、教学工作的顺利进行。但现实情况却是，有的教师一两节课下来就感到口干舌燥、声音嘶哑，人未老声已衰，在一定程度上影响了教学效果。这与许多教师不懂得科学发声和嗓音保健不无关系。有关资料表明：十个慢性咽炎患者中八个是教师。

语音是口语表达的载体，一般人如果不是有先天缺陷，发声应是与生俱来无需训练的能力。然而，如果从事以口语表达为主要工作方式的职业，若不接受发声的技能训练，就会在生理、心理各方面感到难以应付。每一种职业都有其特殊性，教师也不例外，它有别于一般职业的一点是：教师主要是通过声音来传播知识、讲授道理的，通俗地说就是“吃开口饭的”。因此，嗓子是教师最重要的职业工具。在英国苏塞克斯大学的教育学院，嗓音训练是培养未来教师的一大重点。“教学离不开交流，而嗓音是交流的主要工具。”学院负责嗓音训练项目的詹姆斯·威廉姆斯先生说，“不给教师做有关嗓音技巧的培训，就好比培训外科医生而不给他们讲解手术所需的器具一样。”正所谓“工欲善其事，必先利其器”，作为一名教师或师范生，在教师口语的学习中，首要任务就是创造一个良好的嗓音条件。因此，掌握一些发声技能和嗓音保健的常识是非常必要的，这也是保证教师声音青春常在的一项基本功。

严格地说，人体专门用来发音的器官只有“声带”。但要清晰发出各种不同的声音，还要靠人体各种器官多种活动的配合。从这个意义上说，人的发音器官大致可分为三个部分：喉下、喉部和喉上。喉下部位有用来呼吸并且也作为发音能源的各器官，包括气管、肺、胸廓、横膈膜和腹肌；喉部是声源器官，包括喉头、声带；喉上部位是指用共鸣作用或阻碍作用来调节声音的各器官，包括口腔各部及鼻腔。

发音时，喉部的声带先闭拢，由肺呼出的气流在一定的压力下冲开声门，声带又因本身的弹性而重新闭合，接着，由肺送来的气流又因压力增大而再度冲开声门，这一开一合称为一个周期。这股气流就作为使声带颤动或冲破声腔中各种阻碍，产生爆发或摩擦的动力。气流通过声门以后，再经过咽腔、口腔或鼻腔等各共鸣腔体的调节，从唇部或鼻孔发出我们所听到的各种不同的语音。这就是人体基本的发音原理。

在日常生活中，人们仅仅依靠声带讲话的情形实际上是不存在的。声带所发出的声音微弱且不优美，只有在气息的推动下，通过共鸣腔体扩大音量、美化音色后，才能传出体外，进行正常的交流。因此，科学发声技能主要就是通过三方面的训练来获得——用气发声训练、口腔共鸣训练和吐字归音训练。

第一节　用气发声

➢ 理论简介

“气乃音之本”,“气动则声发”,呼吸所产生的气息是发声的动力。

通过前面发音原理的介绍,我们知道人体唯一的发音器官是声带。在通常情况下,人们说话时,声带的振动频率大约在60—350赫之间,声带的振动频率决定了发声的音响、音高和音色。而声带的振动频率取决于呼出气息的多寡快慢,这就意味着教师口语表达中的亮度、力度、清晰度,以及音色的甜润、优美、持久等,主要取决于气息的控制和呼吸的方式。掌握正确的呼吸方法,是科学发声训练的根本。

生活中常见的呼吸方式有三种:

1. 胸式呼吸,又称浅呼吸。主要是靠提起胸肋骨扩大胸腔的水平尺度来吸气。胸式呼吸的吸气量较小,利用这种方式发出来的声音,往往是窄细、轻飘、干瘪的,缺乏弹性。由于吸气时的抬肩动作,还容易造成颈部的紧张,使喉头负担过重,用声不能持久,无法满足教师长时间连续发声的需要。

2. 腹式呼吸,又称深呼吸。主要是靠下降横膈肌扩大胸腔的垂直尺度来吸气。这种呼吸方式吸气量较大、较深。但由于吸气时腹部放松外突,使腹肌在发声时用不上劲,容易造成声音闷暗,也不利于教师课堂教学的需要。

3. 胸腹式呼吸。胸式呼吸多见于女性,腹式呼吸多见于男性。在日常生活的言语交际中,这两种呼吸方式是可以适应发声需要的。但在口语表达艺术如教师口语中,这两种呼吸方式还都不足以支撑发声的需要。而胸腹式呼吸既吸取了胸式呼吸时胸腔前后左右的扩张,又利用了腹式呼吸时横膈肌下降扩大的胸腔上下径,更重要的是加强了小腹的控制力量,从而调整气息的强弱缓急。这样一来,既扩大了胸腔的容积,吸气量增大;又由于建立了胸、膈、腹之间的联系,增强了呼气的力量,使声音发出来坚实、响亮,形成多种音色变化的基础。因此胸腹式呼吸更适应教师口语的发声需要。

生活中,有的人讲话声音洪亮、持久、有力,人们赞叹说,他(她)“中气”很足;相反,有的人说话音量很小,有气无力,上气不接下气,像蚊子嗡嗡叫一样,使人难以听清,这种人则“中气”不足。其间除了身体素质的区别外,还有一个气息调节技巧问题,即呼吸和讲话的配合、协调是否恰当的问题。正常情况下,说话是在呼气时而不是在吸气时进行的,停顿则是在吸气时进行的。如果是持续时间较长的讲话或朗诵,必然要求有比平时更强的呼吸循环。科学的用气发声方法就是有控制的胸腹联合式呼吸法,也称丹田呼吸法,即运用小腹收缩,靠丹田的力量控制呼吸。这是每一位教师都应具备的基本功,也是常保嗓音青春,打造一副“金嗓子”的秘诀所在。

➢ 技能训练

一、用气发声——有控制的胸腹联合式呼吸之吸气训练

【训练目标】

深吸气,气沉丹田,蓄气量大。

【训练要领】

1. 扩展两肋：双肩放松，双臂可以自由活动，从容地扩展两肋，增大胸腔的前后左右径，增大气息容量。

2. 吸气要深：要有吸向肺底的感觉，此时横膈肌下降，胸腔容量增大。

3. 小腹内收：吸气的同时，腹部肌肉应向小腹的中心位置（丹田）收缩。气息集中于丹田，就是用小腹的收缩感达到控制气息的目的。

以上所述，是吸气动作的分解，实际上它们在吸气过程中应同时进行，获取吸气的综合感受。小腹向内即向丹田收缩，相反，大腹、胸、腰部同时向外扩展，可以感觉到腰带渐紧，前腹和后腰分别向前、后、左、右撑开。用鼻吸气，做到快、静、深。

【训练方法】

1. 站立式：全身放松，作深呼吸。体会两肋扩展、横膈下降及小腹内收的感觉。

2. 坐式：坐在椅子的前端，上身略向前倾，小腹稍作内收，吸入气息，体会两肋展开的过程。

3. 闻花香：仿佛面前有一盆香花，深深地吸进其香气，控制一会儿后缓缓吐出。

4. 抬重物：意念上准备抬起一件重物，先要深吸一口气，然后憋足一股劲。这时，腹部会产生与有控制的胸腹联合式呼吸中吸气最后一刻相同的感觉。

5. 半打哈欠：不张大嘴地打哈欠，进气最后一刻的感觉同有控制的胸腹联合呼吸中吸气最后一刻的感觉相似。

二、用气发声——有控制的胸腹联合式呼吸之呼气训练

【训练目标】

有控制地均匀平稳地呼气。

【训练要领】

1. 呼气要平稳：呼气时要将体内的气流拉住，均匀平稳地呼出，并能根据感情的变化，自如地变换呼气状态。

2. 呼气要有控制：呼气时，呼气肌肉群体工作的同时，吸气肌肉群体应该持续不断地进行工作，利用腹肌向丹田收缩的力量控制住气流。这样，呼气才能持久。

3. 呼气要有变化：随着表达内容的不同和感情的差异，调节呼气的强弱、快慢。

另外，有时气已呼完，但还要继续说话，容易出现句尾干涩或声嘶力竭的现象，这就需要学会在说话过程中补气。气息补得及时，才会用得从容，才能持久地发挥气息的动力作用。

【训练方法】

1. 模拟练习：模拟生活中的叹息——“唉”，吆喝牲口的声音——“吁”，大笑声——“哈哈哈”。

2. 吹灰尘：假装吹掉桌上的灰尘，或者撮起双唇吹响空瓶。需要注意的是：喉部要放松，让气息缓慢而均匀地流出，尽力拉长呼气时间，达到30秒左右为宜。

3. 轻吹蜡烛：点着蜡烛后，深吸一口气，然后对着火焰轻轻吹去，不要将火焰吹灭，气要轻而匀，使火焰向外方倾斜，并努力用自己的气使它保持住倾斜状态。这是检验出

气量是否均匀的一个好方法。

4. 发延长的"咝"音：深吸一口气后，咬住牙，从牙缝中发出"咝——"声，吸一口气能够呼出30—40秒为好。发出的声音可检验呼出的气流控制得是否匀量、匀速。

三、用气发声——有控制的胸腹联合式呼吸之综合训练

【训练目标】

学会将吸气与呼气紧密地结合起来使用，掌握控制呼吸的能力。

【训练要领】

综合运用两肋开、横膈降、小腹自然内收等呼吸要领。

【训练方法】

1. 选些短小、平和、舒缓、轻快的诗词作为练习材料。如：

咏　鹅

骆宾王

鹅，鹅，鹅，曲项向天歌。
白毛浮绿水，红掌拨清波。

读第一遍时，一口气读一小句，分四次读完；读第二遍时，一口气读两小句，分两次读完；读第三遍时，一口气读完。要读得平衡、舒缓，以不断提高对气息的控制能力。

2. 选择内容较复杂的长句进行练习。如：

竞选州长（节选）

那次做伪证的意图是要从一个贫苦的土著寡妇及其无依无靠的儿女手里夺取一块贫瘠的香蕉园，那是他们失去亲人之后的凄凉生活中唯一的依靠和唯一的生活来源。

两个长句，读之前吸气量要大，读时要控制好气息，气要"拉住"，不能随意顿歇和补气，否则就会破坏语意。

➢ 训练材料

阿　凡　提

阿凡提，骑毛驴，手里拿着一条鱼。毛驴走路急，掉了手中的鱼。阿凡提，下毛驴，下了毛驴去拾鱼。弯腰去拾鱼，拾鱼跑了驴。阿凡提，心里急。拾起鱼，追毛驴。追上毛驴骑毛驴，骑上毛驴手提鱼。

报　菜　名

蒸羊羔儿、蒸熊掌、蒸鹿尾儿、烧花鸭、烧雏鸡、烧子鹅、卤煮野鸭、酱鸡、腊肉、松花小肚儿、凉肉、香肠、什锦酥盘儿、熏鸡、白肚儿、清蒸八宝鸭、江米酿鸭子、罐儿闷鸡、罐儿

闷鸭、山鸡、兔脯、菜蟒、银鱼、清蒸哈什蚂、烩鸭丝儿、烩鸭腰儿、烩鸭条儿、清拌鸭丝儿、焖白鳝、焖黄鳝、豆腐鲶鱼、锅烧鲤鱼、清蒸甲鱼、抓炒鲤鱼、抓炒面鱼、软炸虾腰、软炸鸡、炸白虾、炝青虾、炸面鱼、炝竹笋、氽银鱼、溜黄菜、芙蓉燕菜、炒虾仁儿、烩虾仁儿、烩银丝儿、烩海参、烩鸽蛋、炒蹄筋儿、蒸南瓜、酿冬瓜、炒丝瓜、酿倭瓜、焖鸡掌、焖鸭掌、溜鲜蘑、溜鱼肚、溜鱼骨、醋溜鱼片、三鲜木樨汤、红丸子、白丸子、苏造丸子、南煎丸子、干炸丸子、三鲜丸子、四喜丸子、葱花丸子、豆腐丸子、一品肉、马牙肉、红焖肉、白片肉、樱桃肉、米粉肉、坛子肉、炖肉、大肉、松肉、烤肉、酱肉、酱豆腐肉、烧羊肉、烤羊肉、涮羊肉、五香羊肉、煨羊肉、氽三样儿、爆三样儿、清炒三样儿、白煨杂碎儿、三鲜鱼翅、栗子鸡、红烧活鲤鱼、板鸭、童子鸡。

报 花 名

我的邻居张伯伯是位老花匠，昨天他带我到他的花圃去参观。一走进那花圃，一股浓郁的香气扑鼻而来，真是沁人心脾，令人心醉。那五颜六色的花草多美呀，我都不知道该去欣赏哪一种才好。它们有的花朵盛开，有的含苞待放，有的果实累累，有的却是枝繁叶茂等待来春重新开放。这里有：

红牡丹、白牡丹、粉红牡丹、芍药、玫瑰、蔷薇、朱槿、米兰、昙花、樱花、桂花、茶花、金银花、金芙蓉、金鸟花、月光花、鸡冠花、凤仙花、杜鹃花、喇叭花、玉簪花、玉兰花、玉蝉花、燕子花、蝴蝶花、天女花、八仙花、海棠花、海桐花、腊梅花、石榴花、石楠花、石菖蒲、十样锦、夹竹桃、美人蕉、美人樱、虞美人、洋绣球、晚香玉、百里香、满天星、一品红、千日红、月月红、满堂红、紫丁香、紫茉莉、紫罗兰、紫藤萝、水浮莲、子午莲、菖蒲莲、并蒂莲、西番莲、半支莲、半边莲、仙人掌、仙人鞭、仙人球、仙客来、春兰、惠兰、剑兰、珠兰、君子兰、一叶兰、夏菊、翠菊、洋菊、墨菊、藤菊、千日菊、佛头菊、金鸡菊、延命菊、万寿菊……

唉呀！天哪！数也数不尽，看也看不完。我在这美丽的花园里，简直忘记了现在是夏天、秋天、冬天还是春天，一年四季各式各样的花都在我的眼前出现了。

➢ 技能检测

用力吸进一口气，反复读一段绕口令，检测一口气能读几句，比较训练前后的不同。

● 用绕口令或近似绕口令的语句检测气息。如：

数 枣 儿

出东门，过大桥，大桥底下一树枣儿，拿着杆子去打枣，青的多，红的少。一个枣儿，两个枣儿，三个枣儿，四个枣儿，五个枣儿，六个枣儿，七个枣儿，八个枣儿，九个枣儿，十个枣儿……这是一个绕口令，一口气说完才算好。

数 葫 芦

南园一堆葫芦，结得嘀里嘟噜，甜葫芦，苦葫芦，红葫芦，绿葫芦，好汉说不出三十个葫芦。一个葫芦，两个葫芦，三个葫芦，四个葫芦……

开始做练习的时候，中间可以适当换气，练到对气息有了控制能力时，逐渐减少换气次数，最后要争取一口气说完，甚至多说几个枣儿和葫芦。

● 用吹纸片的方式检测气息：深吸一口气，吹气时使小纸片儿紧贴墙面不掉下来，保持时间越长，气息越足。

第二节　口腔共鸣

➢ 理论简介

呼吸产生的气息是发声的动力，也是共鸣的基础。声带所产生的声音是很微弱的，只占人们讲话时音量的5%左右，其他95%左右的音量，需要通过共鸣器官放大得来。同时，共鸣器官也是决定音色的重要发音器官。可以说，共鸣器官能扩大音量、美化音色。人体共鸣器官包括喉腔、咽腔、口腔、鼻腔、胸腔和头腔。

在口语发声中，人们主要运用的是以口腔为主，中、低、高三腔共鸣的方式。中音共鸣区主要是口腔共鸣，它是指硬、软腭以下，胸腔以上各共鸣腔体，即咽腔、口腔共鸣，这里是语音的制造场，是人体中最灵活的共鸣区，音流在这里通过，可以获得丰满圆润的声音。低音共鸣区主要是指胸腔共鸣，音流通过该区共鸣，可以获得浑厚低沉的声音。高音共鸣区主要是鼻腔共鸣，它是指硬、软腭以上的共鸣腔体，即头腔、鼻腔共鸣，音流通过该区共鸣，可以获得高亢响亮的声音。对于教师来说，高音区共鸣过多，声音显得单薄、飘浮；低音区共鸣过多，则使声音发闷，影响发音的清晰度。所以，以口腔为主的三腔共鸣方式，才是语言工作者最适宜的。

教师口语除了个别谈话外，大部分时间是在教室中使用的。通常，教师在一定面积的教室里，面对几十个乃至更多的学生授课。特定的空间和对象要求教师的口语表达首先要具备合理的响亮度，也就是适当的音量，才能让学生听得真切。教师口语表达中的音量不宜过大过高，应以中音区共鸣为主，这样，教师讲课不吃力，学生听起来也不感到疲劳。授课音量也不宜过小过低，应让教室中最后一排的学生听清，又不令前排的同学感到刺耳。同时，授课音量还要时有变化，不宜过平，这样才能唤起学生的注意力，也能显示教学内容的层次性。

要想使说话的声音好听和持久，就要正确地运用共鸣器。而运用共鸣器的关键在于处理好“畅”与“阻”的对立和统一关系。所谓“畅”，就是整个发音的声道必须畅通无阻，胸部舒展自如，喉部放松滑润，脊背自然伸直，以便声音不憋不挤，形成一个声柱，流畅地奔涌出来。所谓“阻”，并不是简单地把声音阻挡住，而是不让声音直截了当地通过声道奔涌出来，应让它经过共鸣器加工、锤炼，变得洪亮、圆润、雄浑、动听。

要处理好“畅”与“阻”的关系，必须进行共鸣训练。

➢ 技能训练

教师口语发声中所运用的共鸣方式有其自身特点，即以口腔共鸣为主、以胸腔共鸣为基础、以微量的鼻腔共鸣为辅助。下面主要训练口腔共鸣，其他重在体会。

一、共鸣控制训练之口腔共鸣训练

【训练目标】

掌握打开口腔的要领,发出坚实、饱满的声音。

【训练要领】

提、开、挺、松:开牙关,要微笑,舌根松,下巴掉;一条声柱通硬腭,声音集中打面罩。

【训练方法】

1. 提颧肌:眉眼上扬带动颧肌上提,鼻翼微张,嘴角微翘。

2. 开牙关:适当打开后槽牙,不是张大嘴,而是口腔前小后大的状态。

3. 挺软腭:好似打哈欠般使软腭向上升。

4. 松下巴:下巴放松。

5. 扩大共鸣腔:适当打开后槽牙,使得整个发声通道畅通无阻,就可以获得最大限度的共鸣。但不是任意扩大,必须根据说话的需要加以控制。

6. 控制舌头:舌前部举得过高,则口腔扁平,声音单薄;舌根下压过分,则发音通道向前延伸,声音浑浊不清。

7. 均衡协调。肌肉过于紧张,则声音僵硬没有弹性;肌肉过于松弛,则声音不集中,没有力度。因此发声时,应该保持均衡紧张的状态,还要注意协调。人们常常只注意控制自己的口、舌、齿而忘记控制咽肌。咽肌直接关系到软腭的闭合,如果不能协调运用,就会造成“漏气”而出现真音。其他各个部位也同样需要均衡协调。

二、共鸣控制训练之胸腔共鸣体会

【训练目标】

学会放松胸部的呼吸发声方法,使声音浑厚、结实、有力。

【训练要领】

颈部和脊背要自然伸直,胸部要自然放松,吸气不要过满,否则不利于胸腔调节。

【训练方法】

1. 加强胸腔共鸣训练。以自己感觉最舒适的音高和降低声音之后的音高,交替发出ɑ、i、u、e、o,ɑ̣、ị、ụ、ẹ、ọ(带点为低音)。

2. 加强胸腔响点训练。当人们在发出某一声音时,会感到胸部有一个较为集中的“响点”,随着声音的高低变化,响点沿着前胸中线上下滑动。可发夸张后的阳平字,如“停——留”、“滑——翔”、“离——别”等。

3. 体会声束冲击的范围。发元音ɑ、i或ü,再由低到高,由高到低,使声束冲击的位置沿着硬腭中线前后滑动,这个滑动的区域就是声束冲击的运动范围。

第三节 吐字归音

➢ 理论简介

清代李渔曾在《闲情偶寄》中说过:“出口一错,即差谬到底,唱此字而讹为彼字,可使知音者听乎?如出口不明,有字若无字……与哑人何异哉!”这表明语音的清晰准确在交流中非常重要，而作为以口语表达为主要职业手段的教师，就必须做到发音吐字清晰，这也是教师的教学基本功之一。

国外的所罗门（Solomon）和希勒（Hiller）等人的研究表明，“学生的知识学习同教师表达的清晰度有显著的正相关”，“教师讲解的含糊不清则与学生成绩有负相关”①。所以，教学口语必须做到出语字正腔圆，每个音节的读音都清楚地传给学生。

教师口语不清晰的情况主要有几种：第一，发音器官的运动不到位造成语音含混；第二，尾音不清晰；第三，音节与音节之间发生再拼合现象；第四，发音的力度太弱，声音飘忽，语音朦胧。这些问题大多可以通过吐字归音的训练得以解决或改善。

吐字归音是我国传统的说唱艺术理论中关于咬字方法的一个术语，它将一个汉字音节的发音过程分为“出字——立字——归音”三个阶段。出字是指汉字音节中声母和韵头（介音）的发音过程，立字是指汉字音节中韵腹（主要元音）的发音过程，归音是指汉字音节中韵尾的发音过程。其基本要领是：出字要准确有力，有叼住弹出之感；立字要拉开立起，明亮充实，圆润饱满；归音趋向要鲜明，迅速“到家”，干净利索。总之，就是要求一个音节的发音过程有头有尾，构成一个“枣核”的形式：声母、韵头为一端，韵尾为一端，韵腹为核心；字的中间发音动程大、时间长，字的两头发音动程小，关合所占时间也短。吐字归音要做到珠圆玉润，不仅要有头有尾，不含混，而且要连接好，浑然一体，不能有分解、断接的痕迹。做到枣核形的吐字归音，是语音纯正的关键，但是，不可能也不必要片面强调字字如核，这样必然会违背言语交流的本质，过于追求技巧和方法，削弱声音的感情色彩，破坏言语的节奏。吐字归音对每个发音阶段都提出了具体的要求，以取得字音清晰、声音饱满、弹发有力的效果。有些教师口齿不清，或出现“吃字”、“倒字”、“丢音”等现象，大多是由缺乏吐字归音的训练所造成的。所以在“教师口语”课程的学习中，吐字归音的训练是必不可少的一环。

➢ 技能训练

吐字归音综合训练

一个汉字的音程很短，大多在三分之一秒就会结束。要在短短的时间内吐字归音清晰到位，必须从日常训练开始严格要求。而吐字归音的训练同普通话的训练与辨正是紧密结合的。这一部分侧重体会吐字归音的特点，而具体的运用则在普通话训练环节加以体现。

【训练目标】

了解吐字归音对音节各部分的要求，通过训练，达到吐字清晰、规整、字正腔圆的效果。

【训练要领】

1. 出字要准确有力。做到这一点的关键是要把握好专线的发音部位和发音方法，蓄气有力，并迅速与韵头结合。

---

① 卢真金.教学语言的特点和运用艺术[J].浙江教育科学，1990，(1).

2. 立字要圆润饱满。做到这一点的关键是要口腔开合适度、松紧相宜。

3. 归音要干净利索。做到这一点的关键是对韵尾的处理，要趋向鲜明、准确到位。

综合来看，吐字归音就是要求每一个音节的发音过程有头有尾。声母、韵头为起始的一端，韵尾为结束的一端，韵腹为核心，构成一个“枣核”的形式。整个发音过程，口腔由开到闭，肌肉由紧到松，声音由强到弱，起音快而有力，收音弱而到位，中间发音动程大、时间长。

【训练方法】

1. 口腔训练操

通过口腔操的训练提高唇舌的力量，为吐字归音打基础。

(1)唇的练习：

① 喷：双唇紧闭阻住气流，然后突然打开爆发出b或p音；

② 咧：双唇紧闭并用力向前撅起，然后突然用力向嘴角两端咧开，反复进行。

③ 撇：双唇紧闭撅起，然后向左、向右撇，交替进行。

④ 绕：双唇紧闭撅起，然后顺、逆时针各转360度，交替进行。

(2)舌的练习：

① 刮：舌尖抵住下齿背，舌体用力，然后用上门齿沿着舌面往后刮，将嘴撑开。

② 抵：先将力量集中于舌尖，抵住上齿龈阻住气流，然后突然打开，爆发出d、t音，反复进行。

③ 咬：先微张嘴，舌头后缩，舌根抬起抵住软腭，阻住气流，然后突然打开，爆发出g、k音，反复进行。

④ 顶：双唇闭合，用舌尖用力顶左、右内颊，交替进行。

⑤ 绕：双唇闭合，舌头在唇齿之间顺、逆时针环绕360度，交替进行。

⑥ 立：双唇微张，舌尖抵住下齿背，以舌中线为轴向左、向右翻立90度，交替进行。

⑦ 弹：嘴巴张大，舌尖连续轻弹上齿，使舌头放松灵活。

2. 声韵拼合练习

下面是普通话21个声母和韵母a(开口音)、i(齐齿音)、u(合口音)的拼合练习。首先，出字时要有一定的力度，并且要弹动轻快；其次，立字发音时要注意唇形，开口音唇形自然，不能太大；齐齿音的唇形稍咧开，合口音的唇形比较圆且小，这两种音立字发音时口腔内部不能太扁、太挤，以免影响发音的饱满度。

ba pa ma fa da ta na la ga ka ha zha cha sha ra za ca sa

bi pi mi di ti ni li ji qi xi

bu pu mu fu du tu nu lu gu ku hu zhu chu shu ru zu cu su

3. 声韵拆分练习

b–a–ba p–a–pa

b–ai–bai p–ai–pai

b–an–ban p–an–pan

b–ang–bang p–ang–pang

第四节 嗓音保健

作为嗓音工作者，教师要想永葆嗓音的青春，平日必须养成良好的嗓音保健习惯。我国著名的戏剧表演艺术家梅兰芳先生在这方面为我们留下了宝贵的经验，他总结了几句话："精神畅快，心气平和，饮食有节，寒暖当心，起居以时，劳逸均匀，练嗓保嗓，都贵有恒，由低升高，量力而行，五音饱满，唱出剧情。"语虽不多，却点出了嗓音保健的核心之处。

教师的嗓音保健可以从日常保健和课堂保健两方面入手。

一、日常生活中的教师嗓音保健

首先，教师在日常生活中应加强体育锻炼，保持身心健康。

常言说："体壮声洪，体弱声嘶。"身体状况与发声有着紧密联系。大多数体质差、抵抗力弱的教师易患伤风感冒、上呼吸道感染等疾病，而这易造成发音部位的病变，使嗓音变坏，如嘶哑、鼻音混浊等。要想有良好的发声能力，身体健康是最重要的基础。当人体呼吸系统和消化系统抵抗能力强的时候，有害物质对发声器官可能不会造成多大的影响，但如果身体的抵抗能力减弱，发声器官就会首先受累。身体其他系统的疾病往往也会对发声器官构成威胁。因此，教师要使自己的嗓音永葆青春，就必须拥有健康的体魄。健康的体魄虽然与遗传有一定关系，但与后天的保养也密不可分。随着时代的发展，"健康"的概念已经不仅仅指身体的健康，它还包括心理的健康。人的心理状况对发声构成的影响也不容忽视。

其次，教师在日常生活中应保证充足的睡眠，保持旺盛的精力。

科学研究发现，如果睡眠充足，人体就精力旺盛、情绪饱满，肌肉的协调性也相对比较好，并且不易疲劳，发声能力与发声持久性将大大增强；而如果睡眠不足，人体的血液会偏酸性，肌肉容易疲劳，喉肌是极细小的肌肉，只要身体略感疲乏即有反应。所以，教师在日常生活中要了解一些有助于睡眠的保健措施，并坚决执行以保证充足的睡眠。比如，生活有规律，按时就寝，少熬夜；不过饱睡，也不空腹睡，睡前不喝浓茶、咖啡；睡前避免情绪过分激动、恼怒生气、忧愁焦虑等。要想嗓音动听，重要的是保持嗓音的朝气和活力。教师的嗓音和精神状态密切相关，只有睡眠充足、精神旺盛，嗓音才不会疲劳、沙哑、有气无力。

最后，教师在日常生活中应少吃或不吃刺激性食物。

辛辣食物、烟酒刺激性食物有抑制喉黏膜分泌液体的功能，会使喉咙感觉干燥、嗓音不滋润，极易对发音器官造成刺激，使咽部充血、肥大，导致嗓音改变。教师是需要大量使用嗓音的群体，应注意调整自己的饮食习惯，戒除烟酒等不良嗜好。

二、课堂教学中的教师嗓音保健

课堂教学中的教师嗓音保健同样重要，应养成良好的用嗓护嗓习惯。

上课前，应做好相应的用嗓准备。

教师最好不要在刚吃饱、刚睡醒、刚喝完冷饮或刚进行完剧烈运动后用嗓，因为这些情况都不利于教师科学地用气发声，会对教师的发声器官造成一定的伤害。所以，上课前应提早十分钟左右到达教室，做一些科学发声的准备活动，如深呼吸、活动口腔、发气泡音等，为持久发音作好“热嗓”活动。同时，讲课初始声音宜轻宜缓，逐步提高音量。如果一开始讲课就提高嗓门，容易造成声带肌肉的突然疲劳而导致沙哑。

上课中，应注意合理调控用嗓强度，使嗓子劳逸结合。

有的教师讲课从头到尾都是大嗓门，使发声器官负荷过大，造成声门劳损，同时也容易使学生产生听觉疲劳。讲课时，还应注意发声的姿势要正确，不要长久偏头说话，并注意减少讲话时吸入粉尘等细节。

上课后，应注意及时养护，使嗓音得到恢复。

课间休息，应注意减少高声喧哗，可适当饮水或用保护嗓子的药物泡水喝。同时，也可以通过发气泡音的方式为声带“按摩”，让它得到及时的养护。

➢ 理论说明

汉语是汉民族使用的语言，现代汉民族口语既有普通话，也有方言。普通话是以北京语音为标准音，以北方话为基础方言，以典范的现代白话文著作为语法规范的现代汉民族共同语。

汉民族共同语至少在上古的夏商周时期就产生了，在不同的时期被冠以不同的名称。周秦时期叫“雅言”，主要流行于黄河流域，我国第一部诗歌总集《诗经》的语言就是雅言；西汉的汉民族共同语叫“通语”；东汉魏晋称“洛语”；南朝为“吴音”；隋唐为“汉音”、“秦音”；宋元为“正音”、“雅音”；明清时期的汉民族共同语叫“官话”；到了现代，即辛亥革命以后又被称为“国语”。

新中国成立后，在1955年10月召开“全国文字改革会议”和“现代汉语规范问题学术会议”，汉民族共同语的名称被正式定为“普通话”，并同时明确了它的定义，即“以北京语音为标准音，以北方话为基础方言”。1956年2月6日，国务院发出关于推广普通话的指示，把普通话的定义增补为“以北京语音为标准音，以北方话为基础方言，以典范的现代白话文著作为语法规范”。这个定义从语音、词汇、语法三个方面明确规定了普通话的标准，使得普通话的定义更为科学和周密。其中，“普通”二字的含义是“普遍”和“共通”的意思。

方言是一种语言的地方变体或支派，是语言分化的结果，一种语言往往有多种方言。一般来说，方言是不见于书面的特殊口语。一种方言具有异于其他亲属方言的某些语言特征。各地方言与民族共同语之间总是表现出同中有异、异中有同的语言特色，为同源异流的关系。方言是地方文化的重要载体，是历史的最直接见证者，是同方言人群之间交流的最好语言，是特殊的感情纽带。方言如物种，为不可再生资源，需要保护。在中国，虽然各方言分歧较大，但仍是一种语言的不同分支。普通话和方言并不是对立的概念，两者本质上并无优劣之分，普通话也是以一种方言为基础而建立进来的。汉语各方言都具有自己相对独立的语音系统、基本词汇系统和语法系统。比较汉语各方言，语音差异是最显著的差异，词汇次之，而语法方面的差异相对较小。

从汉语的历史来看，共同语及其方言发展的最突出特征是：各方言平行发展且不断受到书面语的影响，书面语虽然统一，但书面语和口语的距离却较远。读书音和口语在有些方言中（如闽南话）几乎成了双重系统。直到20世纪“五四”运动时期，文白才逐渐接近。新中国成立以后，普通话对方言的影响越来越大，各方言有渐行渐强的趋同趋势。但我国幅员辽阔，东西南北跨度大，人口众多，历史和现实的多种因素造成了方言复杂、分歧严重的事实。关于我国方言的划分，从近代开始，学者们观点纷纭，其中较有影响的一种是“七区说”，另一种是“十区说”。“七区说”指的是官话方言（北方方言）、吴方言、湘方言、赣方言、客家方言、粤方言、闽方言。“十区说”中增加了晋语、徽语和平话，其中“晋语”是从北方方言中独立出来的，“徽语”是从吴方言中独立出来的，“平话”是从粤方言中独立出来的。

汉语各方言的语音与普通话的差异各不相同，但它们之间有比较整齐的对应关系。

1. 舌根音向舌面音的变化。北京话中已读舌面音j、q、x的许多字，如“奇”、“基”、“气”、“寄”、“饥”等在中古汉语中属见系声母，当它们在前高元音i、ü前面时，北方方言、吴方言、湘方言、赣方言中通常都读j、q、x声母，而在闽、粤、客家方言中依然保留舌根音g、k、h的读法。

2. n、l的分混。在北京话中，n、l两个声母分得很清楚，n为古泥母，l为古来母。在华北方言中，两者分读的占优势，但在长江流域及南方的广大地区（沿海各省除外），混读的占多数，混读的面积占整个汉语区的一半。其中大部分地区只是在开口韵和合口韵前混读，如成都话、南昌话的“南”和“兰”、“农”和“龙”声母均读为l；小部分地区n、l属于一个音位，如兰州、厦门、汉口话中，n、l似乎可随意互换。吴语的大部分地区区分n、l，但在江淮方言中却有许多地方不分，如南京和高邮等地。

3. zh、ch、sh和z、c、s的分混。普通话有一套舌尖前音和一套舌尖后音声母，也就是中古精组字读z、c、s，中古知、照组字大部分读zh、ch、sh，两者的区别很清楚。但在现代汉语的各方言中，古知、照组声母的变化发展纷繁复杂，北方官话区大多能区分这两组音，但字的分配范围不尽一致。西南官话和下江官话大多没有zh、ch、sh，如汉口、成都、扬州。至于上海、杭州、广州，知、照组与精组合流，均念z、c、s。

4. 介音的分合。大多数方言都有“开齐合撮”四呼，但也不尽然，如云南昆明只有三呼，没有撮口呼；有的地方撮口呼与齐齿呼合并，如广东梅县、浙江湖州；有的地方撮口呼与合口呼合并，如厦门。还有一种情况是四呼包括的范围不一致，如北京念[uo]的合口呼字，在湘、赣、客家、闽、粤和西南官话、江淮官话以及西北官话的部分地区，都有念开口呼的现象。如“朵”字，武汉、扬州、长沙、南昌、厦门念[to]，梅县、广州念[tɔ]；又如在北京话中，“路”、“短”均为合口呼，而在武汉话中却念为开口呼[nəu]、[tan]。

5. 鼻韵尾的分混。中古音辅音韵尾有[m]、[n]、[ŋ]三个，现在南方有的方言中三个均保留下来，如客家话的梅县话、粤方言的大多数地区分支、闽南的厦门话等；湘方言和北方官话区多数保留两个——[n]和[ŋ]；吴方言只有一个——[n]或者是[ŋ]。

《中华人民共和国国家通用语言文字法》第十九条第一款规定：“凡以普通话作为工作语言的岗位，其工作人员应当具备说普通话的能力。”第三款规定：“以普通话作为工作语言的播音员、节目主持人和影视话剧演员、教师、国家机关工作人员的普通话水平，应当分别达到国家规定的等级标准。”普通话语音的基本单位是音节，是听觉上自然分辨的语音片断。在汉语中，一般说来，一个汉字的读音就是一个音节（儿化音除外）。根据汉语音节的结构特点，可将音节分解为声调、声母、韵母三部分。声调，是汉语音节的音高变化（音高就是声音的高低，它与声带的长短、厚薄、松紧有关）。声母，是汉语音节开头的辅音部分（辅音是气流在口腔中受到阻碍而发出的声音，大多不响）；音节开头如果没有辅音，那就是零声母音节。韵母，是汉语音节中声母后面的部分，主要由元音构成（元音是气流振动声带，在口腔中不受到阻碍而形成的响亮的声音）。如：妈mā，声母是m，韵母是a，声调是阴平调。普通话中有4种声调，21个辅音声母,39个韵母。

普通话是教师的工作用语,教师及师范生在教师口语的训练中,可从声母、韵母、声调三方面入手,结合语流音变的训练,力求做到语音准确规范、字正腔圆,为顺利完成教学奠定基础。

➢ 训练目标及内容

普通话语音训练的目标是将普通话的标准语音转化为自身的口语能力,这需要大量的、反复的、科学有效的训练。而“教师口语”的课堂教学时数十分有限,因此必须课外与课内相结合,将课外训练作为课堂教学的质的巩固和量的延伸。应当养成以自练为主的良好的语音学习习惯,随时随地做口语训练的有心人,多听、多读、多说,并借助普通话声韵调拼合的规律以及形声字的声旁类推等方法辨音记字,提高语音训练的效率。

学习普通话语音包括发音和正音两个部分。

发音是一种口耳的技能训练。要求掌握普通话的语音系统,即掌握普通话的声母、韵母、声调、音节及轻声、儿化、变调等语音知识,在此基础上正确发音。发音准确是语音学习最基本的要求。正音是指掌握普通话的标准读音,纠正受方言影响产生的偏离普通话的语音习惯,它既是一种口耳的技能训练,同时也是一种记忆训练。

普通话语音的训练,首先要从音节入手进行正音,关键是要掌握发音的方法和要领。具体训练时,可将音节的构成要素分开,做声调、声母和韵母的分解训练,以达到标准发音的目的。分解训练是相对的,它是指在某个教学阶段相对突出地训练某项能力或某项能力中的重点、难点,分解训练是为了更好地综合运用。调、声、韵的分解训练始终以音节作为载体,训练的目标指向整个章节的正确发音;而音节训练的目的则是能在语流中自然流畅地运用。其次,普通话语音的训练要有针对性,要结合自己家乡话的语音实际,了解家乡话与普通话语音的对应关系,求同存异地做好与方言的辨正训练。当然,普通话语音发音不准的原因是复杂的,方言音影响只是其中的主要原因之一。语音的训练要在教师的指导下分析发音不准的原因,选择适当的训练方法矫正发音中出现的偏误。

普通话语音训练的一般步骤如下:

(一)掌握要领

语音训练首先要从音节入手,练习的关键就是要掌握音节发音的方法和要领。汉语音节是由声调、声母、韵母构成的,训练时可将这三方面作为分解训练的切入口。但分解训练是相对的,其目的是为了更好地综合运用,即最终结果是完成整个音节的正确发音。

(二)求同存异

语音训练要有针对性,要结合自己家乡话的语音实际,了解家乡话与普通话语音的对应关系,求同存异。也就是寻求普通话语音与家乡话语音之间的共同之处,语音训练时大胆类推;辨别家乡话语音与普通话语音的差异,有针对性地矫正发音。

(三)矫正偏误

普通话语音发音不准的原因是复杂的,其中最主要的原因之一是方言音的影响。语音训练应在教师的指导下分析发音不准的原因,选择适当的训练方法矫正发音中出现的偏误。

（四）内化记忆

语音训练的目标是要将普通话的标准语音转化为自身的口语能力，这依赖大量的、反复的、科学有效的训练。

（五）综合运用

语音训练的目的是实现口语的综合运用，因而语音训练必须在把音节发准的基础上，做到字不离词、词不离句、句不离篇（段）、篇不离境（语境）。通过综合训练，使普通话语音运用达到准确、规范、自然、流畅的程度。

普通话的发音与正音训练内容主要包括：声母的发音与正音，韵母的发音与正音，声调的发音与正音，语流音变。

第一节　声母的发音与正音训练

声母的技能训练将从21个声母的发音训练和四套方言音系统的正音训练展开，以求能清晰标准地掌握声母的发音。

一、声母发音训练

➢ 理论简介

声母是汉语特有的一个语音概念，就是指汉字字音结构的起始部分。

在普通话语音中，声母有辅音声母和零声母之分。辅音声母指音节开头的辅音部分。普通话中有21个辅音声母，即：b、p、m、f、d、t、n、l、g、k、h、j、q、x、zh、ch、sh、r、z、c、s。除了以上说的21个辅音声母外，普通话里还有一些音节不用辅音声母开头，例如ān（安）、ēn（恩）、āo（凹）、ōu（欧）、āng（肮）等。这样的音节没有声母，可是语言学家从语音的系统性考虑认为它们有声母，不过不是辅音声母，而是特殊的声母，叫作零声母。有了零声母这个概念，我们就可以说普通话里所有的音节都有声母。汉语拼音的y和w只出现在零声母音节的开头，它们的作用主要是使音节界限清楚。例如，yī（衣）、yū（迂）、yān（烟）、yuān（冤）、yāng（央）、wāng（汪）、wēng（翁）、yōng（雍）等。

声母的作用主要有：

（一）区分词义

如：shāngyè（商业）—sāngyè（桑叶）

liánzhǎng（连长）—niánzhǎng（年长）

上面两组示例中每组词两个音节的韵母与声调都完全相同，仅因声母不同而导致意思不一样，这说明声母的一个最重要的作用就是区别词义。各方言区的人如发不准普通话的声母，就有可能造成词义的混淆和误解。

（二）区别音节的清晰度

声母的发音部位在发音过程中会比较紧张，让发音听起来短促有力、干脆利落，在语流中就能使音节界线明显，字字清晰可辨。

（三）增强音节的力度和亮度

声母发音时蓄气充足，弹射有力，并与韵头（或韵腹）迅速结合，使整个音节的力度和亮度增强。

辅音声母是由辅音构成的，其发音特点取决于辅音的发音特点。发辅音时，气流通过口腔或鼻腔会受到阻碍，必须通过克服阻碍而发出声音。因此，我们可以从以下两个方面来研究辅音声母的发音特点：

1. 声母的发音部位

发音部位，就是发音时气流受到阻碍的部位。普通话的辅音声母按照发音部位分为以下七类：

（1）双唇音：由上唇和下唇闭合构成阻碍而形成的音，有3个——b、p、m。

（2）唇齿音：由下唇和上齿靠拢构成阻碍而形成的音，只有1个——f。

（3）舌尖前音：由舌尖和上齿背接触或接近构成阻碍而形成的音，有3个——z、c、s。

（4）舌尖中音：由舌尖和上齿龈接触或接近构成阻碍而形成的音，有4个——d、t、n、l。

（5）舌尖后音：由舌尖翘起和硬腭前端接触或接近构成阻碍而形成的音，有4个——zh、ch、sh、r。

（6）舌面音：由舌面和硬腭前部接触或接近构成阻碍而形成的音，有3个——j、q、x。

（7）舌根音：由舌根和硬腭与软腭的交界处接触或接近构成阻碍而形成的音，有3个——g、k、h。

下面是声母发音部位的示意图：

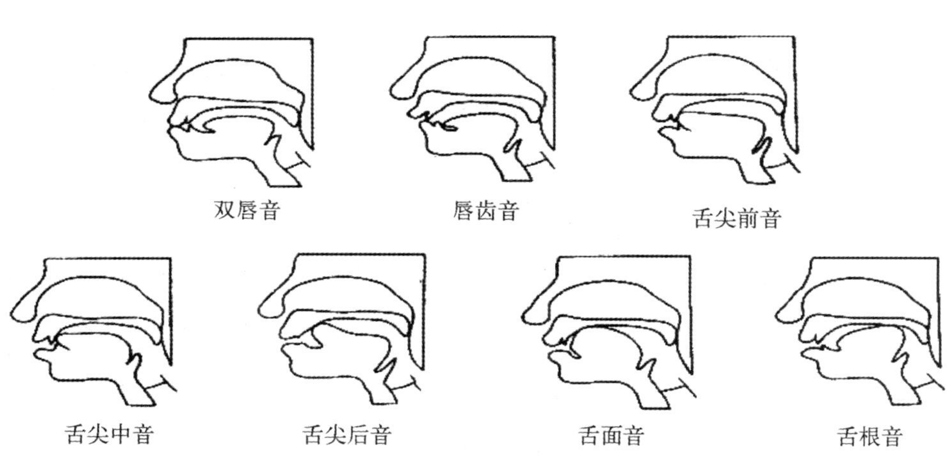

图1 声母发音部位图

2. 声母的发音方法

发音方法，是指发音时构成和克服阻碍而发出声音的方法。辅音声母的发音方法要从三个方面来说明。

（1）构成和克服阻碍的方式

辅音声母形成和克服阻碍的发音过程，可以细分为三个阶段：成阻——阻碍的形成，持阻——阻碍的持续，除阻——阻碍的解除。按照发音时气流构成和克服阻碍的方式，普通话的辅音声母可分为五类：

① **塞音** 成阻时，发音部位完全形成闭塞；持阻时，气流积蓄在阻碍部位；除阻时，受阻部位突然解除阻塞，使积蓄的气流透出，爆发破裂成声。因此，也叫“爆发音”、“破裂音”。普通话中有6个塞音：b、p、d、t、g、k。

② **擦音** 成阻时，发音部位之间接近，形成适度的间隙；持阻时，气流从窄缝中摩擦成声；除阻时，发音结束。普通话中有6个擦音：f、h、x、sh、r、s。

③ **塞擦音** 以“塞音”方式开始，以“擦音”方式结束。普通话中有6个塞擦音：j、q、zh、ch、z、c。

④ **鼻音** 成阻时，发音部位完全闭塞，封闭口腔通路；持阻时，软腭下垂，打开鼻腔通道，声带颤动，气流到达口腔和鼻腔，气流在口腔受到阻碍，由鼻腔透出成声；除阻时，口腔阻碍解除。普通话中有3个鼻音：m、n、ng，但ng不能做声母。

⑤ **边音** 成阻时，舌尖和上齿龈稍后的部位接触，使口腔中间的通道阻塞；持阻时，声带颤动，气流从舌头两边与上腭两侧、两颊内侧形成的夹缝中通过，透出成声；除阻时，发音结束。普通话中只有1个边音：l。

（2）气流的强弱

按照发音时呼出气流的强弱，普通话辅音声母中的塞音和塞擦音分为两类，就是不送气音和送气音。

① **不送气音** 发音时，气流送出不明显，呼出的气流较弱。有6个，就是b、d、g、j、zh、z。

② **送气音** 发音时，气流送出较快、较长，呼出的气流较强。有6个，就是p、t、k、q、ch、c。

（3）声带是否颤动

按照发音时声带是否颤动，普通话的辅音声母分为两类，就是清音和浊音。

① **清音** 气流呼出时，声门打开，声带不颤动，发出的音不响亮。清音有17个，就是b、p、f、d、t、g、k、h、j、q、x、zh、ch、sh、z、c、s。

② **浊音** 气流呼出时，颤动声带，发出的音比较响亮。浊音有4个，就是m、n、l、r。

3. 声母的发音要领

辅音声母的发音部位和发音方法综合起来就是其发音要领，即把上面讲的声母的发音部位和发音方法结合起来，就可以说明普通话21个声母是怎么发音的。如：

b　双唇不送气清塞音，例字：罢、拜、报、辨别、标兵。

p　双唇送气清塞音，例字：怕、派、炮、批评、乒乓。

m　双唇浊鼻音，例字：骂、迈、冒、美满、面目。

f　唇齿清擦音，例字：法、飞、凤、方法、反复。

d　舌尖中不送气清塞音，例字：大、代、到、地点、当代。

t　舌尖中送气清塞音，例字：踏、太、套、团体、探讨。

n　舌尖中浊鼻音，例字：纳、耐、闹、牛奶、农奴。

l　舌尖中浊边音，例字：辣、赖、烙、联络、劳力。

g　舌根不送气清塞音，例字：尬、盖、告、骨干、国歌。

k　舌根送气清塞音，例字：喀、慨、靠、刻苦、宽阔。

h　舌根清擦音，例字：哈、害、浩、欢呼、辉煌。

j　舌面不送气清塞擦音，例字：架、街、建、积极、经济。

q　舌面送气清塞擦音，例字：恰、窃、欠、请求、确切。

x　舌面清擦音，例字：下、歇、县、学习、虚心。

zh　舌尖后不送气清塞擦音，例字：诈、债、照、主张、政治。

ch　舌尖后送气清塞擦音，例字：岔、拆、超、出产、查抄。

sh　舌尖后清擦音，例字：事、晒、哨、声势、手术。

r　舌尖后浊擦音，例字：日、热、绕、柔软、仍然。

z　舌尖前不送气清塞擦音，例字：杂、在、早、走卒、栽赃。

c　舌尖前送气清塞擦音，例字：擦、菜、草、层次、参差。

s　舌尖前清擦音，例字：撒、塞、臊、思索、琐碎。

声母的发音部位和发音方法可以综合为下面的表：

发音方法／发音部位	塞音		塞擦音		擦音		鼻音	边音
	清音		清音		清音	浊音	浊音	浊音
	不送气	送气	不送气	送气				
双唇音	b	p					m	
唇齿音					f			
舌尖前音			z	c	s			
舌尖中音	d	t					n	l
舌尖后音			zh	ch	sh	r		
舌面音			j	q	x			
舌根音	g	k			h			

普通话的21个声母有两套发音，一为本音，一为呼读音。本音即声母的本来音值，也是实际用来拼音的音，如“b”。因为声母发音时大多声带不颤动，所以本音单念时不响亮，不便于呼读和教学示范。呼读音是为了方便教学示范和呼读的音，它由本音加上一个响亮的元音组成，如“bo”。

➢ 技能训练

【训练目标】

通过训练，力求掌握普通话21个声母的发音要领，读准声母，了解自己家乡话声母与普通话声母的对应关系，说普通话时声母发音准确、自然。

普通话声母的发音训练，关键是要掌握每一个声母的发音部位和发音方法，下面逐一训练普通话中21个辅音声母的发音。

（一）双唇音的训练

【b：双唇不送气清塞音】

双唇闭合，不太紧，同时软腭上升，堵塞鼻腔通道；气流到达双唇后蓄气；凭借积蓄在口腔中的气流突然冲破双唇阻碍成声，声带不颤动，气流较弱。

发音例词：

b—b 把柄 百般 摆布 败笔 斑白 颁布 搬兵
八百 奔波 壁报 北边 标兵 辨别 板报
版本 半百 褒贬 包办 宝贝 保镖 报表
抱病 卑鄙 不必 表白 本部 辩驳 碧波

【p：双唇送气清塞音】

双唇闭合，不太紧，同时软腭上升，堵塞鼻腔通道；气流到达双唇后蓄气；凭借积蓄在口腔中的气流突然冲破双唇阻碍成声，声带不颤动，气流较强。

发音例词：

p—p 枇杷 澎湃 评判 偏僻 爬坡 拼盘 琵琶
排炮 批判 乒乓 劈啪 匹配 偏旁 瓢泼

【m：双唇浊鼻音】

双唇闭合，软腭下垂，打开鼻腔通道；声带颤动，气流同时到达口腔和鼻腔，在口腔的双唇后受阻；气流从鼻腔通过成声。

发音例词：

m—m 美妙 麻木 盲目 明媚 渺茫 命门 牧民
骂名 埋没 买卖 满面 眉毛 美满 迷茫
面貌 密码 弥漫 泯灭 蒙昧 命脉 名目
秘密 木棉 谩骂 梦寐 苗木 米面 麦苗

（二）唇齿音的训练

【f：唇齿清擦音】

下唇向上门齿靠拢，形成间隙；软腭上升，关闭鼻腔通路；使气流从齿唇缝的间隙摩擦通过而成声。

发音例词：

f—f 发放 发奋 发福 反复 犯法 防范 奋发
非法 分发 福分 复方 丰富 蜂房 夫妇
仿佛 非凡 防腐 伏法 肺腑 方法 防风

（三）舌尖前音的训练

【z：舌尖前不送气清塞擦音】

舌尖抵住上门齿背形成阻塞，在阻塞的部位后积蓄气流；同时软腭上升关闭鼻腔通路；突然解除阻塞时，在原形成阻塞的部位之间保持适度的距离，使气流从间隙透出而成声。声带不颤动，气流较弱。

发音例词：

z—z 咂嘴 栽赃 再造 在座 藏族 遭罪 造作
自在 自尊 宗族 总则 走卒 祖宗 罪则

【c：舌尖前送气清塞擦音】

舌尖抵住上门齿背形成阻塞，在阻塞的部位后积蓄气流；同时软腭上升关闭鼻腔通路；突然解除阻塞时，在原形成阻塞的部位之间保持适度的距离，使气流从间隙透出而成声。声带不颤动，气流较强。

发音例词：

c—c 猜测 残存 仓促 措辞 草丛 参差 苍苍
从此 催促 粗糙 苍翠 曹操 此次 草草

【s：舌尖前清擦音】

舌尖接近上门齿背，形成间隙；同时软腭上升，关闭鼻腔通路；使气流从间隙摩擦通过而成声。

发音例词：

s—s 洒扫 嫂嫂 诉讼 僧俗 思索 速算 色素
缫丝 送死 搜索 琐碎 松散 四散 四岁

（四）舌尖中音的训练

【d：舌尖中不送气清塞音】

舌尖抵住上齿龈，形成阻塞；软腭上升，关闭鼻腔通道；气流到达口腔后蓄气，突然解除阻塞成声。声带不颤动，气流较弱。

发音例词：

d—d 搭档 调度 对待 断定 动工 地段 丢掉
单独 对答 导弹 滴答 电灯 敌对 道德
当代 得到 颠倒 对调 斗胆 等待 点滴

【t：舌尖中送气清塞音】

舌尖抵住上齿龈，形成阻塞；软腭上升，关闭鼻腔通道；气流到达口腔后蓄气，突然解除阻塞成声。声带不颤动，气流较强。

发音例词：

t—t 天堂 吞吐 跳台 梯田 疼痛 坦途 妥帖
体贴 头疼 探听 淘汰 谈吐 调停 脱逃
剃头 铁蹄 甜头 贪图 厅堂 推托 通体

【n：舌尖中浊鼻音】

舌尖抵住上齿龈，形成阻塞；软腭下垂，打开鼻腔通路；声带颤动，气流同时到达口腔和鼻腔，在口腔受到阻碍；气流从鼻腔透出成声。

发音例词：

n—n 奶牛 男女 能耐 泥泞 农奴 牛奶 恼怒
南宁 袅娜 难念 拿捏 扭捏 呢喃

【l：舌尖中浊边音】

舌尖抵住上齿龈的后部，阻塞气流从口腔中路通过的通道；软腭上升，关闭鼻腔通路；声带颤动；气流到达口腔后从舌头跟两颊内侧形成的空隙通过而成声。

发音例词：

l—l 磊落 琉璃 利率 来路 料理 罗列 老路
理疗 来历 辘轳 流露 劳累 履历 利落

牢笼 凛冽 流连 留恋 沦落 莅临 理论
褴褛 联络 零落 领略 伶俐 凌乱 邻里

（五）舌尖后音的训练

【zh：舌尖后不送气清塞擦音】

舌头前部上举，舌尖抵住硬腭最前端；同时软腭上升，关闭鼻腔通路；在形成阻塞的部位后积蓄气流；突然解除阻塞时，在原形成闭塞的部位之间保持适度的距离，使气流从间隙透出而成声。声带不颤动，气流较弱。

发音例词：

zh—zh 扎针 照章 债主 针织 纸张 专职 转折
执政 注重 住宅 支柱 珍重 珍珠 招致
诊治 周转 争执 真正 政治 忠贞 战争

【ch：舌尖后送气清塞擦音】

舌头前部上举，舌尖抵住硬腭最前端；同时软腭上升，关闭鼻腔通路；在形成阻塞的部位后积蓄气流；突然解除阻塞时，在原形成闭塞的部位之间保持适度的距离，使气流从间隙透出而成声。声带不颤动，气流较强。

发音例词：

ch—ch 超出 拆穿 长处 初创 充斥 出差 踌躇
铲除 车床 惩处 驰骋 橱窗 穿插 抽查
唇齿 戳穿 除尘 出场 重唱 长城 城池

【sh：舌尖后清擦音】

舌尖前部上举，接近硬腭最前端，形成适度的间隙；同时软腭上升，关闭鼻腔通路；使气流从间隙摩擦通过而成声。

发音例词：

sh—sh 赏识 深山 身世 神圣 事实 水手 手势
生疏 述说 硕士 顺手 书生 闪烁 膳食
首饰 施舍 手术 熟睡 舒适 税收 设施

【r：舌尖后浊擦音】

舌尖前部上举，接近硬腭最前端，形成适度间隙；同时软腭上升，关闭鼻腔通路；声带颤动，气流从间隙中摩擦通过成声。

发音例词：

r—r 柔软 软弱 柔弱 容忍 荣辱 闰日 如若
嚷嚷 忍让 仍然 濡染 忍辱 人人 柔韧

（六）舌面音的训练

【j：舌面前不送气清塞擦音】

舌尖抵住下门齿背，使前舌面贴紧前硬腭；软腭上升，关闭鼻腔通路；在阻塞的部位后面积蓄气流；突然解除阻塞时，在原形成闭塞的部位之间保持适度的间隙，使气流从间隙透出而成声。声带不颤动，气流较弱。

发音例词：

j—j　计较　佳节　检举　集结　嫁接　见机
　　嘉奖　加剧　间接　坚决　艰巨　建交
　　结晶　阶级　讲究　近况　借鉴　究竟

【q：舌面前送气清塞擦音】

舌尖抵住下门齿背，使前舌面贴紧前硬腭；软腭上升，关闭鼻腔通路；在阻塞的部位后面积蓄气流；突然解除阻塞时，在原形成闭塞的部位之间保持适度的间隙，使气流从间隙透出而成声。声带不颤动，气流较强。

发音例词：

q—q　漆器　七窍　气枪　抢亲　请求　取巧　娶妻
　　恰巧　祈求　弃权　欠缺　情趣　确切　亲戚
　　轻巧　前驱　千秋　全球　清漆　牵强　齐全

【x：舌面清擦音】

舌尖抵住下门齿背，使前舌面接近硬腭前部，形成适度的间隙；气流从空隙摩擦通过而成声。

发音例词：

x—x　习性　喜讯　细心　狭小　纤细　鲜血　闲心
　　下乡　详细　想象　象形　消息　小学　循序
　　显现　现象　学习　休想　虚心　信心　选修

（七）舌根音的训练

【g：舌根不送气清塞音】

舌面后部隆起，抵住硬腭和软腭交界处，形成阻塞；软腭上升，关闭鼻腔通路；气流在形成阻塞的部位后积蓄；突然解除阻塞而成声。声带不颤动，气流较弱。

发音例词：

g—g　干果　尴尬　感官　骨骼　归功　瓜葛　高贵
　　公共　广告　拐棍　果敢　过关　光顾　国歌
　　巩固　古怪　更改　梗概　规格　故宫　杠杆

【k：舌根送气清塞音】

舌面后部隆起，抵住硬腭和软腭交界处，形成阻塞；软腭上升，关闭鼻腔通路；气流在形成阻塞的部位后积蓄；突然解除阻塞而成声。声带不颤动，气流较强。

发音例词：

k—k　开口　坎坷　慷慨　苛刻　可口　宽阔　亏空
　　刻苦　空旷　开课　苦口　困苦　可靠　开阔

【h：舌根清擦音】

舌面后部隆起，接近硬腭和软腭的交界处，形成间隙；软腭上升，关闭鼻腔通路；使气流从形成的间隙摩擦通过而成声。

发音例词：

h—h　好汉　合乎　航海　和好　花卉　火花　悔恨
　　怀恨　浑厚　火红　祸害　呼唤　浩瀚　绘画

缓和 谎话 挥霍 火候 憨厚 混合 互惠

➢ 训练材料

（一）声母分项练习

1. b、p、m、f

b：双唇不送气清塞音

辨别 biànbié	壁报 bìbào	摆布 bǎibù
包办 bāobàn	奔波 bēnbō	步兵 bùbīng
卑鄙 bēibǐ	表白 biǎobái	保镖 bǎobiāo

p：双唇送气清塞音

偏旁 piānpáng	乒乓 pīngpāng	铺排 pūpái
批评 pīpíng	澎湃 péngpài	琵琶 pípa
拼盘 pīnpán	瓢泼 piáopō	偏僻 piānpì

m：双唇浊鼻音

面貌 miànmào	磨灭 mómiè	麻木 mámù
麦苗 màimiáo	茂密 màomì	美妙 měimiào
弥漫 mímàn	明媚 míngmèi	牧民 mùmín

f：唇齿清擦音

非凡 fēifán	吩咐 fēnfù	仿佛 fǎngfú
发愤 fāfèn	反复 fǎnfù	方法 fāngfǎ
肺腑 fèifǔ	芬芳 fēnfāng	丰富 fēngfù

【绕口令训练】

① 八百标兵奔北坡，炮兵并排北边跑，炮兵怕把标兵碰，标兵怕碰炮兵炮。

② 白猫黑鼻子，黑猫白鼻子，白猫的黑鼻子碰破了黑猫的白鼻子，黑猫的白鼻子碰破了白猫的黑鼻子。

③ 炮兵攻打八面坡，炮兵排排炮弹齐发射。步兵逼近八面坡，歼敌八千八百八十多。

2. z、c、s

z：舌尖前不送气清塞擦音

藏族 zàngzú	造作 zàozuò	走卒 zǒuzú
自尊 zìzūn	曾祖 zēngzǔ	总则 zǒngzé
栽赃 zāizāng	遭罪 zāozuì	粽子 zòngzi
自在 zìzài	造字 zàozì	啧啧 zézé

c：舌尖前送气清塞擦音

粗糙 cūcāo	参差 cēncī	苍翠 cāngcuì
催促 cuīcù	层次 céngcì	猜测 cāicè
璀璨 cuǐcàn	草丛 cǎocóng	从此 cóngcǐ
残存 cáncún	措词 cuòcí	寸草 cùncǎo

s：舌尖前清擦音

洒扫 sǎsǎo	四散 sìsàn	瑟缩 sèsuō
缫丝 sāosī	搜索 sōusuǒ	松散 sōngsǎn
三思 sānsī	色素 sèsù	思索 sīsuǒ
诉讼 sùsòng	随俗 suísú	嗖嗖 sōusōu

3. d、t、n、l

d：舌尖中不送气清塞音

掂掇 diānduo	顶点 dǐngdiǎn	低档 dīdàng
到达 dàodá	电灯 diàndēng	调动 diàodòng
大豆 dàdòu	等待 děngdài	断定 duàndìng

t：舌尖中送气清塞音

倜傥 tìtǎng	铁塔 tiětǎ	淘汰 táotài
探讨 tàntǎo	跳台 tiàotái	梯田 tītián
谈天 tántiān	团体 tuántǐ	妥帖 tuǒtiē

n：舌尖中浊鼻音

牛奶 niúnǎi	男女 nánnǚ	恼怒 nǎonù
能耐 néngnai	泥泞 nínìng	农奴 nóngnú
忸怩 niǔní	泥淖 nínào	拿捏 nániē

l：舌尖中浊边音

磊落 lěiluò	理论 lǐlùn	联络 liánluò
流利 liúlì	玲珑 línglóng	罗列 luóliè
拉力 lālì	来历 láilì	连理 liánlǐ

【绕口令练习】

① 会炖我的炖冻豆腐，来炖我的炖冻豆腐，不会炖我的炖冻豆腐，就别炖我的炖冻豆腐。要是混充会炖我的炖冻豆腐，炖坏了我的炖冻豆腐，那就吃不成我的炖冻豆腐。

② 大兔子，大肚子，大肚子的大兔子，要咬大兔子的大肚子。

③ 调到敌岛打特盗，特盗太刁投短刀，挡推顶打短刀掉，踏盗得刀盗打倒。断头台倒吊短单刀，歹徒登台偷短刀，断头台塌盗跌倒，对对短刀叮当掉。

④ 六十六岁刘老六，修了六十六座走马楼，楼上摆了六十六瓶苏合油，门前栽了六十六棵垂杨柳，柳上拴了六十六个大马猴。忽然一阵狂风起，吹倒了六十六座走马楼，打翻了六十六瓶苏合油，压倒了六十六棵垂杨柳，吓跑了六十六个大马猴，气死了六十六岁刘老六。

⑤ 牛郎年年恋刘娘，刘娘连连念牛郎；牛郎恋刘娘，刘娘念牛郎，郎恋娘来娘念郎。

⑥ 河边有棵柳，柳下一头牛。牛要去顶柳，柳条缠住了老牛头。

4. zh、ch、sh、r

zh：舌尖后不送气清塞擦音

债主 zhàizhǔ	制止 zhìzhǐ	种植 zhòngzhí

站长 zhànzhǎng　　正直 zhèngzhí　　珍重 zhēnzhòng
支柱 zhīzhù　　壮志 zhuàngzhì　　转折 zhuǎnzhé

ch：舌尖后送气清塞擦音

惆怅 chóuchàng　　踟蹰 chíchú　　抽查 chōuchá
长城 chángchéng　　车床 chēchuáng　　驰骋 chíchěng
重唱 chóngchàng　　踌躇 chóuchú　　船厂 chuánchǎng

sh：舌尖后清擦音

施舍 shīshě　　述说 shùshuō　　上升 shàngshēng
赏识 shǎngshí　　闪烁 shǎnshuò　　少数 shǎoshù
事实 shìshí　　双手 shuāngshǒu　　舒适 shūshì

r：舌尖后浊擦音

荏苒 rěnrǎn　　柔软 róuruǎn　　如若 rúruò
扰攘 rǎorǎng　　仍然 réngrán　　忍让 rěnràng
容忍 róngrěn　　柔韧 róurèn　　软弱 ruǎnruò

【绕口令训练】

① 夏日无日日亦热，冬日有日日亦寒，春日日出天渐暖，晒衣晒被晒褥单，秋日天高复云淡，遥看红日迫西山。

② 史老师，讲时事，常学时事长知识。时事学习看报纸，报纸登的是时事。常看报纸要多思，心里装着天下事。

5. j、q、x

j：舌面不送气清塞擦音

经济 jīngjì　　基金 jījīn　　计较 jìjiào
加剧 jiājù　　解决 jiějué　　交际 jiāojì
究竟 jiūjìng　　结晶 jiéjīng　　讲究 jiǎngjiu

q：舌面送气清塞擦音

崎岖 qíqū　　气球 qìqiú　　亲戚 qīnqi
氢气 qīngqì　　确切 quèqiè　　群情 qúnqíng
秋千 qiūqiān　　牵强 qiānqiǎng　　请求 qǐngqiú

x：舌面清擦音

细小 xìxiǎo　　虚心 xūxīn　　下旬 xiàxún
相信 xiāngxìn　　学习 xuéxí　　现象 xiànxiàng
笑星 xiàoxīng　　湘绣 xiāngxiù　　显现 xiǎnxiàn

【绕口令训练】

① 东边来了个漆匠卖漆，西边来了个锡匠卖锡，漆匠说锡匠偷了他的漆，锡匠说漆匠偷了他的锡，倒不知是锡匠偷了漆匠的漆，还是漆匠偷了锡匠的锡。

② 小芹手脚灵，轻手擒蜻蜓，小青人精明，天天学钢琴。擒蜻蜓，趁天晴，小芹晴天擒住大蜻蜓。学钢琴，趁年轻，小青精益求精练本领。你想学小芹，还是学小青？

③ 巧巧过桥找嫂嫂，小小过桥找姥姥，巧巧桥上碰着小小，小小桥上碰着巧巧，巧巧约小小去找嫂嫂，小小约巧巧去找姥姥，小小与巧巧，同去找姥姥，找罢姥姥又去找嫂嫂。

④ 小金到北京看风景，小京到天津买纱巾。买纱巾，用现金，看风景，用眼睛，巾、金、睛、景要分清。

6. g、k、h

g：舌根不送气清塞音

梗概 gěnggài	规格 guīgé	高贵 gāoguì
改革 gǎigé	巩固 gǒnggù	桂冠 guìguān
灌溉 guàngài	故宫 gùgōng	国歌 guógē

k：舌根送气清塞音

坎坷 kǎnkě	克扣 kèkòu	困苦 kùnkǔ
开垦 kāikěn	刻苦 kèkǔ	慷慨 kāngkǎi
宽阔 kuānkuò	可靠 kěkào	空旷 kōngkuàng

h：舌根清擦音

黄昏 huánghūn	缓和 huǎnhé	含混 hánhùn
航海 hánghǎi	荷花 héhuā	欢呼 huānhū
黄河 huánghé	绘画 huìhuà	浑厚 húnhòu

【绕口令训练】

① 华华有两朵黄花，红红有两朵红花。华华要红花，红红要黄花。华华送给红红一朵黄花，红红送给华华一朵红花。

② 哥挎瓜筐过宽沟，赶快过沟看怪狗。光看怪狗瓜筐扣，瓜滚筐空哥怪狗。

③ 老爷堂上一面鼓，鼓上一只皮老虎。皮老虎抓破了鼓，就拿块破布往上补。只见过破布补破裤，哪见过破布补破鼓。

④ 粉红墙上画凤凰，凤凰画在粉红墙。红凤凰，粉凤凰，红粉凤凰，花凤凰。

⑤ 成都商场卖混纺，红混纺，黄混纺，粉混纺，粉红混纺，黄粉混纺，黄红混纺，红粉混纺最畅销。

（二）声母综合练习

冰雹 bīngbáo	稗草 bàicǎo	迸发 bèngfā
蹩脚 biéjiǎo	濒临 bīnlín	摈弃 bìnqì
秘鲁 bìlǔ	奴婢 núbì	裨益 bìyì
刚愎 gāngbì	巨擘 jùbò	哺育 bǔyù
剖析 pōuxī	癖好 pǐhào	咆哮 páoxiào
炮烙 páoluò	胚胎 pēitāi	匍匐 púfú
瀑布 pùbù	纰漏 pīlòu	毗邻 pílín
埋怨 mányuàn	分娩 fēnmiǎn	扒手 páshǒu
分泌 fēnmì	联袂 liánmèi	笸箩 pǒluo
柏树 bǎishù	谬论 miùlùn	撇开 piēkāi

汾水 fénshuǐ
砝码 fǎmǎ
瑕疵 xiácī
忖度 cǔnduó
从容 cóngróng
作坊 zuōfang
憎恶 zēngwù
塑料 sùliào
怂恿 sǒngyǒng
恣肆 zìsì
玷污 diànwū
恫吓 dònghè
踱步 duóbù
蜕化 tuìhuà
气馁 qìněi
拘泥 jūnì
袅娜 niǎonuó
勒紧 lēijǐn
擂鼓 léigǔ
趔趄 lièqiè
贿赂 huìlù
甄别 zhēnbié
揣测 chuǎicè
谄媚 chǎnmèi
创伤 chuāngshāng
箴言 zhēnyán
胡诌 húzhōu
症结 zhēngjié
高涨 gāozhǎng
着陆 zhuólù
沼泽 zhǎozé
执拗 zhíniù
禅让 shànràng
吸吮 xīshǔn
妊娠 rènshēn
睿智 ruìzhì
辍学 chuòxué
家乡 jiāxiāng
蓓蕾 bèilěi
针砭 zhēnbiān
伺候 cìhou
蹉跎 cuōtuó
恣意 zìyì
拒载 jùzài
稼穑 jiàsè
簌簌 sùsù
害臊 hàisào
咂嘴 zāzuǐ
装订 zhuāngdìng
句读 jùdòu
湍急 tuānjí
囤积 túnjī
拟人 nǐrén
亲昵 qīnnì
奶酪 nǎilào
莅临 lìlín
羸弱 léiruò
恶劣 èliè
棕榈 zōnglǘ
奢侈 shēchǐ
震慑 zhènshè
孱弱 chánruò
斟酌 zhēnzhuó
妯娌 zhóuli
灼热 zhuórè
缜密 zhěnmì
精湛 jīngzhàn
涨价 zhǎngjià
召开 zhàokāi
压轴 yāzhòu
讪笑 shànxiào
围绕 wéirào
冗长 rǒngcháng
半晌 bànshǎng
宽绰 kuānchuò
教训 jiàoxùn
船舶 chuánbó
停泊 tíngbó
烟囱 yāncōng
挫折 cuòzhé
浸渍 jìnzì
暂时 zànshí
堵塞 dǔsè
曹操 cáocāo
扫帚 sàozhou
摧残 cuīcán
订正 dìngzhèng
兑换 duìhuàn
颓废 tuífèi
口讷 kǒunè
隐匿 yǐnnì
南宁 nánníng
勒索 lèsuǒ
利率 lìlǜ
寂寥 jìliáo
雕镂 diāolòu
掠夺 lüèduó
秩序 zhìxù
拙劣 zhuōliè
绽放 zhànfàng
砧板 zhēnbǎn
赦免 shèmiǎn
对峙 duìzhì
赈灾 zhènzāi
战栗 zhànlì
喜剧 xǐjù
肇事 zhàoshì
贮藏 zhùcáng
赡养 shànyǎng
稔知 rěnzhī
称职 chènzhí
啜泣 chuòqì
刹那 chànà
觉醒 juéxǐng

浅近 qiǎnjìn 巧计 qiǎojì 勤俭 qínjiǎn
谦虚 qiānxū 倾向 qīngxiàng 情形 qíngxing
胸襟 xiōngjīn 夏季 xiàjì 着慌 zháohuāng
吸取 xīqǔ 向前 xiàngqián 先驱 xiānqū
信心 xìnxīn 鲜血 xiānxuè 兴修 xīngxiū
习性 xíxìng 心胸 xīnxiōng 克扣 kèkòu
喜讯 xǐxùn 行凶 xíngxiōng 形象 xíngxiàng
小雪 xiǎoxuě 新兴 xīnxīng 雄心 xióngxīn
捷径 jiéjìng 境界 jìngjiè 家教 jiājiào
清秋 qīngqiū 凄切 qīqiè 奇巧 qíqiǎo
框架 kuàngjià 责怪 zéguài 个性 gèxìng
科学 kēxué 和睦 hémù 魔鬼 móguǐ

二、声母正音训练

➤ 理论简介

方言区的人学习普通话声母时要注意以下四个问题：

（一）zh、ch、sh、r和z、c、s

zh、ch、sh、r是舌尖后音，发音时舌尖卷起来对着硬腭；z、c、s是舌尖前音，发音时舌尖对着上齿背。先发z、c、s，然后把舌尖卷起来对着硬腭，发出的音就是zh、ch、sh。普通话里zh、ch、sh、r和z、c、s能区别意义，而吴方言、闽方言、粤方言，还有北方方言的部分地区，都没有zh、ch、sh、r这套声母。北方方言里有些地区虽然有这两套声母，但是分合情况也和普通话不完全相同。因此，这些方言区的人学习普通话时不仅要学会zh、ch、sh、r的发音，还要知道普通话里哪些字的声母是zh、ch、sh，哪些字的声母是z、c、s。这是这些方言区的人学好普通话声母的关键。比较下列各组词语：

诗人 shīrén 私人 sīrén
主力 zhǔlì 阻力 zǔlì
木柴 mùchái 木材 mùcái
新春 xīnchūn 新村 xīncūn

（二）f和h

f是唇齿音，发音时下唇和上齿构成阻碍。h是舌根音，发音时舌根和软腭构成阻碍。南方有些方言没有f这个声母，普通话的f在闽方言中多数读成b、p或h，湘方言有些地区把f读成hu，而粤方言则相反，把普通话里一些声母为h的字（大都是和u结合的字，如虎hǔ、花huā）的声母读作f。比较下列各组词语：

发生 fāshēng 花生 huāshēng
废话 fèihuà 会话 huìhuà
公费 gōngfèi 工会 gōnghuì
三伏 sānfú 三壶 sānhú

（三）n和l

n是鼻音，发音时气流通过鼻腔，由鼻孔呼出，不由口腔呼出。l是边音，发音时气流从舌头的两旁呼出，不从鼻腔呼出。普通话里n和l能区别意义，而闽方言、北方方言里的西南话和部分江淮话里n和l是不分的。有的有n没有l，有的有l没有n，有的n、l随便读。例如“男制服”和“蓝制服”不分，“女客”和“旅客”不分。这些方言区的人除了要学会n和l的发音外，还要记住在普通话里哪些字的声母是n，哪些字的声母是l。比较下列各组词语：

你想 nǐxiǎng	理想 lǐxiǎng
水牛 shuǐniú	水流 shuǐliú
年代 niándài	连带 liándài
无奈 wúnài	无赖 wúlài

（四）清声母和浊声母

清声母发音时声带不颤动，浊声母发音时声带要颤动。普通话里只有m、n、l、r四个浊声母，而吴方言和湘方言的部分地区除了m、n、l、r外还有浊塞音、浊擦音和浊塞擦音声母。例如上海话“病、动、共、词”的声母就是浊声母。这些方言区的人学习普通话的时候，要把这些浊声母改成发音部位相同的清声母。声调是平声的字，要改成送气清声母，如p、t、k、q、ch、c等；声调是仄声的，要改成不送气的清声母，如b、d、g、j、zh、z等。下列各组词语里带点的字在上述方言中都是浊声母，它们在普通话里要改成不同的清声母：

童话 tónghuà	动画 dònghuà
评价 píngjià	病假 bìngjià
厨房 chúfáng	住房 zhùfáng
水田 shuǐtián	水电 shuǐdiàn

➤ 技能训练

【训练目标】

结合地方辅助教材，了解自己的家乡话与普通话中声母的对应关系，辨别二者的差异，进行有针对性的训练，以矫正声母的发音偏误。

（一）平、翘舌音正音训练

【训练要领】

这两组声母在发音方法上是一一对应的，区别在于发音部位不同：舌尖前音（平舌音）z、c、s发音时舌尖平伸，顶住或接近上齿背；舌尖后音（翘舌音）zh、ch、sh发音时舌尖翘起，接触或接近硬腭前端。

【训练方法】

1. 熟记平、翘舌音。南方地区普遍没有翘舌音，所以要能发准平翘舌音，首先得熟练辨记平、翘舌音。常用方法有：

（1）利用普通话声韵调拼合规律类推记忆，如：

zh、ch、sh——ua、uai、uang（能拼合）；

z、c、s——ua、uai、uang(不能拼合)。

(2)利用形声字的声旁类推记忆,如:

召(zh)——招、昭、沼、照(zh),超(ch),绍、邵(sh)……

长(zh)——张、涨、帐、胀(zh),伥、怅(ch)……

少(sh)——沙、纱、砂、莎、痧(sh),抄、钞、吵、炒(ch)……

(3)记少不记多,如:

z——en 少:只有“怎”一个字;

zh——en 多:贞、真、珍、诊、阵……

2. 听辨训练:通过听辨平、翘舌音的音色来区分二者的不同,在提高听辨能力的同时辅助发音能力的提高。

可随意出示一些平、翘舌音,教师打乱次序来发音,让学生听辨,如判断为平舌音则拍掌一次,如判断为翘舌音则拍掌两次。如:

◆ 词热索瞬穗溶吹遭仕醋

◆ 碎专寺查嘶充摔罪中至

◆ 自鲨揍谁憎尚操斟册锄

3. 正音训练:可出示发音部位图,以比较二者发音部位与方法的不同。同时,采用手势辅助法,帮助找准平、翘舌音的发音部位,矫正发音偏误,如:

zh、ch、sh

正:舌身略后缩,舌尖上翘,抵硬腭前(凸出处);

误:舌身未后缩,舌尖上翘不到位,抵到了上齿龈,音色类似平舌音z、c、s。

误:舌身后缩过多,舌尖上翘不到位,抵到了硬腭,甚至舌尖后卷,发成“大舌头”或是“卷舌音”。

4. 对比练习

杂—闸　粗—出　丝—师　猜—拆

赛—晒　赞—站　惭—馋　三—山

怎—诊　层—成　森—申　邹—周

凑—臭　搜—收　最—坠　催—吹

藏族　参差　色素　主张　惆怅　上升

指出　中枢　主持　实施　垂直　车站

在职　组织　身材　杂志　暂时　挫折

遭受　最初　次数　从事　措施　丧失

(二)鼻、边音正音训练

【训练要领】

鼻音n与边音l发音的相同之处,一是发音部位(舌尖中音),二是声带振动(浊音)。区别在于发音方法中阻碍方式不同:发n音时,舌尖及舌边均上举,顶住上齿龈,带动整个舌面的周围跟硬腭的周围密合,软腭下降,鼻孔出气,同时声带振动。发l音时,舌尖前端上举,顶住齿龈(不顶满),舌头两边跟硬腭的两侧保持适当的间隙,软腭上升,声带振动,气流从舌头两边透出(上下牙张开)。

【训练方法】

1. 鼻、边音辨记

（1）利用形声字声旁类推记忆，如：

宁 ning——柠、咛、狞、拧、泞……

令 ling——铃、冷、岭、聆、领……

（2）记少不记多：编制 n、l 声母辨音字表，可以看出 n 声母字比 l 声母字少。记住 n 声母字，其余的 l 声母字可以大胆地类推。如：

nu 少：怒、奴、努；

lu 多：路、露、鹭、赂、陆、碌、卢、庐、鲁、橹、虏……

2. 对镜正音训练法

取一张硬纸片横放在上唇的上方，将一面镜子立在硬纸片的前面。发鼻音 n 时，镜子上半部有水汽；发边音 l 时，镜子下半部有水汽。

3. 前字引导正音法

n：在声母为 n 的字前面加一个用 n 作韵尾的字，两字连读时，因发音部位相同，方法相近（只是除阻不除阻的区别），易于发准 n 声母。如：

看哪 kan—na　新年 xin—nian　男奴 nan—nu

l：在声母为 l 的字前面加上一个 ge、ke 音节，借发 g、k 音时的舌根高抬，相对限制了软腭下降，使它不便于发鼻音而发出边音；训练时要注意两个音节的紧密衔接。如：

各类 ge— lei　颗粒 ke—li

4. 矫正边音鼻化的偏误训练

（1）手势辅助法训练：用手势表示边音——舌尖上举，软腭上升，气流从舌边流出；鼻音——舌尖及舌边均上举，软腭下降，气流穿鼻而出。或发声母的本音，即发 l 时捏住鼻孔，发 n 时松开鼻孔。

（2）夸张对比训练：用边音轻弹、鼻音夸张的方法反复对比发音和听辨。如：

n—l，l—n，n—n，l—l，……

n—n—l，l—l—n，……

n—l—n，l—n—l，……

5. 对比训练

（1）字的对比

l—n：老—脑　刘—牛　路—怒

n—l：男—兰　女—缕　乃—来

（2）词的对比

l—n：新粮—新娘　旅客—女客

n—l：宁海—临海　宁夏—零下

（3）组词对比

l—n：冷暖　老年　来年　两难

n—l：能量　奴隶　纳凉　奶酪

(4)听辨训练：听辨录音、教师示范发音、同学间的发音。

➢ 训练材料

（一）平、翘舌对比训练

1. 字的对比

平—翘：孜—知　仔—纸　字—挚　醉—赘　增—蒸
赠—正　尊—谆　赞—占　澡—找　才—豺
村—春　忖—蠢　参—搀　惨—铲　曹—潮
崔—吹　窜—串　四—市　素—树　桑—伤

2. 词的对比

平—翘：资助—支柱　栽花—摘花　早稻—找到
木材—木柴　擦嘴—插嘴　乱草—乱吵
死记—史记　自力—智力　赞助—站住
暂时—战时　大字—大志　一层——成
三哥—山歌　塞子—筛子　散光—闪光

3. 平翘组词对比

z—zh：在职　杂质　载重　增长　总账　奏章　阻止
诅咒　组织　罪证　尊重　佐证　遵照　坐镇
zh—z：渣滓　张嘴　种族　沼泽　振作　正字　知足
职责　指责　治罪　著作　铸造　壮族　准则
c—ch：财产　操场　裁处　采茶　彩绸　餐车　残喘
磁场　辞呈　催产　错处　存查　促成　存储
ch—c：车次　唱词　蠢材　纯粹　差错　场次　成材
出操　除草　楚辞　储存　揣测　穿刺　春蚕
s—sh：散失　桑葚　丧失　扫射　死水　私塾　素食
肃杀　算式　算术　随身　岁首　损伤　琐事
sh—s：上诉　哨所　山色　深思　申诉　神思　生涩
守岁　绳索　誓死　收缩　疏松　神速　深邃

4. 绕口令练习

z—zh：红砖堆，青砖堆，砖堆旁边蝴蝶追，蝴蝶绕着砖堆飞，飞来飞去蝴蝶钻砖堆。

c—ch：紫瓷盘，盛鱼翅。一盘生鱼翅，一盘熟鱼翅。迟小池拿了一把瓷汤匙，要吃清蒸美鱼翅。一口鱼翅刚到嘴，鱼刺刺进齿缝里，疼得小池拍腿挠牙齿。

s—sh：石、斯、施、史四老师，天天和我在一起。石老师教我大公无私，斯老师给我精神粮食，施老师叫我遇事三思，史老师送我知识钥匙。我感谢石、斯、施、史四老师。

（二）鼻、边音对比训练

1. 字的对比

n—l：那—辣　讷—乐　奈—赖　馁—磊　内—类

孬—捞　挠—牢　脑—老　闹—烙　南—蓝
难—拦　囊—狼　你—里　逆—立　聂—裂
鸟—了　尿—料　妞—溜　碾—脸　念—恋
奴—炉　努—鲁　挪—罗　糯—洛　暖—卵

2. 词的对比

n—l：脑子—老子　浓重—隆重　无奈—无赖
留念—留恋　允诺—陨落　泥巴—篱笆
老农—老龙　闹灾—涝灾　南宁—兰陵
男女—褴褛　大怒—大路　年内—连累

3. 鼻、边音组词对比

n—l：耐劳　脑力　内陆　奴隶　努力　女郎
能量　年历　暖流　鸟类　农林　年轮

l—n：老衲　来年　烂泥　凌虐　羚牛　龙年
流年　狼奶　冷暖　留念　理念　列宁

4. 绕口令练习

n—l：念一念，练一练，n、l的发音要分辨。l是边音软腭升，n是鼻音舌靠前。你来练，我来念，不怕累，不怕难，齐努力，攻难关。

n—l：有座面铺面朝南，门口挂个蓝布棉门帘。摘了蓝布棉门帘，看了看，面铺面朝南；挂上蓝布棉门帘，看了看，面铺还是面朝南。

n—l：蓝教练是女教练，吕教练是男教练，蓝教练不是男教练，吕教练不是女教练。蓝教练是教男篮的女教练，吕教练是教女篮的男教练。

n—l：南边来了两队篮球运动员，男运动员穿了蓝球衣，女运动员穿了绿球衣。不怕累，不怕难，男女运动员努力练投篮。

（三）送气、不送气音对比训练

1. 字的对比

b—p：拔—爬　败—派　伴—盼　倍—配　避—僻　捕—普
d—t：蛋—炭　稻—套　笛—提　毒—涂　堤—踢　夺—砣
g—k：规—亏　柜—匮　刽—愧　公—空　怪—快　姑—哭
j—q：集—齐　歼—千　截—茄　近—沁　局—渠　净—庆
zh—ch：铡—茶　招—超　丈—唱　植—迟　轴—稠　撞—创
z—c：字—刺　罪—脆　凿—曹　坐—错　在—菜　灾—猜

2. 组词对比

b—p：逼迫　摆谱　被迫　半票
p—b：拍板　旁边　排比　判别
d—t：顶替　地毯　动弹　灯塔
t—d：坦荡　态度　糖弹　特点
g—k：功课　孤苦　高亢　工楷
k—g：凯歌　看管　考古　刻骨

j—q：　机器　佳期　嘉庆　坚强
q—j：　千斤　契机　清剿　群居
zh—ch：支持　展翅　战车　章程
ch—zh：插针　查证　车站　拆账
z—c：　字词　早操　造次　杂草
c—z：　草籽　刺字　才子　参赞

3. 词语对比

b—p：　败兵—派兵　鼻子—皮子　部位—铺位　辫子—骗子
d—t：　淡化—碳化　肚子—兔子　毒药—涂药　稻子—套子
g—k：　米缸—米糠　怪事—快事　个体—客体　孤树—枯树
j—q：　犟人—呛人　净利—庆历　坚强—牵强　家人—掐人
zh—ch：直到—迟到　仗着—唱着　侄子—池子　质子—赤子
z—c：　座位—错位　在场—菜场　自序—次序　大字—大刺

4. 绕口令

白猫黑鼻子，黑猫白鼻子，黑猫的白鼻子碰破了白猫的黑鼻子。白猫的黑鼻子破了，剥个秕谷皮儿补鼻子；黑猫的白鼻子不破，不必剥秕谷皮儿补鼻子。

（四）其他声母对比训练

1. r与l

部分方言区没有“r”这个发音，往往用鼻音n或边音l替代，在学习普通话的过程中特别容易与l混淆，需要注意分辨。

普通话中以“r”为声母的字比以“l”为声母的字少得多，采用记少不记多的方法较容易记住以“r”为声母的字。比如，声母r多与前鼻韵母en相拼，常用字有：人、任、忍、认、刃、仁、韧、妊、纫、壬、仞、荏、饪、稔等，极少与后鼻韵母eng相拼；而声母l不与前鼻韵母en相拼，只与后鼻韵母eng相拼，常用字有：冷、棱、楞、塄、愣。

从发音部位看，r是舌尖后音，同zh、ch、sh发音部位一样，是由舌尖和硬腭前部构成阻碍而发的音。从发音方法看，r是浊擦音，发音时，舌尖上翘，抵硬腭前部，留一小缝让气流从中摩擦而出，同时声带振动。为找到正确的感觉，可以先发sh音，然后保持口型和舌位不动，振动声带，即是r音。

r和l的区别是发音部位不同，舌尖抵搭的位置有前后之别。r的发音部位在硬腭，l的发音部位在齿龈。发音方法也不同，r音除阻时，气流的通道很窄，限于舌尖和硬腭之间的一点点缝隙，摩擦很重；而l音除阻时，气流的通道在舌侧两边，很宽松，摩擦不十分明显。

（1）字词对比

l—r：碧蓝—必然　娱乐—余热
　　阻拦—阻燃　囚牢—求饶
　　卤汁—乳汁　露馅—肉馅
　　近路—进入　流露—流入

衰落—衰弱　脸色—染色

收录—收入　聋子—绒子

（2）组词对比

r—l：锐利　日历　扰乱　热烈　认领　容量

人力　日落　让路　热浪　燃料

l—r：老人　烈日　例如　来人　礼让

利润　留任　炼乳　列入

（3）绕口令练习

烈日炎炎热如火，昨日热今日仍然热，一日比一日热，白日热夜里仍然热。安然对天热，天热人不热。

2. f与h

（1）字的对比

f—h：发—哈　烦—寒　方—夯　粉—很　冯—横

父—户　斧—虎　防—杭　愤—恨　饭—汗

扶—壶　夫—呼　飞—黑　否—吼　汾—痕

（2）词的对比

f—h：理发—理化　发现—花线　舅父—救护

附注—互助　防虫—蝗虫　斧背—虎背

飞机—黑鸡　复员—会员

（3）绕口令练习

① 风吹灰飞，灰飞花上花堆灰。风吹花灰灰飞去，灰在风里飞又飞。

② 笼子里面有三凤，黄凤红凤粉红凤。忽然黄凤啄红凤，红凤反嘴啄黄凤，粉红凤帮红凤啄黄凤。你说是红凤啄黄凤，还是黄凤啄粉红凤。

③ 丰丰和芳芳，上街买混纺。红混纺，粉混纺，灰混纺，黄混纺。红花混纺做裙子，粉花混纺做衣裳。穿上新衣多漂亮，丰丰和芳芳喜洋洋。感谢叔叔和阿姨，多纺红、粉、灰、黄好混纺。

第二节　韵母的发音与辨正训练

一、韵母发音训练

➢ 理论简介

韵母，就是汉语音节中声母后面的部分。

普通话中的39个韵母可以从两个不同的角度进行分类：一是根据韵母内部结构成分的不同，把韵母分为单韵母、复韵母和鼻韵母三类；二是根据韵母开头元音的发音口型不同，把韵母分为“四呼”，即开口呼、齐齿呼、合口呼、撮口呼。开口呼是指没有韵头且韵腹不是i、u、ü的韵母，齐齿呼是指韵头或韵腹是i的韵母，合口呼是指韵头或韵腹是u的韵母，撮口呼是指韵头或韵腹是ü的韵母。

普通话韵母总表

	开口呼	齐齿呼	合口呼	撮口呼
单韵母	-i（前）/-i（后）	i	u	ü
	ɑ	iɑ	uɑ	
	o		uo	
	e			
	ê	ie		üe
	er			
复韵母	ɑi		uɑi	
	ei		uei	
	ɑo	iɑo		
	ou	iou		
鼻韵母	ɑn	iɑn	uɑn	üɑn
	en	in	uen	ün
	ɑng	iɑng	uɑng	
	eng	ing	ueng	
	ong	iong		

注：灰底为复韵母。

下面将按照单韵母、复韵母、鼻韵母的分类，分别说明它们的发音特点：

- 单韵母，是由一个元音音素构成的韵母。普通话有10个元音，都可以充当单韵母。单韵母的发音特点取决于发音时的口腔形状，即单韵母的不同音色是由舌位的前后、高低（即开口度的大小），以及唇形的圆展等方面造成的。根据发音时舌头的部位及状态，单韵母又分为三种：舌面单韵母、舌尖单韵母和卷舌单韵母。舌面单韵母是发音时舌头的高点在舌面，舌面起主要作用的单元音韵母，有ɑ、o、e、ê、i、u、ü；舌尖单韵母是发音时舌尖位置起主要作用的单元音韵母，有-i（前）、-i（后）；卷舌单韵母是由卷舌元音er构成的单韵母。
- 复韵母，是由两个或三个元音复合而

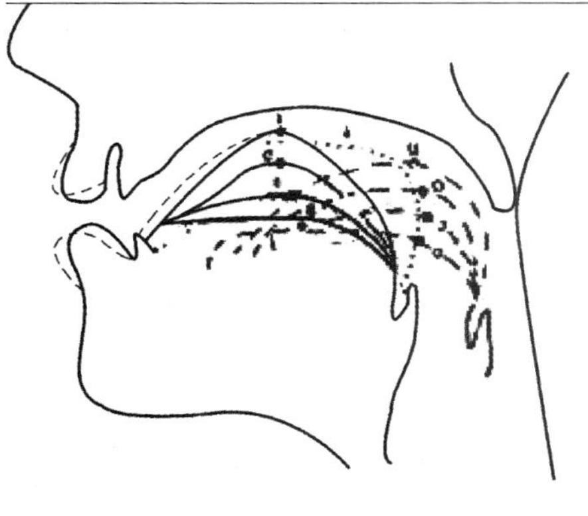

图 2.1

元音舌位（侧面）图

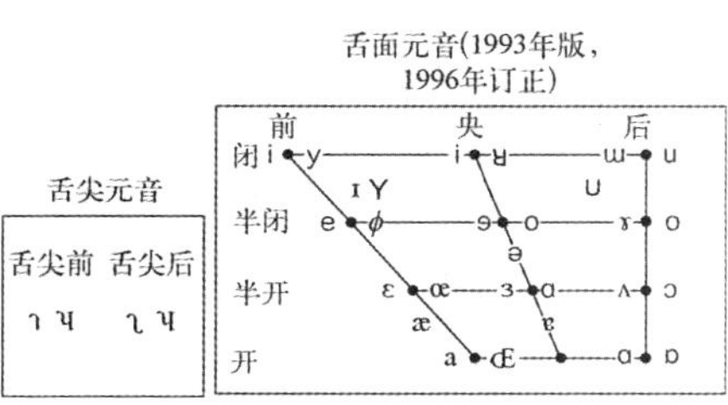

图 2.2

国际音标元音舌位图（罗常培、王均，1981）

成的韵母，普通话中有13个复韵母。复韵母中的几个元音有主有次，可以分为韵头、韵腹、韵尾三部分。其中，韵腹是韵母的主干，是开口度较大、声音最为清晰响亮的主要元音；韵腹前面的元音是韵头（又称“介音”——介于声母和韵腹之间），发音较轻且短，往往只表示发音的起点，由高元音i、u、ü充当；韵腹后面是韵尾，元音韵尾由i、u（o）充当，音值含混而不固定，往往表示舌位滑动的方向（韵尾由辅音n、ng充当的韵母是鼻韵母；单韵母没有韵头、韵尾，只有韵腹）。按韵腹所在位置，可把复韵母分为前响、后响和中响三类。其中，前响复韵母有ai、ei、ao、ou，后响复韵母有ia、ie、ua、uo、üe，中响复韵母有iao、iou、uai、uei。复韵母的发音特点，是发音时由一个元音向另一个元音的舌位、唇形、开口度变化，即有明显的动程。

- 鼻韵母，是由元音和鼻辅音构成的韵母，普通话中有16个鼻韵母。根据鼻辅音韵尾的不同，鼻韵母可以分为两种：前鼻韵母，由元音和前鼻辅音（舌尖鼻辅音）韵尾n构成，包括an、en、in、ün、ian、uan、üan、uen；后鼻韵母，由元音和后鼻辅音（舌根鼻辅音）韵尾ng构成，包括ang、eng、ing、ong、uang、ueng、iong、iang。鼻韵母的发音特点，关键在于鼻韵尾成阻时，归音必须到位（不同于元音韵尾），即成阻部位完全闭塞，以形成鼻辅音。

➢ 技能训练

【训练目标】

通过训练，力求掌握普通话韵母的发音特点，读准韵母；了解自己家乡话韵母与普通话韵母的对应关系，学会普通话中存在而方言中没有的韵母的发音；说普通话时韵母发音准确、自然。

（一）单韵母发音训练

【训练要领】

1. 单韵母的发音特点主要表现为：发音时，舌位、唇形及开口度按发音要求维持发音状态，始终不变，没有动程。

2. 发音时要注意口腔、舌位、唇形的配合。

舌位的前、央、后，是指发音时舌头隆起部分（舌高点）的前后。前元音发音时舌头略向前平伸，舌尖和下齿背接近，舌高点在舌面的前部；央元音发音时，舌高点在舌面中部，与硬腭中部相对；后元音发音时，舌头后缩，舌尖离开下齿背，舌高点在舌面的后部，与软腭相对。

舌位的高、半高、半低、低，是指发音时舌头隆起部分的最高点同上腭距离的远近。舌位的降低或抬高同口腔的开合有关，舌位越高开口度越小，舌位越低开口度越大。

【训练方法】

- 让学生跟着教师连读i—ê—a，u—o—a，体会舌位高低及开口度的变化；
- 让学生跟着教师连读ü—u—ü—u，体会舌位前后的变化；
- 让学生跟着教师连读i—ü—i—ü，e—o—e—o，体会唇形圆展的变化；
- 让学生跟读单韵母和例词，体会发音时舌位及唇形的配合；
- 用析出法训练舌尖单韵母：发音节zi、ci、si，声音拖长，分析出后半部分为舌尖前元音韵母-i（前）；发音节zhi、chi、shi、ri，声音拖长，分析出后半部分为舌尖后元音韵母-i（后）；

- 用手势辅助法训练卷舌单韵母：用手势表示卷舌韵母er发音时的状态；也可用析出法训练，先发央元音e，找准舌位，然后在发e的同时卷舌即可。

常规训练方法主要通过展示单韵母的发音舌位图，结合教师的讲解和示范来进行训练。

图 2.3

舌位图

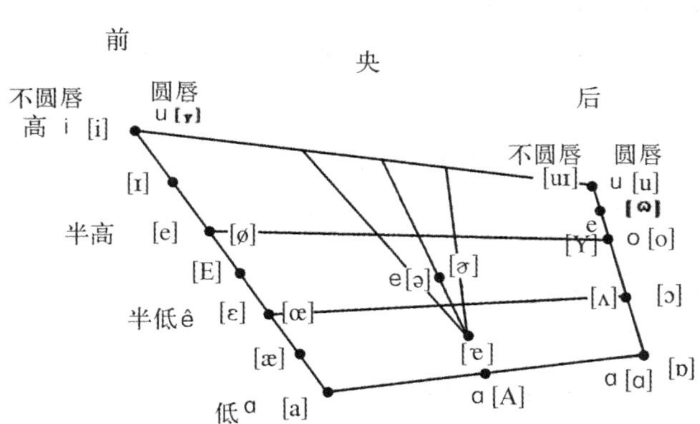

1. 舌面单韵母的训练

【ɑ：舌面、央、低、不圆唇】

发音时，口腔大开，舌头位置居中；舌面下降到最低度；唇形不圆；软腭上升，关闭鼻腔通道，声带颤动。

发音例词：

大妈　刹那　哪怕　发达　打靶

沙发　大厦　喇叭　爸爸　妈妈

哈达　马达　拉闸

【o：舌面、后、半高、圆唇】

发音时，口腔微开，舌头后缩；舌尖下垂，后舌根隆起，升至半高；嘴唇收圆；软腭上升，关闭鼻腔通道，声带颤动。

发音例词：

磨墨　磨破　薄膜　婆婆　默默

勃勃　伯伯

【e：舌面、中后、半高、不圆唇】

发音时，口腔半闭，舌头后缩；舌根升至半高；嘴唇不圆；软腭上升，关闭鼻腔通道，声带颤动。

发音例词：

客车　色泽　隔阂　特色　合格

割舍　苛刻　折射

【i：舌面、前、高、不圆唇】

发音时，口腔开口度很小，舌头前伸；舌面前部上升，接近硬腭，气流的通道狭窄但不发生摩擦；嘴唇展开；软腭上升，关闭鼻腔通道，声带颤动。

发音例词：

集体　利益　笔记　激励　习题

地理　记忆　霹雳　离奇　谜底

汽笛　利息　奇迹　提议

【u：舌面、后、高、圆唇】

发音时，口腔开口度很小，舌头后缩；舌根上升，接近软腭，气流的通道狭窄但不发生摩擦；嘴唇拢成一小圆孔；软腭上升，关闭鼻腔通道，声带颤动。

发音例词：

瀑布　鼓舞　图书　互助　服务

出路　疏忽　除阻　督促　处处

祝福　出租　舒服　无辜　初步

【ü：舌面、前、高、圆唇】

发音时，口腔开口度很小，舌头前伸；舌面前部上升，接近硬腭，气流的通道狭窄但不发生摩擦，嘴唇撮成一小圆孔；软腭上升，关闭鼻腔通道，声带颤动。

发音例词：

区域　旅居　雨具　须臾　序曲

女婿　语句　豫剧　絮语　伛偻

【ê：舌面、前、半低、不圆唇】

发音时，舌头前伸；舌面前部微微抬高；口开得较大，嘴角向两边展开；软腭上升，关闭鼻腔通道，声带颤动。

作为单韵母的ê只有一个叹词"欸"，ê的主要用途是与i、ü组成复韵母。它与i、ü结合成复韵母后，要把头上的符号去掉，写成ie、üe，因为i、ü不同单韵母e结合，所以e、ê不会混淆。

2. 舌尖单韵母的训练

【-i（前）：舌尖前、不圆唇】

发音时，舌尖前伸，靠近上齿背，气流的通道狭窄但不发生摩擦；嘴唇向两旁展开；软腭上升，关闭鼻腔通道，声带颤动。

发音例词：

此次　自私　孜孜　四次　恣肆

【-i（后）：舌尖后、不圆唇】

发音时，舌尖向后翘起，靠近前硬腭，气流的通道狭窄但不发生摩擦；嘴唇不圆；软腭上升，关闭鼻腔通道，声带颤动。

发音例词：

支持　实质　指示　致使　史诗

失事　日食　制止　知识　实施

值日　日志　志士

3. 卷舌单韵母的训练

【er：卷舌、央、中、不圆唇】

发音时，舌面和舌尖同时起作用，卷舌前，舌面处于自然状态，不前不后，不高不低，舌面中部稍稍隆起，然后舌尖很快卷起靠近前硬腭；嘴唇不圆；软腭上升，关闭鼻腔通道，声带颤动。

《汉语拼音方案》用er表示这个音，表明这个音是在舌面中部e音的基础上加上舌尖卷起的动作而发出的音，r表示卷舌，er是一个音素。

发音例词：

儿童　而且　耳朵　第二　然而

偶尔　十二　儿歌　耳机　遐迩

二胡　莞尔　鱼饵

【单韵母综合训练】

沙漠　拔河　巴黎　蘑菇　发育　波折　许可　默许　地图

计策　除夕　气魄　赋予　抵达　碧绿　彻底　除法　而是

此时　赤子　日食　丝竹　自制　值日　伯母　大漠　胳膊

（二）复韵母发音训练

【训练要领】

1. 复韵母的发音特点是，发音时舌位、唇形及开口度有变化，即有明显的动程。

2. 复韵母发音时，由一个元音到另一个元音的舌位变化呈直线发展，不是跳动而是滑动，中间有一串过渡音；舌位、唇形要自然连贯地逐渐变动，最终形成整体。

3. 复韵母中的韵腹由于受前后音素的影响，实际音值与单元音不尽相同，发音时不要机械地拘泥于单元音的舌位、唇形。

【训练方法】

主要通过展示复韵母发音动程图，结合教师的讲解和示范来进行训练。

1. 前响复韵母的训练

前响复韵母由两个元音构成。前面的元音是韵腹，发音清晰响亮，音值稍长；后面的元音是韵尾，发音轻短模糊。因总体发音特点前响后轻，故得名前响复韵母。包括ai、ei、ao、ou四个。

【ai：前响复韵母】

ai是由单元音ɑ和i合成的，韵腹ɑ的舌位比单韵母ɑ的舌位略靠前些（称前ɑ），韵尾i比单韵母i的口腔稍开，也就是发音到接近i音时就结束了。

发音时，先是舌位放低，唇形展开，发出稍靠前的ɑ音，紧接着舌面上升，最后发出接近i的音。

发音例词：

挨　乃　派　楷　胎

材　佰　宅　赖　盖

白菜　海带　爱戴　晒台　买卖

彩排　采摘　灾害　摆拍

【ei：前响复韵母】

ei是由单元音e和i合成的，韵腹e的舌位比单韵母e的舌位偏高、偏前，韵尾i比单韵母i的口腔稍开，也就是发音到接近i音时就结束了。

发音时，从偏高、偏前一些的e舌位开始，向i的舌位滑动。这个韵母的发音动程较小，要仔细体会，不要发成单韵母。

发音例词：

北	赔	没	飞	内
累	给	黑	贼	喂
蓓蕾	北美	配备	黑煤	肥美
累累	妹妹	娓娓		

【ao：前响复韵母】

ao是由单元音ɑ和o合成的，韵腹ɑ比单韵母ɑ的舌位靠后些（称后ɑ），韵尾o的舌位偏高些，实际发音接近u。

发音时，舌位先放低，发出稍偏后的ɑ音，接着舌位逐渐升高，唇形逐渐变圆，最后发出轻短含混的u音。

发音例词：

饱	跑	猫	刀	逃
恼	老	高	考	好
草帽	跑道	报告	号召	高潮
操劳	糟糕	牢靠	逃跑	老少

【ou：前响复韵母】

ou是由单元音o和u合成的，韵腹o的舌位稍稍靠前且唇形稍展开，韵尾u的唇形也稍松开。

发音时，先稍展唇，舌位稍靠前，发o音，有点类似e音，接着向u的舌位移动，发出轻短含混的u音。

发音例词：

剖	某	否	斗	透
漏	够	扣	吼	走
欧洲	喉头	抖擞	收购	佝偻
筹谋				

2. 后响复韵母的训练

后响复韵母由两个元音构成。前面的元音是韵头，发音轻短；后面的元音是韵腹，发音清晰响亮，音值稍长。它们的发音特点是前轻后响，所以称为后响复韵母。包括ia、ie、ua、uo、üe五个。

【ia：后响复韵母】

ia是由单元音i和ɑ合成的，i是韵头，ɑ是韵腹；这里的ɑ舌位比单韵母ɑ偏后，称后ɑ。

发音时，先是舌位高，唇形扁，发出短i音，接着舌位降低，稍后缩，发出比单韵母ɑ稍偏后的响而长的后ɑ音。

发音例词：

俩 家 恰 瞎

价 掐 暇 虾

恰恰 戛戛 加价 下家

下嫁 掐架

【ie：后响复韵母】

ie是由单元音i和ê合成的，i是韵头，ê是韵腹。

发音时，先发出较短的i音，接着舌位降至半低，嘴角咧开，发出响而长的ê音。

发音例词：

别 撇 灭 爹 贴

捏 列 街 切 些

结业 节烈 趔趄 贴切 歇业

姐姐 谢谢 铁屑 乜斜

【ua：后响复韵母】

ua是由单元音u和a合成的，u是韵头，a是韵腹；这里的a舌位比单韵母a偏后，称后a。

发音时，先发出较短的u音，接着降低舌位，唇形大展，响而长地发出舌位稍偏后的a音。

发音例词：

瓜 夸 花 抓 刷

刮 跨 话 爪 耍

挂画 耍滑 瓜花

【uo：后响复韵母】

uo是由单元音u和o合成的，u是韵头，o是韵腹。

发音时，先发u音，接着舌位下降，唇形略松开，发出响而长的o音。

发音例词：

多 脱 挪 锣 锅

阔 火 桌 戳 昨

骆驼 火锅 错落 阔绰 硕果

国货 罗锅 挪窝 懦弱

【üe：后响复韵母】

üe是由单元音ü和ê合成的，ü是韵头，ê是韵腹。

发音时，先发ü音，接着唇形逐渐咧开，舌位降至半低，发出响而长的ê音。

发音例词：

虐 略 决 缺 靴

约 掠 撅 瘸 学

约略 雀跃 决绝 雪月 绝学

3. 中响复韵母的训练

中响复韵母由三个元音构成。前面的元音是韵头，发音轻而短；后面的元音是韵尾，发音轻短模糊；中间的元音是韵腹，发音清晰响亮，音值稍长。因发音特点是中音响两头轻，所以名为中响复韵母。包括iao、iou、uai、uei四个，其中iou、uei的韵腹响亮度要受声调的影响。

【iao：中响复韵母】

iao是由单元音i、a、o合成的，i为韵头，a为韵腹，o为韵尾，这里的a舌位比单韵母a偏后，称为后a。发音时，舌位由i的前高位降至后a的后低位，再进而升向接近u的位置，唇形收圆。

发音例词：

标	飘	苗	雕	挑
鸟	了	交	敲	消
小鸟	逍遥	巧妙	笑料	叫嚣
苗条	妙药	教条	吊桥	疗效

【iou：中响复韵母】

iou是由单元音i、o、u合成的，i是韵头，o是韵腹，u是韵尾。发音时，舌位由i的前高位降到央偏后、半高（类似e）的舌位，再进而升向u后高舌位，唇形撮圆。这个韵母在读阴平、阳平的音调时，韵腹o没有读上声和去声时响亮。书写时，在非零声母音节中，中响复韵母iou可简写为iu，如xiù（秀）；而在零声母音节中，则不能简写，且韵头要改成零声母y，如yóu（油）。

发音例词：

谬	丢	妞	流	究
秋	休	优	牛	朽
久留	舅舅	牛油	绣球	求救
优秀	悠久	牛柳		

【uai：中响复韵母】

uai是由单元音u、a、i合成的，u是韵头，a是韵腹，i是韵尾，这里的a舌位比单韵母a偏前，称前a。发音时，舌位由u降至前a，再由前a升到i，唇形由圆到展变化。

发音例词：

拐	快	怀	拽	揣
衰	歪	踝	乖	甩
摔坏	怀揣	外快	乖乖	

【uei：中响复韵母】

uei是由单元音u、e、i合成的，u是韵头，e是韵腹，i是韵尾。发音时，舌位由u降至e，再由e升向i，唇形由圆到咧变化。这个音在发阴平、阳平的音调时，韵腹e没有发上声、去声时响亮。书写时，在非零声母音节中，中响复韵母uei可简写为ui，如huì（慧）；而在零声母音节中，则不能简写，且韵头要改为零声母w，如wēi（微）。

发音例词：

堆	推	规	亏	灰
追	吹	水	瑞	最
魁伟	归队	摧毁	水位	追随

翠微　　鬼祟　　回味　　汇兑　　荟萃

（三）鼻韵母发音训练

【训练要领】

1. 鼻韵母的发音特点是由元音向鼻辅音滑动，关键在于归音到位，也就是鼻韵尾形成阻碍时，成阻部位必须完全闭塞，以形成鼻辅音。

2. 鼻辅音韵尾只有成阻和持阻阶段，没有除阻阶段，鼻音一经产生即完成发音过程。

3. 鼻韵母发音的准确度取决于鼻辅音韵尾的成阻是否准确到位。

【训练方法】

主要通过展示鼻韵母的发音动程图，结合教师的讲解和示范来进行训练；同时，通过提高学生的听辨能力来辅助练习也很重要。

1. 前鼻韵母的训练

前鼻韵尾n与声母n发音部位相同，即舌尖抵住上齿龈；区别在于声母n要除阻，而韵尾n不除阻。前鼻韵母发音时，发出元音后，舌尖应尽快抵住上齿龈构成阻碍，使气流从鼻腔透出，以形成前鼻辅音完成发音。

【an：前鼻韵母】

an是由元音a加前鼻辅音n复合而成的鼻韵母。a是韵腹，n是韵尾，这里的a舌位比单韵母a偏前，称为前a。发音时，舌头放低前伸，触碰下齿背，张大口展唇，发前a音，紧接着舌面上升，舌尖抵住上齿龈，形成前鼻辅音n即可。

发音例词：

搬　　攀　　满　　反　　蛋

叹　　南　　蓝　　看　　寒

安然　　灿烂　　橄榄　　肝胆　　谈判

汗衫　　泛滥　　蛮干　　懒汉　　栏杆

【en：前鼻韵母】

en是由元音e加前鼻辅音n复合而成的鼻韵母。e是韵腹，舌位比单韵母e靠前，n是韵尾。发音时，舌位居中（不前不后不高不低），唇微咧，发出央e音，紧接着舌位上升，舌尖抵住上齿龈，形成前鼻辅音n即可。

发音例词：

奔　　喷　　闷　　分　　跟

肯　　恨　　怎　　嫩　　岑

根本　　认真　　深沉　　门诊　　振奋

审慎　　人参　　本分　　深圳　　沉闷

【in：前鼻韵母】

in是由元音i加鼻辅音n复合而成的鼻韵母。i是韵腹，n是韵尾。发音时，舌尖抵住下齿背，舌面隆起，接近硬腭，唇形稍咧，发出i音，接着舌尖离开齿背，抵住上齿龈，形成前鼻辅音n即可。

发音例词：

宾	拼	您	淋	金
亲	辛	银	鬓	紧
拼音	濒临	林荫	辛勤	亲近
民心	殷勤	琴音	金银	尽心

【ün：前鼻韵母】

ün是由元音ü和鼻辅音n复合而成。ü是韵腹，n是韵尾。发音时，舌尖抵住下齿背，舌面前端隆起，接近硬腭，唇形撮圆，发出ü音，接着舌尖离开齿背，抵住上齿龈，形成鼻辅音n即可。

发音例词：

军	群	勋	晕	菌
俊	逡	训	云	允
芸芸	均匀	军训	逡巡	循循

【ian：前鼻音韵母】

ian是由元音i、a和辅音n结合而成的。i是韵头，a是韵腹，n是韵尾。这里的a因受前后音的影响，舌位比单发时偏前偏高，发音时，先发i，然后舌位降低，发扁a，接着舌尖抵住齿龈，发鼻音n。

发音例词：

淹	鞭	篇	棉	掂
添	拈	脸	兼	签
简练	眼帘	惦念	癫痫	鲜艳
连绵	潋滟	便笺	纤纤	腼腆

【uan：前鼻音韵母】

uan是由元音u、a和辅音n结合而成的。u是韵头，a是韵腹，n是韵尾。发音时，先发u，然后舌位降低，发前a，最后发鼻音n。uan自成音节时，书写为wan。

发音例词：

弯	湍	峦	管	宽
欢	窜	蒜	撰	椽
贯穿	婉转	专断	万端	转换
传唤	缓缓	软管	宦官	酸软

【üan：前鼻音韵母】

üan是由元音ü、a和辅音n结合而成的。ü是韵头，a是韵腹，n是韵尾。这里的a因前后音的影响，舌位比单发时略高、口腔稍闭。发音时，先发ü，接着舌位降低发a，然后舌位再升高发鼻音n。

发音例词：

苑	捐	犬	悬	眷
垣	镌	券	儇	鸢
源泉	全权	圆圈	渊源	轩辕
源源	涓涓	全员	全选	

【uen：**前鼻音韵母**】

uen是由元音u、e和辅音n结合而成的。u是韵头，e是韵腹，n是韵尾。发音时，先发u音，接着舌位降低，发央e，然后舌位升高，再发鼻音n。这个音在发阴平、阳平时韵腹没有发上声、去声时响亮。

发音例词：

吞　臀　沦　稣　鲲

荤　樽　忖　榫　准

昆仑　春笋　温顺　混沌　馄饨

分寸　论文　谆谆　困顿

2. 后鼻韵母的训练

后鼻韵尾ng与声母g、k、h的发音部位相同，即舌根隆起，抵住软腭，区别在于ng是浊鼻音，发音时软腭下垂，气流振动声带，从鼻腔通过形成鼻音，没有除阻环节。后鼻韵母发音时，发出元音后，舌根应尽快隆起，抵住软腭构成阻碍，使气流从鼻腔透出，以形成后鼻辅音完成发音。

【ang：**后鼻韵母**】

ang是由元音a和后鼻辅音ng复合而成的。a是韵腹，ng是韵尾，这里的a比单韵母a舌位偏后，称为后a。发音时，舌头平放后缩，唇形大张，发出后a音，接着舌根隆起，抵住软腭，气流从鼻腔通过，形成后鼻辅音ng即可。

发音例词：

帮　旁　忙　方　当

汤　囊　朗　刚　杭

苍茫　长廊　当场　厂房　盲肠

螳螂　蟑螂　商场　帮忙　上当

【eng：**后鼻韵母**】

eng是由元音e和后鼻辅音ng复合而成的。e是韵腹，ng是韵尾。发音时，舌头悬空微后缩，唇角咧开，发央e音，接着舌根隆起，抵住软腭，气流从鼻腔通过，形成后鼻辅音ng即可。

发音例词：

崩　朋　盟　风　登

疼　能　冷　更　生

丰盛　横生　整风　风筝　更正

鹏程　逞能　生成　征程　蒸腾

【ing：**后鼻韵母**】

ing是由元音i和后鼻辅音ng复合而成的。i是韵腹，ng是韵尾。发音时，舌尖抵住下齿背，舌面前端隆起，接近硬腭，发出i音，接着舌头后缩，舌根隆起，抵住软腭，气流从鼻腔通过，形成后鼻辅音ng即可。

发音例词：

冰　乒　明　钉　听

宁　　零　　京　　清　　兴
宁静　　评定　　明星　　姓名　　命令
倾听　　庆幸　　酩酊　　精英　　英明

【ong：后鼻韵母】

ong是由元音o和后鼻辅音ng复合而成的。o是韵腹（在这里实际发音近似u），ng是韵尾。发音时，舌头后缩，舌根隆起，唇形撮圆，发u音，接着舌根进一步隆起，抵住软腭，气流从鼻腔通过，形成后鼻辅音ng即可。

发音例词：

东　　通　　农　　龙　　工
空　　轰　　中　　充　　荣
空洞　　轰动　　中共　　溶洞　　工农
中东　　从容　　葱茏　　肿痛　　冲动

【uang：后鼻韵母】

uang是由元音u、a和后鼻辅音ng复合而成的。u是韵头，a是韵腹，ng是韵尾。发音时，先发出轻短的u音，接着发ang即可。

发音例词：

光　　筐　　荒　　庄　　窗
双　　汪　　广　　狂　　黄
状况　　狂妄　　双簧　　矿床　　装潢

【ueng：后鼻韵母】

ueng是由元音u、e和后鼻辅音ng复合而成的。u是韵头，e是韵腹，ng是韵尾。发音时，先发出轻短的u音，接着发eng即可。这个韵母不跟任何声母相拼，只有一个自成音节，写作weng。

发音例词：

渔翁　　蓊郁　　瓮城　　蕹菜

【iong：后鼻韵母】

iong是由元音i、o和后鼻辅音ng复合而成的。i是韵头，o是韵腹，ng是韵尾。发音时，先发出轻短的i音，接着发ong即可。

发音例词：

窘　　穷　　兄　　用　　泳
熊　　炯　　拥　　迥　　胸
汹涌　　熊熊　　炯炯　　茕茕　　穷凶

【iang：后鼻韵母】

iang是由元音i、a和后鼻辅音ng复合而成的。i是韵头，a是韵腹，ng是韵尾。发音时，先发出轻短的i音，接着发ang即可。

发音例词：

娘　　凉　　江　　腔　　香
央　　酿　　两　　抢　　向

湘江	想象	响亮	两样	亮相
洋姜	将相	襄阳	向阳	洋枪

二、韵母正音训练

➢ 理论简介

方言区的人学习普通话韵母时要注意以下四个方面。

（一）单韵母与复韵母混淆

单韵母与复韵母在发音上最大的不同，就是复韵母有动程，而单韵母没有。但某些方言区却存在单、复韵母不分的情况，如西南方言中往往会把“哥 gē”念成“guō”。针对这种单、复韵母混淆的情况，就需要注意区分：单韵母 e 是舌面央半高不圆唇元音，发音时须保持舌位、唇形不动；而 uo 则是后响复韵母，发音时先要舌位后缩隆起圆唇发短 u 音，接着舌位稍降唇形稍大发响亮的 o 音，充满动程。以此类推，各方言区可以整理出自己方言中存在的单、复韵母混淆的情况，以便区分。

（二）齐齿呼与撮口呼混淆

普通话韵母发音中，齐齿呼与撮口呼是有区别的：齐齿呼是指韵头或韵腹是 i 的韵母，而撮口呼则是指韵头或韵腹是 ü 的韵母。具体表现为，齐齿呼发音时唇形是咧开的，而撮口呼发音时唇形则是撮圆的，因而两者的音色也截然不同。可是，有的方言没有撮口呼，把撮口呼韵母念为齐齿呼，如浙江湖州话、广东梅县话就是如此；而有的方言是把两者混淆。这些情况都需要加以辨正。

（三）合口呼与开口呼混淆

普通话韵母发音中，合口呼与开口呼也是有明显区别的：合口呼是指韵头或韵腹是 u 的韵母，而开口呼则是指没有韵头且韵腹不是 i、u、ü 的韵母。具体表现为，合口呼发音时唇形是小圆形，且舌位后缩；而开口呼发音时，唇形大多自然张开。某些方言区发合口呼的音时，容易丢失韵头 u，或是舌位不够后缩，这些情况需要注意纠正。

（四）前、后鼻韵母混淆

前、后鼻韵母的辨正发音，是普通话学习中的一大难点。因为在普通话中，前、后鼻韵母大多是成对存在的，而有的方言区却前鼻韵母或后鼻韵母不全（如 eng、ing 等），或前、后鼻韵母相混，例如闽北方言就只有后鼻韵母，而没有前鼻韵母，吴方言和西南话大都能分辨 an 和 ang，却不能分辨 in 和 ing、en 和 eng，这些都需要认真地区分对待以辨正发音。

➢ 技能训练

【训练目标】

结合地方辅助教材，了解自己家乡话与普通话中韵母的对应关系，辨别二者的差异，进行有针对性的训练，以矫正韵母的发音偏误。

（一）前后鼻韵母辨正训练

【训练要领】

普通话里的前、后鼻韵母基本成对存在，音色区分很清楚，发音的关键是要归音到位：前鼻韵母归音是舌尖与上齿龈中部接触，后鼻韵母归音是舌根隆起与软腭接触。但由于许多方言前、后鼻韵母不全或不存在，所以发音时往往难以做到归音到位。

针对这种情况，训练要领在于：首先，要让方言区的同学明确分辨哪些字词在普通话中是前鼻韵母，哪些是后鼻韵母，即要能正确识记前、后鼻韵母音节；其次，要让方言区的同学能正确听辨前、后鼻韵母，因为听辨能力是发音能力的前提与基础；最后，是让方言区的同学练习、巩固前、后鼻韵母的归音要领。只有这样循序渐进地练习，才能最终稳固地掌握前、后鼻音的发音特点。

【训练方法】

1. 正确识记前、后鼻音

（1）可以利用形声字偏旁类推。

（2）可以利用声韵配合规律帮助记忆，例如：普通话声母d、t、n、l，除nèn和dèn外，不与韵母en相拼。

2. 正确听辨前、后鼻音

可以由教师示范发音，让学生听辨前后鼻音，由韵母到音节再到词的对比，逐步提高学生的听辨能力，为辨正发音打基础。

3. 正确发出前、后鼻音

（1）对镜训练法：对着镜子找准前、后鼻韵尾不同的成阻部位，如：发前鼻韵尾-n时，舌尖上抵成阻，镜中可以看见舌尖底部（舌身随舌尖前伸）；发后鼻韵尾-ng时，舌根上抵成阻，镜中可以看见舌面（舌身随舌根后缩）。

提示：训练时结合实际，注意纠正鼻化元音（如有的方言把an读成ɑ̃），找准-n的成阻部位，或纠正-m尾韵（成阻部位不对）、舌面鼻韵尾（既不是前鼻韵尾，也不是后鼻韵尾）等发音偏误。

（2）后字引衬正音法：

① -n——在前鼻韵母字的后面，加一个用d、t、n、l作声母的音节，两字连读；因发音部位相同（舌尖中音），后字可引衬前字的前鼻韵母归音准确。如：

wēn——nuǎn 温暖　　　　xīn——dé 心得

② -ng——在后鼻韵母字的后面，加一个用g、k作声母的音节，两字连读；因发音部位相同（舌根音），后字可引衬前字的后鼻韵母归音准确。如：

chàng——gē 唱歌　　　　fēng——kuáng 疯狂

（3）手势辅助训练法：训练时用手势引导，即前鼻韵尾舌尖上抬，后鼻韵尾舌根上抬。

【训练材料】

1. 字的对比

-n— -ng：山—伤　班—帮　沾—张　奔—崩　盆—蓬
门—盟　份—奉　跟—耕　镇—政　音—婴
斌—兵　频—瓶　民—名　今—京　信—幸
裙—穷　勋—兄　寻—雄

2. 词的对比

-n— -ng：反问—访问　开饭—开放　心烦—心房

铲子—厂子　清真—清蒸　伸张—声张
瓜分—刮风　终身—钟声　禁地—境地
临时—零食　民生—名声　信服—幸福

（二）齐齿呼与撮口呼韵母辨正训练

【训练要领】

齐齿呼和撮口呼具有不同的音色，但它们的韵头发音却有着一定的相似之处，即i和ü的舌位完全一致，区别只是两者一个是展唇音，一个是撮唇音。由于存在这种相似性，许多方言区的同学容易混淆这两类音；而有的方言区本身不存在撮口呼，就更是给辨正发音造成了不小的障碍与困难。

因此，齐齿呼与撮口呼的辨正训练，关键是要分清自身情况：是本身方言区不存在撮口呼，还是方言中有撮口呼但发音易混淆。如果是前者，那么首要任务是建立撮口呼的发音意识，即从理论上明确这类音的存在，并把这类音的常用字标注出来记忆，第二步才是集中进行发音训练，以求巩固自己的撮口呼发音系统。如果是后者，那么首先应找出自己易混淆的字词，即强化对齐齿呼和撮口呼字词的识记，然后进行听辨和对比发音训练，以进一步巩固辨正发音的能力。

【训练方法】

正确识记、听辨齐齿呼和撮口呼字词，是辨正发准这两类音的前提和基础。

1. 识记训练

（1）利用普通话声韵调拼合规律类推记忆：撮口呼韵母只能和声母n、l、j、q、x相拼或自成零声母音节，可在此范围内辨音识记。

（2）利用形声字声旁类推记忆。如：于—迂、竽、盂、宇、芋、吁……

（3）强记法：某些出现频率较高的易混字词，可针对个人情况制成卡片进行强记。

2. 听辨训练

可通过播放录音或是教师示范发音的方式，让学生逐步提高听辨齐齿呼和撮口呼的能力，为正音训练奠定基础。

3. 正音训练：对镜训练法和手势辅助法

可通过照镜子观察唇形或是用手势暗示唇形的方法，来辅助提醒、强化区分二者发音时的不同唇形，借以辨正发音：齐齿呼咧唇，撮口呼圆唇。如：

i—ü　ie—üe　ian—üan　in—ün

4. 对比训练

（1）字的对比

i—ü：你—女　　　ie—üe：写—雪
ian—üan：欠—券　　　in—ün：金—君

（2）词的对比

i—ü：移民—渔民　　　ie—üe：茄子—瘸子
ian—üan：前面—全面　　　in—ün：通信—通讯

（3）组词对比

i—ü：急剧　纪律　　　ü—i：聚集　距离

ie—üe：解决　灭绝　　　　　　üe—ie：血液

（三）合口呼与开口呼韵母辨正训练

【训练要领】

有的方言区容易把合口呼音节念成开口呼音节，纠正这一混淆问题的关键是要注意避免丢失合口呼的韵头u。而之所以容易丢失韵头u，主要是因为有的方言区缺少合口呼，即便有也因发音时舌位不准确导致音色上与开口呼相近。所以，辨正这两类音的要领是要能准确发u，特别是它作为韵头联结声母与韵母时，要能快速而准确地体现它的舌位和唇形：舌头后缩，舌根隆起，接近软腭，唇形收圆偏小。许多方言区发u音舌位都比较靠前，并且唇形较松，不够圆、紧，这也是致使两类音混淆的原因所在，应多加注意。

【训练方法】

这两类音的辨正训练依然分三步走：1. 要能从注音上正确区分两类音；2. 要能从听觉上正确区分两类音；3. 要能从发音上正确区分两类音。具体方法如下：

1. 正确识记

（1）利用普通话声韵调拼合规律类推记忆：如

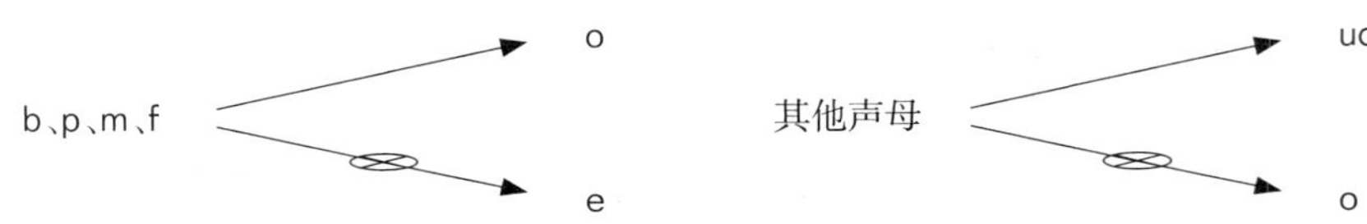

（2）利用形声字声旁类推记忆，如：段—缎、煅、锻；屯—吨、盹、炖、钝、顿。

2. 听辨训练

可通过播放录音或是教师示范发音的方式，让学生逐步提高听辨合口呼和开口呼音节的能力，为正音训练奠定基础。

3. 正音训练

可用对镜正音训练法，注意开头元音的口型：合口呼要圆唇，开口呼除o外都不圆唇。如：

uan—an　　uen—en　　uei—ei　　uo—o

4. 对比训练

（1）字的对比

an—uan：谈—团　　en—uen：森—孙　　uei—ei：鬼—给

（2）词的对比

an—uan：暂时—钻石　　en—uen：人证—论证　　uei—ei：辉煌—黑黄

（3）组词对比

o—uo：剥夺　　an—uan：叛乱　　uei—ei：会费　　uen—en：昏沉

（四）单韵母与复韵母辨正训练

【训练要领】

单韵母与复韵母最大的不同，在于单韵母发音时舌位唇形要保持不动，而复韵母发音时舌位唇形却是要发生变化的，即要有动程。部分方言区存在两者相互混淆的情况，辨正训练的要领是：首先明确是单韵母误读成复韵母，还是复韵母误读为单韵母；然后，针对具体情况，结合单韵母和复韵母的发音特点进行强化训练，以巩固发音。

【训练方法】

训练方法可根据具体的方言区情况分三步走：1. 要能从注音上正确区分两类音；2. 要能从听觉上正确区分两类音；3. 要能从发音上正确区分两类音。

第三节　声调的发音与辨正训练

一、声调的发音训练

➢ 理论简介

声调，是音节高低升降的变化形式，它同声母、韵母一样，具有区别意义的作用。声调的高低变化主要取决于音高（跟音长也有密切关系），而音高的变化又是由发音时声带的松紧决定的。发音时，声带越紧，在一定时间内振动的次数越多，声音也就越高；声带越松，在一定时间内振动的次数越少，声音就越低。

声调包括调值和调类两个方面：

调值，是声调的实际读法，也就是音节高低、升降、曲直、长短的变化形式。普通话有四种基本调值，即55、35、214和51，可用五度标记法表示如下：

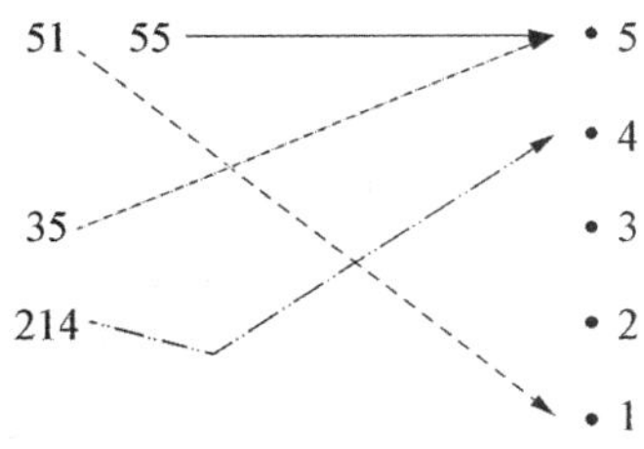

调类，是指声调的种类，它是根据声调的基本调值归纳出来的类别。一种语言或方言中有几种基本调值，也就有几种调类。普通话有四种基本调值，所以就有四个调类。传统的汉语音韵学把这四种调类称为阴平、阳平、上（shǎng）声、去声，教学上也称为第一声、第二声、第三声、第四声。《汉语拼音方案》规定这四种声调符号为：ˉ（阴平）、ˊ（阳平）、ˇ（上声）、ˋ（去声），这些调号就是五度标记法的缩影，调号一般标在主要元音（韵腹）上。

普通话声调表

调类（名）	调值（实）	调号		调型	例字
		拼音标调法	记音标调法		
阴平	55	ˉ	[—]	高平	光guāng
阳平	35	ˊ	[／]	高升	明míng
上声	214	ˇ	[V]	降升	磊lěi
去声	51	ˋ	[＼]	全降	落luò

普通话声调的发音特点可以概括为四句话：

阴平调,起音高高一路平;
阳平调,由中到高往上升;
上声调,先降后升曲折起;
去声调,高起猛降到底层。

➢ 技能训练

【训练目标】

通过训练,力求掌握普通话声调的实际读音,了解自己家乡话声调与普通话声调的对应关系,说普通话时声调准确、自然。

【训练要领】

阴平调,也叫高平调,调型为[ˉ 55]。发音时,声带绷到最紧,始终没有明显变化,保持高音(“最紧”是相对的,下同)。其特点是高而平,起音高并且调值要保持,整个发音过程中切忌上下波动起伏。

阳平调,也叫高升调,调型为[ˊ 35]。发音时,声带从不松不紧的状态逐渐绷紧,最后到最紧为止,声音由不低不高升到最高。其特点是不断上扬,起音不能太高,以3度开始逐步上升至5度,整个发音过程切忌拐弯、不够平直。

上声调,也叫降升调,调型为[ˇ 214]。发音时,声带从略微有些紧张开始,接着马上松弛下来,然后迅速绷紧,但不绷到最紧。其特点是先降后扬,起音较低,尾音较高,整个调型是前短后长、前低后高,切忌未降即升,或是高降低升。

去声调,也叫全降调,调型为[ˋ 51]。发音时,声带从最紧开始,到完全松弛为止。其特点是高降,即高高起音然后降至最低。

【训练方法】

1. 控制声带训练

发音节yi或wu,缓慢地控制声带的松紧,体会不同调型的音高变化。如:松紧如一(平调),由松到紧(升调,由低到高),由紧到松(降调,由高到低),先紧后松再紧或先松后紧再松(降升调或升降调,即曲调)。

2. 听读训练

可采用听后读、听后写(记调号)、听后说(调值、调类)、读(录音)后听等方式,以教师范读、学生跟读或听辨,学生练读、教师纠正发音,学生互读、互纠的形式进行训练。

【训练材料】

1. 单音节四声顺序训练

如:ba 巴 拔 把 爸　　peng 烹 朋 捧 碰
fu 肤 福 斧 富　　guo 锅 国 果 过
qin 亲 勤 寝 沁　　shu 书 熟 暑 竖

2. 双音节四声训练

(1)阴平调:

芭蕉 冰川 波涛 炊烟 鲜花 芳香

讴歌　青春　丰收　珍惜　诗歌　功勋

(2) 阳平调：

红旗　翱翔　文学　驰名　纯洁　繁荣
黎明　重逢　前途　蓬勃　勤劳　原籍

(3) 上声调：

古典　辅导　处理　简朴　玛瑙　展览
舞蹈　影响　水果　理想　领导　海岛

(4) 去声调：

热爱　缔造　荡漾　胜利　照耀　伴奏
建设　倡议　庆祝　锐利　魅力　锻炼

3. 双音节连调训练

(1) 阴—阴调：

师专　听说　书桌　增加　开心　清新
春天　分开　江苏　山东　天真

(2) 阴—阳调：

奔流　参谋　蹉跎　端详　观察　诙谐
精华　高明　生活　辛勤　真诚　清廉

(3) 阴—上调：

倾吐　花圃　松果　冬笋　飘洒　清早
歌咏　篝火　光彩　声母　争取　高考

(4) 阴—去调：

鞭策　激励　波浪　称赞　充沛　刚毅
尖锐　机智　清脆　声调　师范　专业

(5) 阳—阴调：

长期　崇高　集中　兰花　良师　情操
阳光　研究　迎接　年轻　来宾　国家

(6) 阳—阳调：

人才　同学　排球　男篮　实习　纯情
球鞋

(7) 阳—上调：

成果　持久　传统　拂晓　晴朗　联想
完整　文采　俗语　毛笔　原子　集体

(8) 阳—去调：

牢固　辽阔　明净　农谚　评价　前哨
融洽　肥沃　旋律　同志　群众　学术

(9) 去—阴调：

簇拥　诞生　复苏　构思　乐章　气氛
浪花　刺激　辣椒　爱惜　必须　大约

（10）去—阳调：

调查　事实　自由　告别　腊梅　浪潮

沸腾　热情　练习　序言　笑容　富饶

（11）去—上调：

大理　外语　历史　市场　大海　创举

鉴赏　驾驶　进取　记者　剧本　下水

（12）去—去调：

政治　电话　毕业　宿舍　过去　下放

电信　控制　睡觉　大笑　气数　内定

（注：因上—阴、上—阳、上—上、上—去的训练涉及变调，而此处尚未从理论上进行学习，故相关例词安排在变调部分。）

4. 四声组合成语训练

山明水秀　风调雨顺　兵强马壮　光明磊落　千锤百炼　深谋远虑

翻云覆雨　班门弄斧　心领神会　双管齐下　身体力行　挥洒自如

孤陋寡闻　车载斗量　挥汗如雨　箪食瓢饮　集思广益　南征北战

眉飞色舞　和风细雨　别有天地　桴鼓相应　言简意赅　昂首望天

梁上君子　明目张胆　排难解纷　耳聪目明　感激涕零　举足轻重

感同身受　等闲视之　粉白黛黑　语重心长　苦尽甘来　虎背熊腰

老气横秋　落花流水　卧薪尝胆　困知勉行　画龙点睛　抱残守缺

浩如烟海　豁然开朗　万紫千红　刻骨铭心　妙手回春　逆水行舟

墨守成规　弄巧成拙　调虎离山　营私舞弊　天南地北　替天行道

5. 顺口溜练习

学好声韵辨四声，阴阳上去要分明。部位方法须找准，开齐合撮属口形。

双唇班抱必百波，抵舌当地斗点钉。舌根高狗工耕故，舌面机结教坚精。

翘舌主争真志照，平舌资责早在增。擦音发翻飞分复，送气查柴产彻称。

合口忽午枯胡鼓，开口河坡哥安争。嘴撮虚学寻徐剧，齐齿衣优摇业英。

抵腭恩音烟弯稳，穿鼻昂迎中拥生。咬紧字头归字尾，不难达到纯和清。

二、声调的正音训练

➢ 理论简介

方言声调和普通话声调有许多差别，一方面表现在调值上，一方面表现在调类上，因而普通话声调的辨正训练必须从调值和调类两方面入手。

普通话的调值和方言的调值存在不同。例如，各方言几乎都有阴平这个调类，但调值就很不相同，甚至北京郊区各县阴平调的调值也有和普通话不一样的；又如，属于北方方言的汉口话与普通话调类完全相同，可是调值却不完全一致。因此，学习普通话声调，首先必须读准普通话四声的调值。

汉语方言的调类最多的有十类（广西博白），最少的只有三类（河北滦县），一般说来以四类或五类居多。方言与普通话之间，声调虽然差别很大，但它们都是从古代声调演变而来的，彼此间存在一定的内在联系。下面按古代“平、上、去、入”四声分类，做一些简要说明：

平声　古代的平声在普通话中分成阴平和阳平两个调类，绝大多数方言也是如此。平声分成阴阳两类的方言区学普通话时，只要把自己方言阴平的调值读成[55]，阳平的调值读成[35]就正确了。比较常见的问题是调值读得不够高，需要注意。

上声　普通话的上声字最少，因为有一部分古代的上声字在普通话中归入去声了，大多数方言也是如此。普通话上声的调值是[214]，除了调型曲折以外，还有两个特点：音高较低，音长最长。浙江方言区容易把上声读成比较高的调子，需要改成低调，要特别注意。

去声　普通话去声字比较多，除包括古代所有去声字外，还包括古代一部分上声字和入声字。普通话去声的调值是全降调[51]，降得比较快，音长比较短。常出现的问题是降得不够快、不够低，学习时要特别注意。

入声　普通话中没有入声，古代入声字在普通话里分别归入阴平、阳平、上声和去声四类。汉语的许多方言都有入声，大致分为两种情况：一种是入声后面带有塞音韵尾的，读音短促，不能延长，如粤方言、客家方言等的入声；一种是入声后面不带塞音韵尾的，读音不短促，可以延长，如湘方言的入声。有入声的方言区要想知道某个入声字应该归入普通话中哪一个声调，必须经过一番识记，这是学习普通话的一个难点。

➢ 技能训练

【训练目标】

结合地方辅助教材，辨别家乡话声调与普通话声调的差异，了解二者的对应关系，进行有针对性的训练，以矫正声调的发音偏误。

（一）矫正调值训练

【训练要领】

1. 比较普通话与方言调值，首先要“求同存异”，了解相同调类的不同调值；重点训练普通话的四种基本调值。

2. 注意分辨方言与普通话中调型相同、调值相近但调类不同的字。

3. 要针对不同的调型偏误进行矫正训练：调型偏误主要表现为音高曲线不对，如将平调发成升调或降调，将升调发成平调或降调，将降升调发成升降调等。

4. 要针对不同的调域（调值的音高区域）偏误进行矫正训练：调域偏误主要表现为，音高曲线（调型的平升曲降）虽然基本正确，但调值的音高区域偏低或偏高，音高活动范围过小或过大，如将高平调发成低平调，将全降调发成低降调等。

【训练方法】

1. 听读录音，并跟读。

2. 手势辅助训练法：训练时用指尖表示声调的音高曲线，发音时音高跟随手势变化，能起到一定的暗示辅助作用。

3. 夸张四声传递训练：采用游戏形式，由一位同学鲜明而夸张地读出某个汉字声调的调型特点（同时采用手势辅助），并传给下一位同学，依此类推。如，双音节传递：

学生——生命——命运——运输——输送——送别……

4. 声调比较训练：如阳平和上声的比较，训练时找准两种声调的起点、低音点、高音点的音高，适度夸张地读，培养听辨能力，矫正发音。

5. 异调引衬训练法：针对不同的调域偏误，选择相应的双音节词语，进行“前引”或“后衬”的异调辅助训练。

（1）前引法：用前字声调的音高引导后字声调的音高，矫正后字的调域偏误。如，以阴引去（解决去声全降调读成低降调的偏误）——师范、尊敬……；以去引上（解决上声降升调开头的低降读成高降的偏误）——教导、市场……

（2）后衬法：用后字声调的音高衬托前字声调的音高，矫正前字的调域偏误。如，阳以阴衬（解决阳平高升调读成低升调的偏误）——南京、平均、时间……

（二）归记调类训练

【训练要领】

了解家乡话调类与普通话调类的分合关系，辨类记字。

（1）方言调类多于普通话调类的地区，说普通话时要注意调类的合并。

（2）方言调类少于普通话调类的地区，说普通话时要注意调类的分化。

（3）方言调类与普通话调类分合不一致的地区，说普通话时要注意调类的改换。

【训练方法】

1. 与同学讨论各自方言区的方言调类与普通话调类有无分化或合并的不同之处，尽可能地画出自己家乡话的调类与普通话调类的对应关系图；或者针对个人情况找出自己存在的调类问题。

2. 针对各自方言易混调类，用比较法进行易混调类词语对比训练。如：打倒—达到，生理—胜利。

（三）综合辨正训练

1. 阴平、阳平

【训练要领】

阴平与阳平训练中容易出现的问题有：

（1）阴平调值不够高，或发成44，或发成33，应注意提高调值；阴平调值不稳，忽高忽低，这在普通话测试第一题中较易发生，应注意保持一致。

（2）阳平调型不直，易出现曲折，即俗称的“拐弯”现象，而阳平调作为调值35的高扬调应注意要一直往高升，同时注意不能矫枉过正，以致发声短促，影响了普通话应有的舒展语感。

【训练方法】

训练方法要有针对性，如若是因为不知音节的声调而错发，即汉语拼音不过关，不能正确注音，那么首先要识记字音，可通过常用字注声调比赛、诗文注声调比赛等方法进行；如若是注音正确，声调发音不准，则可以通过以下几种方法辅助训练。

（1）听辨训练法：首先通过听辨教师或录音的正确示范音，建立较稳固的正确的声调音色听感；然后再相互听辨同学的声调发音，逐步提高辨别正误的能力，为自己准确发音奠定基础。

（2）手势辅助法：通过手势划出调型，以引导、暗示发音。

（3）诗文朗读训练：如《最后一只藏羚羊》。

（4）绕口令训练：如《施氏食狮史》。

（5）其他：参照前面“矫正调值训练方法”。

【训练材料】

（1）阴平调

丹 吨 装 机 颁 操 趴

薪 张 哥 拼 拎 鸡 微

呼吸 沙滩 期间 夫妻 歌厅 贪污 威风

弯曲 分工 珍惜 春光 江山 剥削 突出

积极 凄凉 曲折 缺乏 失足 屋檐 挖掘

发达 清查 珊瑚 山河 中国 天堂 书法

山谷 千古 艰苦 商场 终点 思想 中午

安稳 班长 包裹 参考 缺点 清点 机构

家教 开办 科室 勘探 听众 膝盖 加入

真正 师范 专业 欢乐 规范 高兴 儿孙

繁多 国家 寒暄 胡说 福音 黄蜂 鼻音

行星 航空 镰刀 职称 藏书 桥墩 地方

用心 幸亏 旱灾 假期 间接 客观

（2）阳平调

才 蝉 随 言 权 敌 成

人 全 船 来 钱 情 黄

由来 离奇 迷茫 然而 熟人 杂文 颓唐

雷霆 岩石 儿童 学习 才能 徜徉 寻求

泥沙 雄姿 阳光 黄山 狂欢 长江 雄心

麻花 南方 泥坑 旁边 服帖 杰出 滑雪

狭窄 蹩脚 峡谷 直属 即使 鼻孔 民主

宏伟 浏览 言语 长远 毒品 罚款 白炽

裁判 常见 答案 游历 于是 难道 实际

排练 情愿 决定 程序 决策 学术 超额

当局 单词 阿谀 恩情 粗俗 叮咛 包含

私营 分头 单元 观摩 经营 钻研 那时

内容 漫长 蜡烛 现实 逆流 课堂 破除

对联 落实 变革 汽油 课题 会员

2. 上声、去声

【训练要领】

上声是普通话四声中唯一一个曲折调，也是方言区同学最难掌握的一个声调。常见的缺陷有：（1）起音过高，调值变214为314或414，调型变前低后高为前后差不多高；（2）尾音过低，调值变214为412，以致调型发生逆反，或是变214为212、213，以致调型不完整；（3）尾音过高，调值变214为215，以致调型过长；（4）无明显的曲折，即变调值214为24，类似微扬调；（5）声音中断，即变连贯的调值214为21—4，形成明显缺陷（上声虽有曲折但音长是连贯的，需特别注意）。

去声的主要问题是缺乏音高概念，常常错误地把从最高降到最低理解为减弱音强；或是不能准确把握音高，起音过低或是尾音过高，发成31或53的调值。应注意把握去声的音高和音长特点，以帮助准确发音。

【训练方法】

（1）上声的辨正训练方法。

首先要帮助学生了解自己的缺陷类型：可通过教师示范错误类别，让学生初步建立直观感受；辨析个别同学的错误类型，进而让同学间相互辨别，以逐步提高自我分辨能力。其次是根据各自情况进行针对性训练：可通过手势辅助法强化上声的调型；可通过前字引衬法来辅助发音，如以去引上（解决上声降升调开头的低降读成高降的偏误）；还可先念上声前半段，找准起音后再完整读出调值。

（2）去声的辨正训练方法。

去声的辨正训练相对上声而言要容易些，其方法大致相同，也是先找出自己的错误所在，然后通过提高听辨能力，特别是准确把握音高的能力后，进一步借助手势法和前引法来进行训练，如以阴引去（解决去声全降调读成低降调的偏误）。

【训练材料】

（1）上声调

拢　保　笔　管　奖　党　此
损　美　米　铁　胆　女　给
撒谎　三角　听讲　贪嘴　微小　奢侈　清扫
割舍　青草　灯管　英语　插曲　金属　叮嘱
宏伟　如果　食品　没有　惩处　严守　完美
凌辱　流感　博览　魁伟　磁铁　联想　回想
跳舞　道理　聘请　呐喊　录取　窃取　忏悔
字典　翅膀　率领　饲养　候补　信仰　敬礼

（2）去声调

怨　忘　庆　素　抑　念　腹
誓　力　妙　爱　赖　盖　害
毕业　大概　竞赛　庆祝　散步　岔路　示范
锐利　脆弱　项目　特地　内部　顾问　陆地
步枪　配音　陌生　大家　特征　开车　治安
措施　丧失　再三　气功　盛开　认真　报销
治学　好奇　价格　皱纹　放行　路程　教材
撤除　善良　信徒　后勤　克服　调查　致使
汽艇　替补　密码　猎手　报纸　电影　饭碗

战友　至少　入伍　探险　面粉　个体　帆布
黑夜　区域　抛弃　封建　冬至　歌颂　经验
鲜艳　希望　操练　推荐　偏僻　亲密　别墅
独唱　疲倦　缝纫　银器　国策　颜色　茁壮
狂热　年代　俗话　随便　习性　情趣

➤ 技能检测

通过普通话声母、韵母和声调的发音与正音训练，应基本具备清晰准确的普通话单音节发音能力，可通过模拟普通话水平测试第一题，重点检测学生的声母、韵母和声调的综合发音情况。

【检测方法】

1. 给100个单音节字注音，正确95个以上算合格。
2. 朗读100个单音节字，按普通话水平测试标准记分，扣1.5分以内为合格。

【检测材料】

1. 读单音节字词（100个音节，共10分，限时3.5分钟）

搬　硅　药　插　墨　而　终　蔫　揪　聊
清　踹　堆　用　缸　秦　唤　奖　爷　尼
盯　逛　临　贰　俏　窜　修　婶　闩　旱
灭　哭　草　奸　煤　怪　挥　淌　翁　涩
胸　籽　罚　坨　优　评　类　铸　枕　池
拼　钠　捆　嘣　略　蛙　镖　龙　驴　司
怀　邢　扔　岸　孙　棚　捐　吴　灾　改
旬　稍　匀　猜　旺　艘　蛆　夏　蜂　藕
至　凝　若　黑　憋　因　点　坡　浙　跃
门　加　选　梯　浮　惨　锅　杂　论　熔

2. 读单音节字词（100个音节，共10分，限时3.5分钟）

治　师　犁　硅　庙　捺　哼　耗　偶　坡
惊　郓　蹲　磷　潲　跳　刮　贰　军　彼
挠　赌　黑　翁　明　港　掰　秦　赚　拖
揍　鸭　雌　潘　泥　熔　摸　纫　枚　鳃
初　驾　晌　瘸　份　司　疯　混　榻　倦
揪　隋　乖　浮　锣　于　叠　草　蛙　则
贱　圆　尊　旺　扔　鸣　掐　歇　酿　愁
犯　襄　软　克　用　贫　褶　略　踹　连
洗　留　层　剜　胸　铡　苦　蹦　亩　筐
旬　捞　闩　捆　妾　傻　童　争　抓　笋

3. 读单音节字词（100个音节，共10分，限时3.5分钟）

歪　右　城　丢　夏　内　吨　孔　挂　趁

装 杂 春 私 草 催 软 日 胸 运
盆 胖 而 车 学 左 页 猜 穷 朵
鱼 慌 按 再 亏 拟 均 目 捐 坑
颇 品 谋 封 归 粉 浆 腹 联 滴
翁 卵 本 狂 遮 夸 虹 窜 置 居
石 胞 秧 笙 铐 雁 宁 梨 哑 鹤
蛹 响 蟹 脑 武 舌 轴 宵 判 膛
应 团 刺 略 膜 胃 泉 丁 耐 辣
碑 药 鳃 邢 妾 踹 秦 她 润 砣

第四节　语流音变训练

普通话的四个声调是单读一个音节的声调，又称为"字调"或"单字调"。人们在说话时，不是孤立地发出一个个音节，而是把音节组成一连串自然的"语流"。在语流中，由于相邻音节的相互影响或表情达意的需要，有些音节的读音会发生一定的变化，就称作"连读变调"或"语流音变"。普通话中的语流音变，主要包括上声的变调、"一"和"不"的变调、轻声和儿化、语气词"啊"的变读等。

一、上声的变调训练

➢ 理论简介

普通话的上声是降升调，调值214，它只有在单独念或是词句末尾时才读原调。由于上声在四声中音长最长且调型曲折，在与其他音相邻时往往无法完整发出调值，所以上声字在别的音节前面时都要发生变调，由"曲调"（降升调）变为"直调"（降调或升调）。具体变调规律如下：

1. 上声在非上声前（即在阴平、阳平、去声前），由降升调变为低降调（或称"半上"，只降不升），调值由214变21，如北方、沈阳、彩电。

2. 上声后面的音节如是轻声（丢失声调的音变现象），则上声一般变降调，调值变为21，如冷清、老实、火候；少部分变升调，调值为35，这类特殊情况是变轻声的音节原来的声调也是上声，如打起、可以、小姐，但也有特例需要注意，如姐姐、宝宝、椅子等。

3. 两个上声相连时，前一个上声由降升调变升调（近似阳平），调值由214变为24，如整体、美好、铁塔。

4. 三个上声相连时，则按语音停顿情况来变，如果停顿在第二个上声字后，前两个上声字变升调（近似阳平），调值为24，如展览馆、洗脸水、管理组；如果停顿在第一个上声字后，则第一个上声字变"半上"，第二个上声变近似阳平，第三个上声不变，调值分别为21、24、214，如好领导、厂党委、纸老虎。

5. 多个上声相连时，先根据语音或气息自然分节（停顿），再按照以上规律变读，如：你把/美好/理想/给/领导/讲讲。

➢ 技能训练

上声调的变调是语流音变的难点，只有正确掌握上声的音变才能确保普通话语流的顺畅自然。

【训练要领】

上声音变的总规律就是“前变后不变”，即在语流中，上声作“前字”时变调，作“后字”（词句末尾或较大停顿处）时不变调。

【训练方法】

1. 对比训练法：在教师的指导下，比较上声原调的调值（214）同变调的调值（21或24）在音高上的区别，对比降升调与低降调或升调的不同。可结合手势辅助法训练。如：美（214）——美（21）丽——美（24）好。

2. 词语训练法：结合各种上声变调规律进行词语训练，在强记规律的同时巩固上声音变的发音训练。

3. 语句训练：在词语训练的基础上进行多个上声相连的语句训练，进一步提高灵活运用上声音变规律的能力。把握原则：先根据语意把语句划分为三三两两的“节拍群”，然后按照音变规律进行训练，如：请你/给我/打点儿/洗脸水。

4. 语篇训练：可找一段文章来读。

【训练材料】

1. 上声在非上声前变降调

北京　火车　普通　广州　卡车　老师　领先
响声　某些　脑筋　审批　委托　眼光　可能
以前　祖国　仿佛　感情　本来　改革　举行
保持　演员　海洋　警察　总结　感觉　准备
整个　理论　表示　主任　武器　巩固　眼泪
宇宙　掌握　考虑　反映　美丽　妩媚　耳朵
尾巴　椅子　枕头　脑子　姐姐　宝宝　老爷
奶奶　老实　本事　显得

（少部分上声与轻声音节相连要变扬调，如：打起、可以、小姐。）

2. 上声在上声前变扬调（注意词末的上声调值要读完整）

所以　影响　引起　指导　采取　品种　本领
表演　水果　勇敢　彼此　友好　古老　雨水
美好　广场　也许　岛屿　打倒　赶紧　理解
起码　整体　蚂蚁　永远　完整　产品　请柬

3. 三个上声相连

（1）单双格变降调+扬调+全调

好总理　纸老虎　党小组　海产品　冷处理　老保守　小拇指
撒火种　厂党委　孔乙己　老组长　请领导　耍笔杆　好导演

（2）双单格变扬调＋扬调＋全调

展览馆　洗脸水　虎骨酒　管理组　选举法　蒙古语　手写体

跑马场　水彩笔　打靶场　考古所　勇敢者　水手长　保管好

（也存在两可情况，如：苦水井、小两口、小组长等。）

二、"一"和"不"的变调训练

➢ 理论简介

"一"、"不"都是古清声母的入声字。普通话没有入声，古入声分别归入其他声调。普通话"一"的单字调是阴平[55]，"不"的单字调是去声[51]。它们在单念或处在词句末尾，以及"一"表示日期或序数、"不"在非去声前时不变调，而在其他情况下均要变调，具体如下：

1. 在去声前，"一"、"不"均变阳平，如：一切、不定。

2. 在非去声前，"一"变读去声，"不"仍读去声（本调），如：一生、不听。

3. "一"、"不"夹在词语中间变读轻声，如：看一看、好不好。

➢ 技能训练

【训练目标】

"一"、"不"在普通话语流中音变频繁，要掌握其音变规律，通过训练熟能生巧。

【训练要领】

"一"和"不"的变调都是以它们后面的音节为变调条件的，也遵循"前变后不变"的规律，即在词、句末都不变调。而且，"一"、"不"的音变也并不复杂，关键在于熟能生巧，逐步巩固音变发音特点。

【训练方法】

可从简单到复杂，先按照音变规律进行词语练习，再进而做语句、语篇训练。

（1）词语分类训练：读原调的词，变读扬调的词，变读去声的词，变读轻声的词。

（2）语句训练：先标出语句中"一"、"不"的变调，然后训练发音。

（3）诗文朗读训练。

（4）说话训练。

【训练材料】

1. 读原调

一　统一　第一　闻一多

不　偏不　不听

2. 变读扬调

一定　一半　一度　一概　一贯　一路　一致

一带　一道　一面　一瞬　一再　一律　一旦

不必　不变　不便　不测　不错　不够　不顾

不适　不用　不信　不振　不逊　不愧　不济

3. 变读降调

一般　一边　一端　一身　一些　一批　一天

一心　一朝　一生　一家　一杯　一经　一瞥
一连　一齐　一如　一时　一同　一头　一行
一直　一群　一条　一来　一举　一口　一览
一起　一手　一体　一统　一早　一闪　一准
一所　一朵　一曲　一总

4. 变读轻声

读一读　说一说　听一听　唱一唱　玩一玩
好不好　对不对　是不是　去不去　给不给

5. 成语

一板一眼　一唱一和　一模一样　一丝一毫　一字一板
一朝一夕　一心一意　一问一答　一张一弛　一起一落
一上一下　一前一后　一左一右　一生一世　一物降一物
一窍不通　一丝不苟　一丝不挂　一尘不染　一成不变
一蹶不振　一毛不拔
不可一世　不顾一切　不管不顾　不哼不哈　不即不离
不卑不亢　不伦不类　不偏不倚　不三不四　不干不净
不清不楚　不屈不挠　不折不扣　不大不小　不上不下
不见不散　不慌不忙　不好不坏

6. 语句训练

（1）儿歌练习

一个大，一个小，一件衣服一顶帽。一边多，一边少，一打铅笔一把刀。一个大，一个小，一只西瓜一颗枣。一边多，一边少，一盒饼干一块糕。一个大，一个小，一头肥猪一只猫。一边多，一边少，一群大雁一只雕。一边唱，一边跳，大小多少记得牢。

（2）对话练习

甲：师傅，我这手表出了一点儿毛病，一慢就是一个多小时，请您修一修。
乙：让我看一看。哦，该换一块电池了。
甲：换一块电池得多少钱哪？
乙：一块一角钱。
甲：能快一点儿吗？我还得赶路。
乙：稍等一会儿就行了。好了，您拿去用吧，有问题一定再来，啊？
甲：好的，谢谢。

（3）短文练习

小说节选

不久前，一艘巨大的木船把我们送到这个岛上，周围是不平静的大海，看不见这小岛以外的陆地，听不到城市的种种声音。带我们到这儿来，不会毫无目的吧？我找不到一个更熟悉的人，只好不顾羞怯，向同来的一个欧洲人发问，也不知他懂不懂汉语。结果他一声不响，只是目不转睛地盯着不远的地方，身子动也不动。我得不到答复，不得已只好呆在小屋里。不久，他们送来了吃的，也不知道是些什么东西。本不想吃，可肚子不答应，勉强吃了一点儿，不甜不咸，不酸不辣，说不出是什么味。这样过了几天，每天不是听海浪的呼啸，就是遥望大海，不仅没人能够交谈，也不敢随便走动。今天，这个不解之谜终于解开了：我们不是被当作敌人带上这不知名的小岛，而是作为不寻常的客人被请来的。只是，起初他们不熟悉我们，不知道该怎么安排我们才好。

齐白石买菜

一天早晨，齐白石上街买菜，看见一个乡下小伙子的白菜又大又新鲜，就问："多少钱一斤？"小伙子正要答话，仔细一看，心想，哦！这不是大画家齐白石吗？就笑了笑说："您要白菜，不卖！"齐白石一听，不高兴地说："那你干吗来了？"小伙子忙说："我的白菜得用画换。"齐白石明白了，看来这小伙子认出我了，就说："用画换？可以啊，不知怎么换法？"小伙子说："您画一棵白菜，我给您一车白菜。"齐白石不由笑出了声："小伙子，你可吃大亏了！""不亏，您画我就换。""行。"齐白石也来了兴致："快拿纸墨来！"小伙子买来纸墨，齐白石提笔抖腕，一幅淡雅清素的水墨《白菜图》很快就画出来了。小伙子接过画，从车上卸下白菜，拉起空车就要走。齐白石忙拦住他笑笑说："这么多菜我怎么吃得完？"说着，就只拿了几棵白菜走了。

找父母

有一位不高不矮的老头，领着一个不大不小的男孩，去找不老不小的父母。爷孙俩不慌不忙地走着，前后左右地张望着。在一个不上不下的台阶上，看见了不动声色的父母，抱着一对不好不坏的小狮子，正不知所措地站立着。看见爷孙一起走过来，这对夫妇不好意思地向一老一小赔了不是。

旧的不去，新的不来

冬冬不小心打碎了一个花瓶，他急得团团转。爸爸见了不动声色，这让冬冬更不知所措。妈妈不慌不忙地走过来，和蔼地安慰冬冬说："今天这个花瓶不是你故意打碎的，妈妈不批评你；不过，以后做事情可不要再粗心了。"冬冬歉意地点了点头。接着，爸爸又风趣地说："旧的不去，新的不来嘛！"这才使冬冬心头的一块石头落了地，连连向爸爸妈妈表示说："以后我再也不粗心大意不管不顾了。"

白杨礼赞

那是力争上游的一种树，笔直的干，笔直的枝。它的干呢，通常是丈把高，像是加以人工似的，一丈以内，绝无旁枝；它所有的丫枝呢，一律向上，而且紧紧靠拢，也像是加以人工似的，成为一束，绝无横斜逸出；它的宽大的叶子也是片片向上，几乎没有斜生的，更不用说倒垂了；它的皮，光滑而有银色的晕圈，微微泛出淡青色。这是虽在北方的风雪的压迫下却保持着倔强挺立的一种树！哪怕只有碗来粗细罢，它却努力向上发展，高到丈许，二丈，参天耸立，不折不挠，对抗着西北风。

这就是白杨树，西北极普通的一种树，然而决不是平凡的树！

它没有婆娑的姿态，没有屈曲盘旋的虬枝，也许你要说它不美丽，——如果美是专指“婆娑”或“横斜逸出”之类而言，那么白杨树算不得树中的好女子；但是它却是伟岸，正直，朴质，严肃，也不缺乏温和，更不用提它的坚强不屈与挺拔，它是树中的伟丈夫！当你在积雪初融的高原上走过，看见平坦的大地上傲然挺立这么一株或一排白杨树，难道你觉得树只是树？难道你就不想到它的朴质，严肃，坚强不屈，至少也象征了北方的农民？难道你竟一点也不联想到，在敌后的广大土地上，到处有坚强不屈，就像这白杨树一样傲然挺立的守卫他们家乡的哨兵？难道你又不更远一点想到这样枝枝叶叶靠紧团结，力求上进的白杨树，宛然象征了今天在华北平原纵横决荡用血写出新中国历史的那种精神和意志？

三、轻声的训练

➢ 理论简介

在一连串音节组成的词或句子里，某一些音节失去它原有的声调，读得比较轻、比较短，这种音变现象叫作“轻声”。例如，“户”本调是去声，但在“窗户”这个词里，“户”丢失了它原来的声调，读得又轻又短，就形成了一个轻声音节。轻声的性质和一般声调很不相同。一般声调的性质主要取决于音高，轻声的性质则主要取决于音强和音长。轻声的特点是发音时音强弱、音长短。

1. 轻声对某些词或短语有区别词义的作用，如：

兄弟 xiōngdì（指哥哥和弟弟）　　兄弟 xiōngdi（指弟弟）

东西 dōngxī（指方向东和西）　　东西 dōngxi（物件）

2. 轻声对某些词有区别词义和词性的作用，如：

对头 duìtóu（正确、合适，形容词）　　对头 duìtou（仇敌、对手，名词）

利害 lìhài（利益和损害，名词）　　利害 lìhai（剧烈、凶狠，形容词）

3. 另外，还有一部分双音节词第二个音节习惯上都读轻声，并没有区别词义或词性的作用，如：

扁担　巴结　粮食　骆驼　石榴　姑娘

4. 在普通话中，下列这些成分都应读成轻声：

（1）“吧”、“吗”、“呢”、“啊”等语气词，如：

走吧　去吗　你呢　是啊

（2）助词“的”、“得”、“着”、“了”、“过”、“们”，如：

我的　好得很　说着　跑了　做过　他们

（3）名词的后缀“子”、“儿”、“头”等，如：

桌子　石头

（4）方位词，如：

家里　墙上　地下　外边

（5）趋向动词，如：

回来　起来　出去

（6）重叠动词的末一个音节，如：

看看　写写　读读

➢ 技能训练

轻声的主要特点是音长较短促，音强较弱，音色较含混。轻声在非上声（阴平、阳平、去声）后，读短促的低降调（调值31），如“玻璃”、“头发”、“豆腐”；轻声在上声后，读短促的微升调（调值34），如“指甲”、“耳朵”。

【训练要领】

轻声的发音并不难，问题是方言中大多没有轻声现象，所以训练的关键是要了解轻声的规律，正确把握轻声。

1. 普通话中的轻声词大都带有一定的规律性，如：助词、名词或代词的后缀，名词后边的方位词，动词或形容词后的趋向动词，等等。训练时，不要机械记忆，要注重在口语运用中掌握此类轻声词的共性，如：都带有附着性（附着在别的词或语素后边），缺乏独立性。

2. 普通话中还有一部分词规律性不强，无区分词义或词性作用，但习惯上读轻声或可读可不读轻声，训练时要区别对待，注意规范。这类轻声词需要花工夫识记。

【训练方法】

1. 手势辅助法：通过手势辅助暗示轻声音节的调型走向。如轻声在非上声后面发微降调，手势向下；如轻声在上声后面发微扬调，手势向上。

2. 对比训练：将具有区别词性或词义作用的必读轻声词与相应的非轻声词对比练习，然后组词成句。

3. 识记训练：可通过游戏、比赛等方式进行必读轻声词的识记训练。

【训练材料】

1. 轻声在非上声后

跟头　多么　清楚　听过　喜欢　知识　簸箕

桌子　先生　姑娘　商量　风筝　功夫　窗户

眉毛　拿着　篮子　石头　什么　舌头　云彩

琢磨　柴火　鼻涕　麻烦　婆婆　队伍　豆腐

木头　运气　刺猬　吓唬　钥匙　应酬　丈夫

漂亮　下巴　帐篷　畜生

2. 轻声在上声后

嗓子　嘴巴　点心　稳当　养活　脑袋　买卖

打听　委屈　比方　马虎　嫂嫂　免得

3. 有规律轻声词

我们　你们　他们　人们　咱们　俺们　怎么

为了　除了　得了　算了　罢了　好了　对了

舅舅　婶婶　娃娃　谢谢　太太　妹妹　姥姥

晓得　认得　省得　使得　懒得　懂得

前头　念头　后头　拳头　外头　跟头　丫头

黑的 喝的 好的 你的 总的 是的 红的
台子 本子 牌子 爪子 棒子 崽子 骡子
看着 好吧 床上 屋里 拿去 来过
进来 山下 城里 外面 站着 桌上 北边

4. 无规律的常用必读轻声词（加*的词，轻读与不轻读词义不同）

巴结 巴掌 包袱 *本事 荸荠 扁担
别扭 玻璃 薄荷 裁缝 苍蝇 称呼 出息
刺激 聪明 凑合 耷拉 *大方 *大意 大夫
耽搁 灯笼 嘀咕 *地道 *地方 *地下 *东西
动弹 豆腐 *对头 *多少 哆嗦 耳朵 *翻腾
分析 高粱 胳膊 疙瘩 *故事 棺材 官司
规矩 闺女 *过去 哈欠 含糊 核桃 合同
狐狸 葫芦 *胡同 糊涂 滑溜 馄饨 伙计
机灵 家伙 见识 糨糊 交情 街坊 结实
戒指 *精神 *开通 口袋 窟窿 困难 喇叭
老婆 *冷战 篱笆 里脊 *利害 痢疾 粮食
趔趄 铃铛 溜达 骆驼 玫瑰 明白 名堂
名字 蘑菇 模糊 念叨 奴才 暖和 佩服
朋友 琵琶 枇杷 屁股 *便宜 葡萄 *千斤
亲戚 情形 认识 *丧气 扫帚 烧饼 石榴
使唤 事情 收成 收拾 舒服 算盘 踏实
抬举 太阳 笤帚 外甥 窝囊 希罕 相声
消息 笑话 心思 行李 休息 吆喝 冤枉
月饼 张罗 招呼 折腾 芝麻 妯娌 主意
状元

5. 语句训练

（1）天上风筝渐渐多了，地上孩子也多了。城里乡下，家家户户，老老小小，也赶趟儿似的，一个个都出来了。

（2）晚饭过后，火烧云上来了。霞光照得小孩子的脸红红的。大白狗变成红的了，红公鸡变成金的了，黑母鸡变成紫檀色的了。

（3）年岁逐增，渐渐挣脱外在的限制与束缚，开始懂得为自己活，照自己的方式做一些自己喜欢的事，不在乎别人的批评意见，不在乎别人的诋毁流言，只在乎那一份随心所欲的舒坦自然。

（4）我们继续拍掌，很快地这个树林就变得很热闹了。到处都是鸟声，到处都是鸟影。大的，小的，花的，黑的，有的站在枝上叫，有的飞起来，在扑翅膀。

（5）这个农民一个钟头以后还会弄来几箱西红柿，据他看价格非常公道。

（6）在星的怀抱中我微笑着，我沉睡着。我觉得自己是一个小孩子，现在睡在母亲的怀里了。

四、儿化的训练

➤ 理论简介

普通话中，单独念er的字非常少，但er这个音可以同其他韵母结合起来，改变原来韵母的读音，使其成为卷舌韵母，这种音变现象就是儿化，形成的卷舌韵母也叫儿化韵。儿化韵的"儿"不是一个单独的音节，而是在一个音节的末尾音上附加的卷舌动作，使得那个音节因儿化而发生音变。如"花儿"，就是发ua的同时，在a的基础上加上一个卷舌动作而发出来的音。所以，儿化的基本性质就是卷舌作用，拼写的时候在原来的韵母后面加上一个r，如"花儿"拼写成huār。

韵母儿化，大致有两种情况。一种是发韵母的同时加上卷舌动作，如"号码儿"(hàomǎr)；另一种是儿化后，原韵母发生了变化，如"树根儿"(shùgēr)。由于儿化，一些韵母发生变化，使得有些本来不同音的音节变成了相同发音，如"针"和"枝"，儿化后都发zhēr。普通话的韵母都可以儿化，变化规律取决于韵母末尾音素是否便于卷舌，便于卷舌（是指韵母的末尾音素是舌位较低或较后的元音，如a、o、e、ê、u）的直接卷舌，如山歌儿、白兔儿……；不便于卷舌（是指韵母末尾音素的舌位与卷舌动作发生冲突）的则丢失韵尾后卷舌，如小孩儿（ai—ar），没门儿（en—er）……

儿化规律表

原韵腹及尾音	儿　　化	实际读音
韵母或尾音a　o　e　u	直接卷舌	号码儿（hàomǎr）鲜花儿（xiānhuār） 粉末儿（fěnmòr）书桌儿（shūzhuōr） 唱歌儿（chànggēr）打球儿（dǎqiúr）
尾音i、n	丢韵尾卷舌	一块儿（yíkuàr）刀背儿（dāobàr） 心眼儿（xīnyǎr）窍门儿（qiàomər）
韵尾ng	丢韵尾，韵腹鼻音化卷舌	电影儿（diànyǐ̃ər）帮忙儿（bāngmã́r）
韵母i、ü	直接卷舌	玩意儿（wányìər）毛驴儿（máolǘər）
韵母 -i（前、后）	丢韵母卷舌	词儿（cár）事儿（shàr）
韵母in、ün	丢n后卷舌	干劲儿（gànjiàr）白云儿（báiyúər）

注：字母上的"~"表示鼻音化。

儿化并不只是语音现象，它还具有语汇意义和语法意义，并有一定的修辞作用，可使汉语在表达上更加准确。

1. 儿化在有些词里有确定词性的作用，如：

画（动词）　　　　画儿（名词）

盖（动词）　　　　盖儿（名词）

活（形容词）　　　活儿（名词）

2. 儿化对有些词有区别词义的作用，如：

头（指脑袋）　　头儿（指领头的人）

信（指信件）　　信儿（指信息）

3. 儿化对有些同音词有区分词义的作用，如：

拉链儿（指拉锁，不是“拉练”——行军、野营、锻炼）

开火儿（指打仗，不是“开伙”——食堂伙食，开始吃饭）

4. 儿化后，有的表示细小、轻微的意思，如：

土豆丝儿　一点儿　药丸儿

5. 儿化后，有的表示说话人的喜爱、亲切的感情，如：

小孩儿　脸蛋儿

在普通话里，可以适当使用这些能表示复杂语意的儿化音。而可用可不用，不表什么语意的儿化，可以不用。一般地说，不能有相连的两个儿化韵音节。例如：“花”可以说huār，“盆”可以说pár，但合起来构成一个词，决不能说成huārpár，只能说huāpár。如果实在避免不了的，也可以保留，如“一块儿玩儿”。

➢ 技能训练

儿化是普通话学习中的又一难点，因为许多方言中没有儿化现象，所以既不知何时需要儿化，也不知该如何发准儿化音，这就成了方言区的同学学习儿化的两大问题。

【训练要领】

1. 儿化的主要特点是把“儿”（卷舌动作r）“化”在与它结合的韵母上，即卷舌动作要与韵母合为一体，听感上不能单独出现一个“儿”的音，如“花儿”读为huār，听感上是一个音节，而不是huāér两个音节。

2. 发准儿化音的关键是发好卷舌韵母er，多加练习卷舌动作有利于快速流畅地发出儿化音。

3. 普通话中一部分没有区别作用或表达特殊色彩作用的词，可儿化可不儿化，训练时要区别对待，注意规范。

4. 儿化作为一种语流音变现象，读、说时根据有关规律韵母发生变化，拼写时一般只在原音节末尾加上字母r。

【训练方法】

总体上，可先看教师示范或听录音，让学生熟悉儿化音的音色特点；然后由教师听辨学生的发音情况；在基本掌握了发音要领后，可让学生大量跟读以稳固发音。

1. 儿化发音基本训练：先单独练习er的发音，然后按照规律练习儿化音。

2. 对比训练：将具有辨义、辨词性作用的必读儿化词组词成句进行对比。

3. 必读儿化词识记训练：跟读范音并识记。

【训练材料】

1. 韵母中主要元音儿化为ar

刀把儿　小孩儿　号码儿　笔杆儿　豆芽儿　一点儿

鲜花儿　一块儿　好玩儿　圆圈儿　扣眼儿　锅盖儿

包干儿　油画儿　肉馅儿　纸匣儿

2. 韵母中主要元音儿化为ər

小鸡儿　木橛儿　麦穗儿　窍门儿　花纹儿
脚印儿　金鱼儿　棋子儿　铁丝儿　没事儿
红裙儿　树枝儿　带劲儿　橘汁儿　瓜子儿

3. 韵母中主要元音儿化为ur

白兔儿　眼珠儿　小猴儿　打球儿　衣兜儿
蜗牛儿

4. 韵母中主要元音儿化为or

草稿儿　小鸟儿　山坡儿　闹钟儿　干活儿
书桌儿　被窝儿　符号儿　笔帽儿　麦苗儿

5. 必读儿化词

瓣儿	老伴儿	板擦儿	碴儿	没错儿	脸蛋儿
点儿	兜儿	份儿饭	干儿	盖儿	光杆儿
羊羔儿	饱嗝儿	打嗝儿	个儿	易拉罐儿	打滚儿
冰棍儿	光棍儿	男孩儿	女孩儿	小孩儿	外号儿
猴儿	核儿(húr)	一会儿	活儿	大伙儿	皮筋儿
劲儿	烟卷儿	角儿(juér)	壳儿(kér)	块儿	时髦儿
门儿	纳闷儿	面儿	哪儿	娘儿俩	照片儿
球儿	圈儿	雪人儿	桑葚儿	口哨儿	模特儿
大婶儿	聊天儿	奔头儿	劲头儿	味儿	心窝儿
字眼儿	好样儿的	爷儿俩	玩意儿	露馅儿	松子儿

6. 绕口令训练

小姑娘做饭

小姑娘红脸蛋儿，红头绳儿扎小辫儿，系上围裙来做饭：淘小米儿，小半盆儿，小白菜，剁几根儿，还有一盘儿萝卜丝儿，再来个粉皮儿熬小鱼儿。

练字音儿

进了门儿，倒杯水，喝了两口运运气儿。顺手拿起小唱本儿，唱一曲儿，又一曲儿，练完了嗓子我练嘴皮儿。绕口令儿，练字音儿，还有单弦牌子曲儿；小快板儿，大鼓词儿，又说又唱我真带劲儿！

小哥儿俩

小哥儿俩，红脸蛋儿，手拉手儿，一块儿玩儿。小哥儿俩，一个班儿，一路上学唱着歌儿。学造句儿，一串串儿，唱新歌儿，一段段儿，学画画儿，不贪玩儿。画小猫，钻圆圈儿，画小狗，蹲庙台，画只小鸡儿吃小米儿，画条小鱼儿吐水泡。小哥儿俩，对脾气儿，上学念书不费劲儿，真是父母的好宝贝儿。

小杂货摊儿

我们那儿有个王小三儿，在门口儿摆着一个小杂货摊儿，卖的是酱油、火柴和烟卷儿、草纸，还有关东烟儿，红糖、白糖、花椒、大料瓣儿，鸡子儿、挂面、酱、醋和油盐，冰糖葫芦一串儿又一串儿，花生、瓜子儿还有酸杏干儿。王小三儿，不识字儿，算账、记账他净闹稀罕事儿，街坊买了他六个大鸡子儿，他就在账本儿上画了六个大圆圈儿。过了两天，人家还了他的账，他又在圆圈儿上画了一大道儿，可到了年底他又跟人家去讨账钱，鸡子儿的事儿早就忘在脑后边儿。人家说："我们还了账。"他说人家欠了他一串儿糖葫芦，没有给他钱。

7. 语句训练

（1）落光了叶子的柳树上挂满了毛茸茸亮晶晶的银条儿；而那些冬夏常青的松树和柏树上，则挂满了蓬松松沉甸甸的雪球儿。一阵风吹来，树枝轻轻地摇晃，美丽的银条儿和雪球儿簌簌地落下来，玉屑似的雪末儿随风飘扬，映着清晨的阳光，显出一道道五光十色的彩虹。

（2）树叶儿却绿得发亮，小草儿也青得逼你的眼。

（3）城里乡下，家家户户，老老小小，也赶趟儿似的，一个个都出来了。舒活舒活筋骨，抖擞抖擞精神，各做各的一份儿事去了。"一年之计在于春"，刚起头儿，有的是工夫，有的是希望。

（4）小山整把济南围了个圈儿，只有北边缺着点口儿。

五、"啊"的音变训练

➢ 理论简介

语气词"啊"单独念"a"，用在句尾或句中停顿处时，往往受到前面音节末尾音素的影响而发生连读音变现象，称"啊"的音变。这种变化取决于"啊"前面音节的末尾音素，规律如下。

1. "啊"之前音节的末尾音素是舌面元音（除u外，ao、iao因发音时尾音接近u也除外）时，"啊"音变为"呀"（ya），如：

你说的是他啊（ya）！

这儿的花真多啊（ya）！

他是你哥哥啊（ya）！

应该注意节约啊（ya）！

一定要好好学习啊（ya）！

好大的鱼啊（ya）！

2. 其他的"啊"音变都是将"啊"之前音节的末尾音素，作为"啊"的韵头或声母连读成音，如：

u—wa　这本书必须一读再读啊（wa）！　这字写得真好啊（wa）！

n—na　他真是个精力充沛的人啊（na）！

ng—nga　那里的山歌真好听啊（nga）！

-i（前）—[za] 你每月多少工资啊（za）？

-i（后）—[ra] 这究竟是怎么回事啊（ra）？

er—[ra] 您老今年八十二啊（ra）？

“啊”的音变规律表

“啊”前面音节的韵母	“啊”前面音节的末尾音素	“啊”的音变	汉字写法
a ia ua o uo e ie üe	a o e ê	ya	呀
i ai uai ei uei ü	i ü	ya	呀
u ou iou ao iao	u	wa	哇
an ian uan üan en in uen ün	n	na	哪
ang iang uang eng ing ueng ong iong	ng	nga	啊
-i（前）	-i（前）	za	啊
-i（后）er	-i（后）er	ra	啊

➢ 技能训练

【训练要领】

“啊”的音变规律要在理解的基础上记忆和自然运用，书面上写成“啊”的，在读说的时候要注意按照规律变读。

“啊”的音变发音并不难，关键是改变方言中“啊”不音变的情况，按音变规律养成音变习惯。

【训练方法】

1.“啊”的音变基本训练：先将“啊”前面音节的末尾音素适度夸张延长，与后面的“啊”连读后自然成音。

2. 朗读训练：基本熟悉“啊”的音变后，可任选一段文章，在每一句子的句末加上“啊”，以强化训练“啊”的音变。

3. 对话训练：自由对话，在句末加上“啊”以强化训练音变。

【训练材料】

1.“啊”变ya

这是谁啊？　　千万要注意啊！

这么多鱼啊！　　好大的雪啊！

是他啊！　　吃西瓜啊！

你的书真多啊！　　找你的人是我啊！

谁在唱山歌啊？　　这是什么车啊？

2.“啊”变wa

身上怎么这么多土啊？　　他家在哪儿住啊？

大热天还穿棉袄啊？　　这可真好笑啊！

看，滇金丝猴啊！
大家是又唱又跳啊！

3.“啊”变na

大伙儿加油干啊！
这可怎么办啊？
蜀道难啊，难于上青天啊！
郁金香真好看啊！
你走路可要小心啊！
中国话真是最深奥的语言啊！

4.“啊”变nga

小鸟唱啊唱，嘤嘤有韵。
百灵鸟的歌声多好听啊！
这事儿可真是办不成啊！
同志们，冲啊！
新机器真好用啊！
尺寸得好好量啊！

5.“啊”变ra

是啊，我们有自己的祖国！
那是谁的照片儿啊？
这牛皮纸啊，可真够厚的！
去哪儿看电视啊？

6.“啊”变za

你叫什么名字啊？
这可是真丝啊！
做人不能自私啊！
我这是头一次啊！

➢ 技能检测

通过普通话语流音变的训练，应具备清晰准确的普通话双音节发音能力，以及在较长语流中较为清晰、准确地自然发音的能力。可通过模拟普通话水平测试第二题和第三题中朗读作品的部分段落，来检测学生的语流音变发音情况。

【检测方法】

1. 给50个双音节词注音，正确90个字以上算合格。
2. 朗读50个双音节词，按普通话水平测试标准记分，扣3个以内为合格。
3. 出示朗读作品片段，在每句末尾加上“啊”进行音变检测（如句末本身是语气词的则不加“啊”）。

【检测材料】

● 读多音节词语50个

首都	方针	电台	家庭	明年	玻璃	女儿
费用	咳嗽	法律	干活儿	喜欢	登记	群众
资格	墨水儿	帮助	能源	漂亮	积极	尽管
聊天儿	替代	恩爱	妄想	殴打	散文	宣告
执照	迟疑	冰棍儿	场所	培训	敏锐	挖掘
迥然	沙瓤	寸阴	怀旧	憋气	掐算	撇嘴
疮口	词序	滑动	赠阅	牛虻	族人	熨帖
导体						

● 读多音节词语50个

粮票	登陆	陈规	好奇	缺少	别提	至今
内耳	香皂	太阳	碎步	彩色	怪癖	战胜

世界 旦角儿 参观 播送 走道 喘息 袜子
划分 拥有 那些 洽谈 群众 丘陵 赃款
锅贴儿 谬论 匀实 庄严 屡次 累赘 扯谎
经销 收获 裤衩儿 日语 穷人 民主 怀念
模仿 卖弄 免费 许可 标准 热爱 党员
轻易

● 读多音节词语50个

奶牛 寒战 所属 女婿 偶然 麻烦 恰当
街道 双全 小孩儿 胚胎 苍蝇 感动 军装
名角儿 豁免 胜利 群众 随时 冰棍儿 可爱
疟蚊 从头 瓜分 批准 穷人 近亲 儿童
快乐 脉搏 歪斜 怎么 能量 词素 氨基
支援 把关 自流 酿造 佛教 秋天 嘴唇
矿床 化学 雄伟 打扰 后顾 下颌 热心
非常

附录1：普通话水平测试样卷

普通话水平测试样卷1

一、读单音节字词100个

铡 白 杀 鹤 痣 舌 逮 若 池 筛 得 字 给 二 鳃 棉 宰
拣 凹 淋 槽 品 朝 腔 挠 巷 泡 柄 藕 另 邹 氢 轴 腹
岸 努 榄 筑 瘫 哭 判 粗 忍 藏 午 缸 震 纺 挂 忙 耍
憎 祸 乘 索 正 踹 缝 坏 梦 隋 戏 褪 溺 霞 款 颊 环
掖 蒜 谢 弯 爹 舜 飘 损 表 闯 修 撞 玖 童 约 胸 劝
孔 徐 绒 俊 翁 略 宋 群 掘 总 荀 穷 旅 婶 卷

二、读双音节词语50个

倒退 恶心 防御 骨肉 混乱 闺女 被子
表扬 病菌 彩色 公斤 用处 粮食 排球
区别 学院 盼望 英雄 好玩儿 捐赠 巡逻
决定 衰弱 瓦解 漂流 奶水 假托 深浅
差点儿 铁证 磨难 卡钳 拷打 夸赞 虾酱
唇裂 揣测 美感 透支 一圈儿 粉笔 而后
容易 作者 嗓音 短促 波动 操场 纳闷儿
散光

普通话水平测试样卷2

一、读单音节字词100个

抬 暖 军 嗑 纸 券 卡 浮 胸 改 名 翻 词 广 跌 渠 忍
再 吵 根 浅 临 黑 穷 而 舵 流 巷 酒 终 字 蔓 抓 唐

梗 怀 饶 抹 腌 颊 忙 瞟 拟 旬 拗 爷 邹 涮 秧 宣 整
茶 槛 虐 揣 蹭 蛙 润 守 御 真 俩 若 播 闯 粟 拈 横
否 脆 舌 经 室 拐 题 药 浊 从 盼 表 翁 北 庙 农 让
涩 掂 两 拼 砌 毁 蚌 如 薛 旺 孙 捧 贴 童 弛

二、读双音节词语50个

选举 鹌鹑 用力 军事 豆芽儿 赌博 运输
原则 恳请 全面 草包 约会 女子 旅馆
死扣儿 光明 海洋 痛快 遵守 暖气 推动
挂号 抓紧 恐怖 牛奶 支持 描写 灯笼
穷人 群岛 略微 削弱 荒唐 装配 旦角儿
损坏 着想 柠檬 硫酸 藕节儿 夹杂 篡改
怪癖 耍滑 飘洒 帮厨 搀扶 非分 惨然
恶心

普通话水平测试样卷3

一、读单音节字词100个

胞 浊 沓 揣 蚌 逮 鹤 槛 碑 邹 铸 纽 偶 勺 潘 俏 纫
涩 晌 拈 克 虐 瞟 秦 润 挠 嘭 旅 捐 旋 优 捅 钠 权
训 忆 翁 致 尼 沉 双 广 抡 命 豁 聂 兄 子 乘 脆 目
拨 群 艘 罪 买 红 防 须 亮 决 颇 穷 挖 地 俩 铁 岸
临 丢 馆 扔 灭 军 略 女 扶 团 将 刷 病 洒 未 天 二
层 吃 取 专 迎 划 加 肥 引 却 无 句 给 辞 外

二、读双音节词语50个

热爱 群众 宣传 暖和 场所 空儿 扑灭
佩服 抢修 藏掖 榜样 聊天儿 认真 光辉
齿轮 学问 聘用 耳朵 瓜分 怪异 讨伐
责令 军队 许可 穷困 撒腿 耍弄 悲愁
此外 默定 小孩儿 狮子 假定 渔民 彩霞
鹁鸪 爽快 全体 展览 酿造 迥然 搜身
觉得 好玩儿 偏差 起码 绷带 举行 流寇
整风

普通话水平测试样卷4

一、读单音节字词100个

播 坠 配 迟 美 湿 烽 乳 叠 暂 疼 刺 拟 私 芦 翁 龟
咔 黑 即 牵 絮 病 纸 捧 禅 膜 闪 否 惹 盗 怎 佟 醋
凝 扫 聊 而 够 槛 挥 茎 且 胸 准 剖 喘 民 刷 纺 人
兑 灾 炭 擦 挠 撤 绿 锅 肯 耗 窘 瘸 绣 章 镖 沉 眯
硕 润 色 测 脓 苔 俩 逛 慨 滑 夹 圈 陷 谱 揣 帅 若
霜 凑 扭 嘎 暖 捐 囊 浸 酿 绝 抢 宣 军 薛 熏

二、读双音节词语50个

拥抱 训斥 穷苦 军事 捐税 宏伟 需要
虐待 创新 公费 掠取 软弱 光明 囤积
快餐 准备 窜逃 权益 坏处 凉棚 破裂
有点儿 座谈 仰角 画家 袜子 抵挡 评审
恋爱 留念 而且 僧俗 民航 下课 病号儿
眼色 感想 振奋 口语 老伴儿 手段 刺杀
这会儿 玻璃 挂彩 赞美 答应 法规 埋伏
人体

普通话水平测试样卷5

一、读单音节字词100个

封 挠 趁 而 尺 孙 贼 垮 纳 方 亩 面 屯 开 软 停 嗑
猛 求 涨 随 粟 装 蛆 蔓 舔 掐 债 供 替 颇 挂 熊 君
燃 艘 扫 旬 惹 涛 港 贫 卷 瞥 略 塔 薛 甩 锯 腮 颊
量 婿 晌 月 剜 涩 癣 渗 撒 混 了 拔 判 钉 女 栋 行
削 脆 伪 熟 丢 扁 酿 凹 凑 勺 谢 别 耗 达 嘿 峡 草
黏 湿 引 蚌 你 扶 鹤 狂 揣 习 犬 纫 穷 钻 咱

二、读双音节词语50个

别扭 对比 脸色 横行 洗澡 什么 从事
宾馆 顿时 履历 滑冰 许多 税收 森林
脸盘儿 倘若 歌剧 价格 熊猫 日语 素质
漂亮 铜子 管理 卷烟 札记 若干 仰角
谋求 内疚 广度 球场 准备 遭遇 我们
名额 年轻 客气 确实 场所 阻碍 缝子
疟疾 快板儿 群众 船舷 仓库 刀把儿 来自
哀悼

附录2：普通话水平测试大纲

根据教育部、国家语言文字工作委员会发布的《普通话水平测试管理规定》和《普通话水平测试等级标准》，制定本大纲。

一、测试的名称、性质、方式

本测试定名为“普通话水平测试”（Putonghua Shuiping Ceshi，缩写为PSC）。普通话水平测试测查应试人的普通话规范程度、熟练程度，认定其普通话水平等级，属于标准参照性考试。本大纲规定测试的内容、范围、题型及评分系统。普通话水平测试以口试方式进行。

二、测试内容和范围

普通话水平测试的内容包括普通话语音、词汇和语法。普通话水平测试的范围是国家测试机构编制的《普通话水平测试用普通话词语表》、《普通话水平测试用普通话与方言词语对照表》、《普通话水平测试用普通话与方言常见语法差异对照表》、《普通话水平测试用朗读作品》、《普通话水平测试用话题》。

三、试卷构成和评分

试卷包括4个组成部分，满分为100分。

（一）读单音节字词（100个音节，不含轻声、儿化音节），限时3.5分钟，共10分。1. 目的：测查应试人声母、韵母、声调读音的标准程度。2. 要求：（1）100个音节中，70%选自《普通话水平测试用普通话词语表》“表一”，30%选自“表二”。（2）100个音节中，每个声母出现次数一般不少于3次，每个韵母出现次数一般不少于2次，4个声调出现次数大致均衡。（3）音节的排列要避免同一测试要素连续出现。3. 评分：（1）语音错误，每个音节扣0.1分。（2）语音缺陷，每个音节扣0.05分。（3）超时1分钟以内，扣0.5分；超时1分钟以上（含1分钟），扣1分。

（二）读多音节词语（100个音节），限时2.5分钟，共20分。1. 目的：测查应试人声母、韵母、声调和变调、轻声、儿化读音的标准程度。2. 要求：（1）词语的70%选自《普通话水平测试用普通话词语表》“表一”，30%选自“表二”。（2）声母、韵母、声调出现的次数与读单音节字词的要求相同。（3）上声与上声相连的词语不少于3个，上声与非上声相连的词语不少于4个，轻声不少于3个，儿化不少于4个（应为不同的儿化韵母）。（4）词语的排列要避免同一测试要素连续出现。3. 评分：（1）语音错误，每个音节扣0.2分。（2）语音缺陷，每个音节扣0.1分。（3）超时1分钟以内，扣0.5分；超时1分钟以上（含1分钟），扣1分。

（三）选择判断[注]，限时3分钟，共10分。1. 词语判断（10组）（1）目的：测查应试人掌握普通话词语的规范程度。（2）要求：根据《普通话水平测试用普通话与方言词语对照表》，列举10组普通话与方言意义相对应但说法不同的词语，由应试人判断并读出普通话的词语。（3）评分：判断错误，每组扣0.25分。2. 量词、名词搭配（10组）（1）目的：测查应试人掌握普通话量词和名词搭配的规范程度。（2）要求：根据《普通话水平测试用普通话与方言常见语法差异对照表》，列举10个名词和若干量词，由应试人搭配并读出符合普通话规范的10组名量短语。（3）评分：搭配错误，每组扣0.5分。3. 语序或表达形式判断（5组）（1）目的：测查应试人掌握普通话语法的规范程度。（2）要求：根据《普通话水平测试用普通话与方言常见语法差异对照表》，列举5组普通话和方言意义相对应，但语序或表达习惯不同的短语或短句，由应试人判断并读出符合普通话语法规范的表达形式。（3）评分：判断错误，每组扣0.5分。选择判断合计超时1分钟以内，扣0.5分；超时1分钟以上（含1分钟），扣1分。答题时语音错误，每个音节扣0.1分，如判断错误已经扣分，不重复扣分。

（四）朗读短文（1篇，400个音节），限时4分钟，共30分。1. 目的：测查应试人使用普通话朗读书面作品的水平。在测查声母、韵母、声调读音标准程度的同时，重点测查连读音变、停连、语调以及流畅程度。2. 要求：（1）短文从《普通话水平测试用朗读作品》中选取。（2）评分以朗读作品的前400个音节（不含标点符号和括注的音节）为限。3. 评分：（1）每错1个音节，扣0.1分；漏读或增读1个音节，扣0.1分。（2）声母或韵母的系统性语音缺陷，视程度扣0.5分、1分。（3）语调偏误，视程度扣0.5分、1分、2分。（4）停连不当，视程度扣0.5分、1分、2分。（5）朗读不流畅（包括回读），视程度扣

0.5分、1分、2分。(6) 超时扣1分。

(五) 命题说话,限时3分钟,共30分。1. 目的: 测查应试人在无文字凭借的情况下说普通话的水平,重点测查语音标准程度、词汇语法规范程度和自然流畅程度。2. 要求:(1) 说话话题从《普通话水平测试用话题》中选取,由应试人从给定的2个话题中选定1个话题,连续说一段话。(2) 应试人单向说话。如发现应试人有明显背稿、离题、说话难以继续等表现时,主试人应及时提示或引导。3. 评分:(1) 语音标准程度,共20分。分六档: 一档: 语音标准,或极少有失误。扣0分、0.5分、1分。二档: 语音错误在10次以下,有方音但不明显。扣1.5分、2分。三档: 语音错误在10次以下,但方音比较明显; 或语音错误在10次—15次之间,有方音但不明显。扣3分、4分。四档: 语音错误在10次—15次之间,方音比较明显。扣5分、6分。五档: 语音错误超过15次,方音明显。扣7分、8分、9分。六档: 语音错误多,方音重。扣10分、11分、12分。(2) 词汇语法规范程度,共5分。分三档: 一档: 词汇、语法规范。扣0分。二档: 词汇、语法偶有不规范的情况。扣0.5分、1分。三档: 词汇、语法屡有不规范的情况。扣2分、3分。(3) 自然流畅程度,共5分。分三档: 一档: 语言自然流畅。扣0分。二档: 语言基本流畅,口语化较差,有背稿子的表现。扣0.5分、1分。三档: 语言不连贯,语调生硬。扣2分、3分。说话不足3分钟,酌情扣分: 缺时1分钟以内(含1分钟),扣1分、2分、3分; 缺时1分钟以上,扣4分、5分、6分; 说话不满30秒(含30秒),本测试项成绩计为0分。

四、应试人普通话水平等级的确定

国家语言文字工作部门发布的《普通话水平测试等级标准》是确定应试人普通话水平等级的依据。测试机构根据应试人的测试成绩确定其普通话水平等级,由省、自治区、直辖市以上语言文字工作部门颁发相应的普通话水平测试等级证书。普通话水平划分为三个级别,每个级别内划分两个等次。其中: 97分及其以上,为一级甲等; 92分及其以上但不足97分,为一级乙等; 87分及其以上但不足 92分,为二级甲等; 80分及其以上但不足87分,为二级乙等; 70分及其以上但不足 80分,为三级甲等; 60分及其以上但不足70分,为三级乙等。

[注] 各省、自治区、直辖市语言文字工作部门可以根据测试对象或本地区的实际情况,决定是否免测"选择判断"测试项。如免测此项,"命题说话"测试项的分值由30分调整为40分,评分档次不变,具体分值调整如下:(1) 语音标准程度的分值,由20分调整为25分。一档: 扣0分、1分、2分。二档: 扣3分、4分。三档: 扣5分、6分。四档: 扣7分、8分。五档: 扣9分、10分、11分。六档: 扣12分、13分、14分。(2) 词汇语法规范程度的分值,由5分调整为10分。一档: 扣0分。二档: 扣1分、2分。三档: 扣3分、4分。(3) 自然流畅程度,仍为5分,各档分值不变。

➢ 理论说明

所谓副语言，就是人们在说话时伴随话语产生的、无固定意义却有辅助表达作用的一些发音特征和声音现象，包括辅助言语和类语言两类。辅助言语指言语的非语词方面，即声音的音质、音高、音长、音强等要素的综合，它属于言语表达的一部分，但不是言语词语本身，因而它常常用来辅助词语的表述，以便准确表达意义和所具有的情感。相同的词语在不同的语气和语调下，会表示不同的意思，取得不同的沟通效果。如“我是教师”这句话，可通过不同的声音形式传达出不同的意味，或自豪或无奈，或激动或平静。而类语言指的是无固定语义的发声，如笑、哭、叹息、呻吟、口头语以及各种叫声等。尽管这些发声无固定意义，但在特定情景下具体表达着词语之外的思想、情感或其他信息，其作用是不可忽视的。

美国跨文化交际学者萨莫瓦认为：“副语言涉及的是言语成分——指的不是言词所提供的实际信息，而是这一信息是怎样表达的。副语言是伴随、打断或临时代替语言的有声行为。”也就是说，如果口语中的语音是言语表达的内容，那么副语言则是指言语表达的方式。副语言表达贯串口头言语表达的始终，具有不可小觑的表达作用，有时甚至可以使语言所传递的真实信息超出语义的表面信息。我国学者刘焕辉认为：“副语言系统是用‘近似于语言’而不是用增加语言材料的方法，辅助语言沟通和情感传递——在情感传递方面，其意义有时甚至超过语言手段本身。”[①] 据说有一个意大利演员，他用悲切的声音“朗诵”阿拉伯数字时，台下的观众居然听得潸然泪下，这充分说明了副语言的传情作用。

由此可见，副语言在口语交际中是影响个人形象的重要因素。教师口语是在教学交往中进行的口语交际，具备较好的副语言调控能力有助于教师声音形象的完善和教学效果的提升。作为一名教师，教学口语必须是标准的普通话。但仅仅做到这一点是不够的，要想让学生在愉悦的教学氛围中学习，教师还必须有优美的声音形象。美国学者塞门斯也曾提到：“从根本上讲，声音并不是教师的技能和设备中一个重要部分，但是一种不好听的或低沉的声音很可能阻碍教师的事业成功。有时教师的失败，是由于他的声音太弱，学生听不清，而他也不能用他的声音来控制学生的注意。另一方面，有些教师的声音如粗糙的晨号声，听着就非常刺耳。”这说明优美的声音形象在教学中有一种意想不到的效果。听那些声音优美的演员或主持人说话，即使听不懂也感到心情舒畅；而在课堂上听那些尖厉沙哑的声音，确实有如坐针毡之感。有研究表明，教师的声音形象关系到学生的学习情绪，声音尖锐、刺耳、过于响亮或瓮声瓮气等都会让学生产生烦躁的情绪。而学生的学习兴趣是学习的重要因素，课堂教学中学生的不良情绪常常导致教学的不成功。作家魏巍

① 刘焕辉．言语交际的基本原理[M].P539。

的散文《我的老师》中谈到其小学老师蔡芸芝先生讲课是用“歌唱的音调”，“她爱用歌唱的音调教我们读诗。直到现在我还记得她读诗的音调，还能背诵她教我们的诗”。正是蔡先生独特的声音形象，使得学生在几十年后还能清楚记得所学内容。相反，滞涩呆板的教学声音形象是没有吸引力的，学生甚至为有这样的教师而苦恼。黑格尔的学生伊凡·基里耶夫斯基曾谈到：“他（黑格尔）的讲话简直让人受不了，说一句就咳嗽一阵，声音给吞掉了一半，他那颤抖的哭泣似的语调几乎不能把最后一句话说完。”这样的教学声音形象必然会给教学效果带来负面影响。所以说，作为课堂教学中的重要一环，每个教师都应具备一个良好的声音形象，力求达到语音表达抑扬顿挫、声情并茂，富有表现力和感染力，这有赖于对副语言调控能力的把控。

➢ 训练目标及内容

教师口语中的副语言训练主要体现在语调、语气两个方面，以语调丰富、语气动人为目的。心理学研究表明，运动着的事物较易于吸引人的注意力。所谓运动就是不断变化位置，比如奔跑的人、弥散的香气、节律多变的音响等。音响中的有声语言也是一样，说话时语音的音强、音高根据表达内容的情感变化而变化，产生不同的语气、语调，这也就是节律的变化，具有某种动感。说话内容和意图相吻合的节律动感极富感染力，容易引发听众的兴趣。

第一节　语　　调

➢ 理论简介

口语表达中的语调就是说话的腔调，具体指说话时声音的轻重缓急和抑扬顿挫，包括句调的抑扬、语音的轻重和节奏的快慢等。语调在口语交际中发挥着重要的作用，既能辅助语词明确表达一定的语义，也能传达说话人的情感变化，并表现说话人对某事物的态度，如：高昂或急速的语调，常用来表现人们的激烈情绪和着急的心情；低沉而迟缓的语调，常用来表现人们低落的情绪或对事物的郑重态度；扬起或曲折的语调，常用来表现人们惊讶的心情或对事物半信半疑的态度。语调是口头语言中一种富有感染力的表达形式，语调越多样化，语言便越有动人的力量。当然，任何语调都必须是自然情感的流露，而不是矫揉造作的。在日常生活中，我们不难发现，有些人习惯于用一种固定而刻板的语调来说话，使语言失去生动色彩和感染力。人们要想使自己的语言优美动听，就应该努力使自己善于运用语调。善于运用语调的人，声音抑扬顿挫有如高山流水，极具感染力；不善于运用语调的人，说话声音平淡，如和尚诵经一样，毫无动人的力量，让人听罢兴味索然。可见，口头言语的语调包含着大量的信息，语调是信息资料的重要来源，某些特定职业的人对此应该特别重视。例如对于教师来说，同是一堂课，教师使用什么声调讲课，其效果就大不相同。教师讲话的不同语调，不仅会对学生理解与掌握知识有所影响，而且会对师生之间的关系产生影响。所以，教师口语表达必须重视语调的训练。

前苏联教育家马卡连柯就曾说过：“只有学会用15—20种语调说‘到这里来’的时

候，只有学会在脸色、姿态和声音的运用上做出10种风格和韵调的时候，我才变成一个有技巧的人。”从中足可见其对教师把控语调能力的重视。我国丁传禄等人的研究资料表明：教师运用高亢型语调、抑制型语调、平缓型语调进行教学，班级学习的正确率在59.4%—81.9%左右；而采用变换型语调教学的班级，学生情绪兴奋，注意力集中，反应灵敏，学习的正确率达到98%。由此可见，教师应善于根据教学内容的性质和具体的教学情境而变换自己的语调类型，以调动学生的学习积极性，提高教学效果。正如“文似看山不喜平”，语调也应富于变化。

语调的训练主要包括句调的训练、轻重的训练和快慢节奏的训练三方面，教师口语表达中的语调训练将按单项分解训练和多项综合训练两个环节进行。

➢ 技能训练

一、单项分解训练

（一）句调的训练

句调，是指话语中句子抑扬升降的变化，它可以表现说话人喜怒哀乐等多种不同的感情态度。主要形式有平调、升调、降调、曲折调。

平调，句调较平直舒缓，一般用来表示庄重、严肃、平淡、冷淡等情感态度。如：读小学的时候，我的外祖母去世了。

升调，句调大都由低到高，一般用来表达号召、询问、怀疑、高兴等情感态度。如：“小姐，你们国家有没有小孩患小儿麻痹？”

降调，句调大都由高到低，一般用来表示肯定、坚信、赞叹、祝愿、感叹等情感态度。如：“哪怕只有碗来粗细吧，……对抗着西北风。”

曲折调，句子语势有抑扬升降的曲折变化，常用来表示讽刺、诙谐、双关等复杂的情感态度。

【训练要领】

1. 句调的选择以句子的情感表达为依据，不能形式大于内容，一味追求句调的丰富变化。

2. 句调之间的区分度要明显。

【训练方法】

先单项训练，以句子练习为主；然后给出段落做巩固练习；进而以语篇做综合练习；最后以说话形式做拓展练习，并逐步导入教学环节。

【训练材料】

1. 普通话水平测试朗读作品（或自选文章）。

2. 普通话水平测试说话话题（或自定主题）。

（二）轻重的训练

所谓轻重，主要是指口语表达中音强在强弱对比中所形成的声音轻重变化现象。人们在口语交际时，常把那些在表情达意方面比较重要的词语读得重些，而把其余的词语读得轻些，这种轻重对比就形成了口语表达中的抑扬变化，它主要通过语句重音的处理而形成。语句重音是指根据句子语法结构、逻辑语义，或心理、情感的表达需要而产生的句子重读音，一般分为语法重音和强调重音。语法重音是由句子语法结构特点决定的重音，它在表达上具有提示、突出话语中某些语法成分的作用。一般而言，语法重音不带有特别强调的色彩，其目的在于保证语意的清楚、明确。而强调重音是为了突出强调某种思想感情的重音，也叫情感重音，它可以使语意、感情表达得更加充分和动人。合理安排语句重音，可以在进行有声语言表达时，使语义更加清晰明确，使语句目的更突出，使逻辑关系更严密，使感情色彩更鲜明。需要注意的是：(1) 重音不同于词的轻重格式。词的轻重格式是一种比较稳定的语音现象，是指音节之间的音强比较，多数情况下词的轻重格式在语流中是不变的，即相对稳定。而语句中的重音则是随着思想感情表达的需要而变化的。(2) 重音不等于重读（加重声音）。虽然重音主要通过加强音强来体现，但并非所有重音都是如此。应该把重音理解为重要的音，处理方式可以多种多样，只要把重要的音突出就行。此外，重音和非重音在一个语段中是相对而言的，没有绝对的非重音，也没有绝对的重音。在处理重音的过程中，语法重音要服从强调重音的需要，即在不影响语义表达的前提下，以强调重音为主。

教师口语表达是一种稍纵即逝的有声言语，如果能够合理处理重音进行表达，通过声音的强弱对比来突出意义，给色彩鲜明、形象生动的词增加分量，使学生在听觉上感受到高低起伏、抑扬顿挫，那么就可以突出教学重点，强化表达效果，引起学生关注，最终促成有效的课堂教学。所以，每位教师都应掌握这一言语表达技巧。

【训练要领】

1. 重音的确定

语法重音主要根据语法结构来确定重音，以保证语义的通顺、准确。一般来说，短句中的主语、谓语、宾语、状语等语法成分要安排为重音。如：在主谓句中，谓语常作重音；在主—谓—宾短句中，宾语常作重音；在无主语的句中，宾语常作重音；在主—谓—补句子中，补语常作重音；主语为疑问代词时，则主语常作重音；在一般句子中，定语和状语也常作重音；在主—谓—补—宾的句式中，宾语常作重音；介词结构作状语时，介词不作重音，后面的名词、代词作重音……

强调重音是根据特殊的语境需要而产生的，没有一定之规，此类重音往往出现在表现内心节奏较强烈或是情绪情感较激动、丰富的地方，需要联系具体的语境来确定。

语法重音和强调重音有时是一致的，有时是不一致的。出现矛盾时，语法重音要服从于强调重音（情感重音）。

2. 重音的表达

确定了重音的位置后，还需要掌握一定的重音表达技巧，使得重音表达贴切、恰当，才能最终收到较好的口语表达效果。重音的表达方式主要有：

(1) 轻中加重

这是最常见的重音表达方式，主要通过增强音强来体现。全句的非重音词或词组处于较弱或较轻的声音中，重音词或词组则通过相对地增强音强来形成对比，以突出重音。但要注意弱与强之间不要脱节，要过渡得自然。如：

据我们所知，鸟类中会说话的只有鹦鹉，而鹦鹉是飞不高的。

乔治·华盛顿是美利坚合众国的第一任总统。

（2）重中见轻

这是与上面方法相反的一种重音表达方式，也比较常用，它是通过弱化重音词音强来体现的，即在全句中把需突出的词弱化，在音强上比非重音读得轻。如：

小草偷偷地从土里钻出来，嫩嫩的，绿绿的。

（3）低中见高或高中见低

这种方法主要通过提高音高来体现重音，即将非重音处理成较低的声音，而对重音词或词组则可提高音高，与非重音形成较强烈对比。或者恰好相反，在非重音处于较高声音时，把音高降低来突出重音。这两种方法往往与上面两种结合使用，即音强与音高相互配合来突出重音。如：

这可是桩大买卖呀！

（4）快中显慢或是慢中显快

这两种方法主要是通过音长的变化来体现重音，即在非重音处于较快的节奏时，把重音词或词组延长音长，与非重音形成对比；相反地，用慢中显快来突出重音也可以。如：

这太阳像负着什么重担似的，慢慢儿，一步一步地，努力向上面升起来。

（5）结合停顿

运用停顿也是处理重音的常见方式，尤其是一字一顿，更能强化表达效果，让人印象深刻。如：

愿在座的各位朋友工作顺利、前程似锦、身心健康、万／事／如／意。

需要补充说明的是，这些方法单独列出完全是出于教学的便利，在实际中常常是多种方法配合使用的。

【训练方法】

重音的训练应侧重强调重音的确定和表达，分两步进行：首先，以朗读作品为材料，以语段为单位来判断重音的位置；然后再进行重音的表达训练。

在朗读作品时能比较准确地把握位置与表达技巧的基础上，可以用普通话水平测试中的话题进行一分钟内的说话练习，重点训练重音的表达技巧。

这样的训练方法体现了由易到难的层级性：从最初的有材料训练到后来的无材料训练，以期逐渐培养学生口头表达中的重音习惯，为后面教学案例中教师口语的综合训练和检测做准备。

【训练材料】

1. 普通话水平测试朗读作品（或自选文章）。
2. 普通话水平测试说话话题（或自定主题）。

（三）节奏的训练

口语表达中的节奏一般体现为快慢的交替，主要由停顿与语速来构成不同的节奏（其中，也有重音与停顿的配合）。教师口语表达应注意避免以下四种节奏类型。反复型：说话时过多的重复，啰唆；断续型：说话时过多、过长的停顿，断断续续；平坦型：说话没有轻重、停顿，语速不变；峰谷型：急剧变化快慢、高低，如同峰谷一样。

图 3.1

口语表达节奏类型图

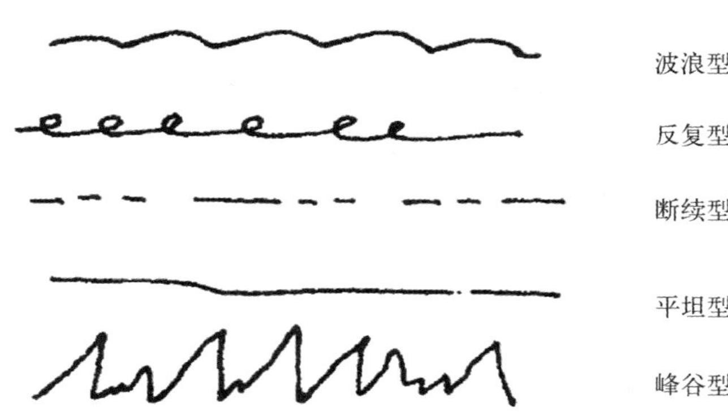

正确的口语语调节奏应当是波浪型的，否则会影响语言的可懂度和清晰度。

教师口语表达中比较好的节奏类型应该是波浪型，即声音上有快慢高低的变化，但不急剧、突兀，而是起伏自然、流畅。这主要通过稳固掌握停顿与语速技巧来达成。

1. 停顿

停顿，是指语流中声音的暂时中断，它是节奏的处理方式，以间歇的长短、多寡形成节奏，给人以韵律感。停顿是生理的需要，一口气说完一个意群或一口气说完一个段落、一个层次是不可能的。句子、句群、段落、层次的口头表达中间需要换气来调整声音，同时适当地使声带和唇舌得到休息。比较长的一个句子中也需要换气，特别是遇到一个非常长的书面化表达的句子时，停顿意味着呼吸能得以正常进行。如："中国政府代表、中国常驻联合国日内瓦办事处代表团临时代表侯志通今天上午在日内瓦关贸总协定总部向总协定总干事邓克尔博士递交了一份照会，……"从听者的角度来说，谁的耳鼓都受不了长时间、不间断的声音刺激。停顿不仅是生理上的需要，更是心理上的需要。所谓心理需要是指停顿要符合思想感情运动的需要，以便更好地传情达意。这也表明在哪儿停、停多长时间、怎么连都是技巧，不可随心所欲，这样才能发挥有声语言运用停顿表达思想感情的组织、区分、转折、呼应、回味、想象等作用，达到引人、感人的目的。所以，在有声语言表达的过程当中，停顿应该主要服从思想感情的需要，即生理需要服从心理需要，不可因停害意、因停断情。

有人形象地把停顿比作口头表达中的标点符号，它是有声语言表情达意不可或缺的一种修辞手段，一般分为语法停顿和强调停顿：语法停顿是按照篇章和句子的语言结构关系来确定的停顿，多表现为标点符号停顿；此外，主谓之间、动宾之间、修饰语与中心语之间也可以停顿。这种停顿有调节气息、突出重点、明确语义的作用，若停顿处理得当，可以把语言的层次表现得清楚明白，增强语言的表现力和感染力；同时，还能给听众留出思索、消化、回味的时间，更好地理解语意。若不善于停顿，就会使说话人感到紧张吃力，喘不过气来，别人听起来也含混费解，甚至产生误解；或是因为停顿过多而致使表达支离破碎、不知所云。强调停顿是指强调某一事物或突出某种特殊感情所作的停顿,也叫感情停顿或心理停顿,一般根据表情达意的需要来决定停顿的地方和停顿的时间。这种停顿正如斯坦尼斯拉夫斯基所说,“总是积极的,充满着内容的。如果说没有语法停顿的语言是文理不通的,那么,没有心理停顿的语言是没生命的”。心理停顿既为表达内容服务,也为表达感情服务。

教师口语作为课堂教学中与学生进行交际的口头言语表达,同样需要合理安排停顿以形成有助于教学效果的言语节奏。因为它不仅是教师生理上的需要,也是学生听觉上的需要,更是师生情感态度交流上的需要。

【训练要领】

教师口语表达中的停顿训练关键在两方面:一是在哪儿停,即如何判定停顿的位置;二是如何停,即停顿的表现方式。

(1)停顿的位置

前面提及停顿既是生理的需要,也是表情达意的需要,分为语法停顿和强调停顿两类。在实际语流中,两类停顿有时一致有时不一致。出现矛盾时,语法停顿要服从于强调停顿,也就是在合理安排停顿的位置时,首先要考虑的是思想情感表达的需要,然后才是生理上的需要。所以教师口语中合理安排停顿位置的基本原则是:① 标点符号是参考。标点符号显示的是文字语言的停连关系,停顿和连接则是有声语言的“标点符号”。② 语法关系是基础,无论是书面语还是口语,都必须遵循一定的语法规则,因此,在口语表达中也要通过停连来表现语句中的语法关系。③ 情感表达是根本。口语表达中的停连既有生理的需要,也有表情达意的需要,最根本的还是内在心理情感的需要,要以情感的表达为判断根本。如:“下雨天留客天留人不留”这句话,出于不同的情感态度,既可处理为“下雨天/留客天/留人不/留”,也可以处理为“下雨天留客/天留人不留”。

(2)停顿的表现

① 落停缓收,是在一句话、一个层次或一篇文章结束后使用的停顿方式。内容需至此处收住,而声音也要处于落式放下来,然后缓缓收住,气息也正好在落时用完,停的时间稍长,这适合于整段话的结尾。落停一般用于较平稳、松弛的内容,这种情况下的落停一般是缓缓收住的。例如:

春天的脚步近了。

② 扬停强收,一般呈上扬趋势的语句差不多都用强收。

我常想读书人是世间幸福人,因为他除了拥有现实的世界之外,还拥有另一个更为浩瀚也更为丰富的世界。现实的世界是人人都有的,而后一个世界却为读书人所独有。由此我想,那些失去或不能阅读的人是多么的不幸,他们的丧失是不可补偿的。世间有诸多的不平等,财富的不平等,权力的不平等,而阅读能力的拥有或丧失却体现为精神的不平等。

【训练方法】

口语表达中,停顿与重音往往是配合运用的。因此,停顿的训练也可以结合重音的训练方法来进行，即同样分两步进行：首先，以朗读作品为材料，以语句、语段为单位来判断停顿的位置；继而进行停顿的表达训练。

在朗读作品时能比较准确地把握位置与表达技巧的基础上，可以通过普通话水平测试中的话题进行一分钟内的说话练习，重点训练停顿的表达技巧。

同样，这种训练方法体现了由易到难的层级性：从最初的有材料训练到后来的无材料训练，以期逐渐培养学生口头表达中的停顿习惯，为后面教学案例中教师口语的综合训练和检测做准备。

【训练材料】

（1）普通话水平测试朗读作品（或自选文章）。

（2）普通话水平测试说话话题（或自定主题）。

2. 语速

【训练要领】

语速就是说话的速度，具体指单位时间里所说的字数（或音节），表现为快与慢。语速是口语交际中节奏形成的主要标志。口头言语速度一般分为：慢语速，每分钟150个音节以下；舒缓语速，每分钟180—200个音节；中等语速，每分钟230个音节左右；较快语速，每分钟250—300个音节；快语速，每分钟300个音节以上。口语交际中，语速快慢的把握与要传达的思想感情色彩密切相关。一般来说，表示激动、惊喜、愤怒等感情要加快速度；表示思索、爱慕、痛苦等感情要放慢速度。此外，语速的快慢与说话人的年龄、个性、身份、地位以及交际对象也有关系。一般来说，年龄大、性格内向、地位高的人语速较慢。总体来看，日常说话的语速较快，而表演艺术或演讲的语速较慢。中央电视台新闻播音为每分钟240—270个音节，属于较快语速；人们日常朗读文章大约每分钟220个音节，属于中等语速；年轻人平均每分钟350个音节，语速偏快；老年人平均每分钟100个音节，属于慢语速。日常言语交际中，太快或太慢的语速都不是合适的速度，应根据说话场合和表达内容来确定合适的具体语速。语速通常是变化的，有时快，有时慢，但每个人都有一个惯常使用的语速，它表现为一个人说话的习惯。语速也与人的思维关系密切，思维敏捷则语速快，思维迟缓则语速慢。

教师口语表达中应讲究语速，重点把握三条原则：一是视教学对象而定语速；二是视教学内容而定语速；三是要注意急缓相间，富于变化。这表明，教师在课堂教学中语速的选择不是纯粹的个人选择，不能仅凭个人的说话习惯随性而说，而是应从教师的职业特点和教育规律来斟酌而定，有其规范性和审美性。具体说，首先要考虑教学对象，一般地，教学对象年龄越小，接受能力越弱，则语速越慢。所以，幼儿教师的语速比小学教师慢，小学教师的语速比中学教师慢，中学教师的语速比大学教师慢。大学教师因教学对象已是成人，其思维发展水平较高，所以授课语速基本上可接近于日常交谈语速。其次要考虑教学内容，从知识层面上看，教学内容比较新、比较难、比较重要，讲授语速要慢一些，以利于学生接受；从情感层面上看，教学内容愉悦、欢快的要比沉重、痛苦的讲授语速快，这与人的内心节奏是一致的。最后，也是比较重要但往往被忽略的一点，即教师口语的语速应有变化。缺少变化的语速容易使人产生困倦感，特别是在课堂教学中，一堂课四十多分钟要高度集中注意力，很大程度上依赖教师语速的变化来增强口语效果，产生较强的艺术感染力。总之，教师口语的语速一般以正常语速为主，间或可有超常语速（过快或过慢）作为调节。教师的语速与学生接收、处理信息的速度同步，就是合理的语速。同时，评判教师是在背诵还是讲述，重要的一点就是看其语速是否有变化。

【训练方法】

语速的训练重在变化，而变化的依据是教学对象和教学内容。在训练中可分诊断、纠正和强化三步走。

（1）诊断

可组织同学分别以两两对话和个人朗读、说话的方式进行录音，进而通过分析录音来诊断自己的语速属于过快还是过慢型，同时诊断在交谈和独立表达中语速是否有变化，从中确认自己的问题所在。

（2）纠正

每人针对各自问题进行纠正训练，具体可通过从朗读到说话的方式进行。

朗读训练中，可先分析作品内在的思想感情，以确定朗读文章时的语速变化。然后通过计时朗读、录音等方式，来监测自己的语速变化，逐步进行调整，最终达成语速与内心情感的一致。材料可选自普通话水平测试的40篇朗读作品。

说话训练主要通过录音和小组听辨反馈的方式进行，既可以从听者的评价中获取反馈来调整，也可以从录音的自我监听中来检验语速是否与自我内心情感一致。材料可选自普通话水平测试的30个话题。

（3）强化

在前两步的基础上进行即性表达的训练，重点强化语速的调控。以面向全班同学独立表达一到三分钟的形式，即时监听自己的语速，同时关注听众的反应并作出调整。

因为是一对多的当众表达，虽然训练的重点是语速，但必然会受到心理素质的影响，所以训练要循序渐进，可以在第二步的基础上扩展，如把小组里进行的话题说话内容，延续到这一步来面向全班进行。同时通过录音反馈、同学互评、自我监测来不断强化自己的语速把控能力。

对于能力较强的同学，可以临时自选话题与大家自由分享，在边想边说的过程中调控语速，也可选择一些教学片段进行教学语速训练，为后面的综合训练奠定基础。

【训练材料】

难忘的八个字

随着年龄的增长，我发觉自己越来越与众不同。我气恼，我愤恨——怎么会一生下来就是裂唇！我一跨进校门，同学们开始讥嘲我。我心里很清楚，对别人来说我的模样令人厌恶：一个小女孩，长着一副畸形难看的嘴唇，弯曲的鼻子，倾斜的牙齿，说起话来还结巴。同学们问我：“你嘴巴怎么变成这样？”我撒谎说小时候摔了一跤，给地上的碎玻璃割破了。我觉得这样说，比告诉他们我生来就是兔唇要好受点。我越来越敢肯定：除了家里人以外，没有人会爱我，甚至没人会喜欢我。

二年级时，我被分进了老师伦纳德夫人的班级。伦纳德夫人很胖、很美、温馨可爱。

她有着金闪闪的头发和一双黑黑的、笑眯眯的眼睛。每个孩子都喜欢她、敬慕她。但是，没有一个人比我更爱她。因为这里有个很不一般的缘故——我们低年级同学每年都有“耳语测验”。孩子们依次走进教室的门边，用右手捂着右边耳朵，然后老师在讲台上轻轻说一句话，再由那个孩子把话复述出来。可我的左耳朵先天失聪，几乎听不见任何声音，我不愿把这事说出来，因为同学们会更加嘲笑我的。不过我有办法对付这种“耳语测验”。早在幼儿园做游戏时，我就发现没人看你是否真正捂住了耳朵，他们只注意你重复的话对不对。所以每次我都假装用手盖紧耳朵。这次，和往常一样，我又是最后一个。每个孩子都兴高采烈，因为他们的“耳语测验”做得挺好。我心想老师会说什么呢？以前，老师们一般总是说“天是蓝色的”或者“你有没有一双新鞋”，等等。终于轮到我了，我把左耳对着伦纳德老师，同时用右手紧紧捂住了右耳。然后，悄悄把右手抬起一点，这样就足以听清老师的话了。我等待着……然后，伦纳德老师说了八个字抚慰了我受伤的、幼小的心灵，这八个字改变了我对人生的看法。这位很胖、很美、温馨可爱的老师轻轻说道：“我希望你是我女儿！”

二、多项综合训练

这里的多项综合训练即语调的综合训练，具体说就是在口语表达中综合运用停顿、重音、句调、语速、音量调节等语音技巧。单项分解训练是为多项综合训练服务的，即分解训练是为了达成口语表达中的综合运用。这也表明，在实际口语运用中是很难把语调的各个组成要素分解开的。因此，多项综合运用才是语调训练的根本目标。作为教师口语表达的训练，这里的多项综合训练更应侧重体现教师的职业特点，故而训练内容及材料会更多以课堂教学片段案例的形式呈现。

【训练要领】

教师口语表达中的语调训练的主要目的是展现教师口语的科学性与情感性，即要通过丰富的语调变化来明确表达意义和情感。如通过停顿、重音的处理，使得话语意义能够准确传达，确保教师口语表达的科学性；同时也可以通过轻重、快慢交替形成的节奏，来传达教师口语的内在情绪、情感。

【训练方法】

由易到难，可先从朗读与说话训练入手，然后结合课堂教学的不同环节进行训练。

课堂教学一般分为导入、讲授讨论、小结三大环节，其中导入与小结多以教师的独立表达为主，具有相对固定的模式。可选用一些优秀教案中的导入语、总结语进行模拟训练。

【训练材料】

1. 普通话水平测试朗读作品（或自选文章）。

2. 普通话水平测试说话话题（或自定主题）。

注意：这里的朗读与说话训练要求有别于前面仅侧重语调某一构成要素的训练，而是就语调进行的整体训练。

3. 自选各学段各学科优秀教案。

推荐教案资源网站：

语文备课大师 http://www.xiexingcun.com/

数学备课大师 http：//www.eywedu.net/

幼教网 http：//www.youjiao.com/

第二节 语　　气

➢ 理论简介

何谓语气？《现代汉语词典》中有两个义项，一是说话的口气，一是表示陈述、疑问、祈使、感叹等分别的语法范畴。《辞海》中定义为：通过一定的语法形式表示说话人对行为动作的态度，如陈述语气、祈使语气、虚拟语气。现代汉语用语气助词“的”、“了”、“吗”、“呢”等和语调表示各种语气。不难看出，以上解释涵盖了语法中的语气和口语中的语气两个概念，但无论哪一种语气，它都与感情态度有关。

本教材谈论的主要是口语表达中的语气，即“说话的口气”，它具体来说是指思想感情运动状态支配下语句的声音形式。在这里，语气首先是一种声音形式，但它不是简单的声音，而是能传递情感态度的声音，即语气由两方面构成：一定的具体的思想感情和一定的具体的声音形式。二者之间相辅相成，前者决定后者，后者对前者有反作用。也就是说，思想感情不同导致声音形式的变化，而恰当的声音形式将利于准确体现思想感情的运动状态，不恰当的声音形式则不利于思想感情的准确体现。因此，口语表达中运用语气技巧时，需要把握好这两方面的关系。具体可以从以下三个方面来把握口语中的语气：1. 具体的思想感情是语气的灵魂，它在语气中处于支配地位。可以说，没有思想感情就没有语气可言。2. 具体的声音形式是语气的躯体，具体的思想感情只有通过具体的声音形式才得以表现。3. 语气以句子为单位，它存在于一个个句子中。这表明在处理语气的声音形式时不能断章取义，即不能以具体的一个个字来决定语气——望字生情，而应该以句子为单位整体把握语气。

具体的思想感情包含两个方面的内容：一是语气的感情色彩，一是语气的分量。语气的感情色彩主要是指语句所包含的是非和爱憎：是非指态度方面的具体性质，是赞扬、支持、亲切、活泼，还是批评、反对、严肃、郑重，等等；爱憎指感情方面的具体性质，是喜悦、热爱、焦急，还是悲伤、憎恨、冷漠，等等。口语表达中对语气色彩的把握要做到准确贴切，丰富细腻。特别是以教书育人为职业的教师，在课堂教学中的口语表达更应注意语气色彩的把握，毕竟教学即交往，师生间在教、学文化知识的同时，更是存在着思想感情的交流与相互影响。语气的分量是指在把握语气感情色彩的基础上，区分是非、爱憎的不同分寸的“度”。强调语气的分量，就是要掌握语气感情的分寸、火候，表达时不温不火、恰到好处。

语气的声音形式主要由气息状态、口腔状态和声音各要素构成，通过气息的深浅、强弱，口腔的松紧、开合，吐字力度的大小，声音的高低、强弱、长短和音色等要素的变化而形成不同的声音形式，进而传达出不同的思想感情。目前，播音学方面的研究概括出十种基本的声音形式，它们分别是：爱，气徐声柔；憎，气足声硬；悲，气沉声缓；喜，气满声高；惧，气提声凝；急，气短声促；冷，气少声平；怒，气粗声重；疑，气细声黏；欲，气多声放。通过训练掌握这十种基本声音形式，有助于口语表达中的以声传情，特别是在教师口语表达中通过声音形式来传递情感更是当下许多教师急需提高的技能。

➤ 技能训练

一、单项分解训练

【训练要领】

（一）爱的语气：气徐声柔

传达爱的语气时，其声音形式往往是气徐声柔的，具体表现为口腔宽松，自然张合，气息充盈徐徐放出，声音上比较柔和，即音高中等，音强偏弱。总体来说，就是口腔宽松，气息深长，营造一种温柔感。如：

多可爱的小猫啊！

这位很胖、很美、温馨可爱的老师轻轻说道："我希望你是我女儿！"

（二）憎的语气：气足声硬

憎恨是一种蕴含厌恶痛恨感情态度的语气，可通过气足声硬的声音形式来体现，具体说，就是口腔紧窄，气息猛塞，有一种挤压感，即气息运足，但不让它顺畅发出，而是通过口腔变紧变窄让气流受阻塞、挤压，同时唇舌用力，让声音传达出一种咬牙切齿的感觉。如：

大黄蜂这贼最恶，常常落在蜜蜂窝洞口，专干坏事。

"住嘴。"嘴咆哮起来，"懒惰的东西，你以为我是傻瓜吗？我不会以实际行动来抗议吗？你等着吧！"

（三）悲的语气：气沉声缓

这是一种蕴含痛苦、悲伤等情感态度的语气，可以通过气沉声缓的声音形式来体现。具体表现为口腔如负重，气息如尽竭，有迟滞感，即口腔的开合因内心的痛苦而变得沉重，气息也因苦痛的折磨而变得若有若无，最终声音的发出因气息的不足而时断时续，产生一种凝重感，传达出内心的悲哀。如：

——她死了，在旧年的大年夜冻死了。

读小学的时候，我的外祖母去世了。外祖母生前最疼爱我。我无法排除自己的忧伤，每天在学校的操场上一圈又一圈地跑着，跑得累倒在地上，扑在草坪上痛哭。

（四）喜的语气：气满声高

这是一种蕴含高兴快乐的语气，所谓人逢喜事精神爽，同样在声音上也会有所反映，可通过气满声高的声音形式来体现。具体说，就是气息饱满而上扬，口腔似千里行舟，气息似不绝清流，唇舌轻弹，气流轻快，声音富有弹性，呈现一种跳跃感。如：

"爸，谢谢您。"孩子高兴地从枕头下拿出一些被弄皱的钞票，慢慢地数着。

女士们，先生们，当阳光以饱满的激情拥抱泥土，当雨水以甘甜的声音呼唤禾苗，又一度春风临界,我们迎来高先生和林小姐的新婚大喜。

（五）惧的语气：气提声凝

这是一种蕴含恐惧、害怕等情感态度的语气,可通过气提声凝的声音形式来体现。具体说,就是口腔像冰封,气息像倒流,有紧缩感,即发音时口腔稍紧,气息倒吸,声音紧缩,这样的声音形式可以形象地传达人们在感到害怕时那种全身收紧、倒吸一口凉气的真实反应。如：

"哦,"小孩儿低下了头,接着又说,"爸,可以借我十美金吗?"

等他们走后,我惊慌失措地发现,再也找不到回家的那条孤寂的小道了。

（六）急的语气：气短声促

这是一种蕴含焦急、紧迫等情感态度的语气,可通过气短声促的声音形式来体现。具体说,就是口腔似弓弦,气息如穿梭,有种急迫感,口腔随着短促而频繁穿梭的气息灵活开合,声音因气息的短促而音长缩短,或者随气息的弱化而音强变弱。这样的声音形式也切合了人们内心焦急情感的生理反应。如：

快,快,敌人马上追上来了!

不好了! 不好了! 出大事了!

忽然,从附近一棵树上飞下一只黑胸脯的老麻雀,像一颗石子似的落到了狗的跟前。

（七）冷的语气：气少声平

这是一种蕴含冷淡、冷漠等情感态度的语气,可以通过气少声平的声音形式来体现。具体说,就是口腔松懒,气息量少,声音平淡,营造一种冷寂感。如：

哼! 不要做出那难看的样子吧,我确实一个铜板也没有……

我们没什么可谈的了,结束吧。

（八）怒的语气：气粗声重

这是一种蕴含生气、愤怒等感情态度的语气,可通过气粗声重的声音形式来体现。具体说,就是口腔如鼓,气息如椽,有震动感,即发声时,口腔唇舌用力,气息量大而粗重,增强声音的音强,营造出一种怒气冲冲的直观感受。如：

爸听了便叫嚷道:"你以为这是什么车? 旅游车?"

父亲发怒了:"如果你只是要借钱去买毫无意义的玩具的话,给我回到你的房间睡觉去。好好想想为什么你会那么自私。我每天辛苦工作,没时间和你玩小孩子的游戏。"

（九）疑的语气：气细声黏

这是一种蕴含怀疑、疑惑等情感态度的语气,可通过气细声黏的声音形式来体现。具体说,就是口腔欲松还紧,气息欲连还断,在声音上营造一种犹豫感。如：

奇怪啊,怎么楼前凭空涌起那么多黑黝黝的小山,一重一重的,起伏不断?

于是他穿过大街小巷,不停地思考:人们会有什么难题? 他又如何利用这个机会?

突然,狗放慢脚步,蹑足潜行,好像嗅到了前边有什么野物。

(十)欲的语气:气多声放

这是一种蕴含希望、愿望等情感态度的语气,可通过气多声放的声音形式来体现。具体说,就是口腔积极敞开,气息力求畅达,声音上营造一种伸张感。如:

我有权利去启发诱导,去激发智慧的火花,去问费心思考的问题,去赞扬回答的尝试,去推荐书籍,去指点迷津。还有什么别的权利能与之相比呢?

让暴风雨来得更猛烈些吧!

【训练方法】

首先要明确,在实际的口语表达中不存在绝对的单一语气,之所以总结出十种基本的语气声音形式,完全是出于训练教学的需要。因此,这里进行的语气单项训练也只是相对而言的,目的是让学生可以具体感知并把握语气的表达方式,最终目标还是多种声音形式的综合运用。

具体训练方法必须遵循“内在的思维感情是语气的灵魂”这一总体原则,在强调训练中要调动内心情感的基础上,再进行声音形式方面的训练。基本步骤如下:

1. 出示例句。以教师示范或听录音的方式,让学生先感知某种语气的发声特点,然后让学生跟读例句。

2. 逐句朗读以体会句子的具体思想感情,并尝试通过不同的声音形式来传达。

【训练材料】

1. 普通话水平测试朗读作品(或自选文章)。

2. 普通话水平测试说话话题(或自定主题)。

二、多项综合训练

在口语交际中没有单纯的某一种声音形式,基本上都是多种声音形式的综合使用,但为了教学的方便,可以划分出语气的基本声音形式,并在训练中从单项分解到多项综合循序渐进地进行,最终达成能够自如运用声音形式、准确表达内在思想感情的口语表达效果。

【训练目标】

以说话的方式进行综合训练,检测是否能够准确自然地呈现不同的语气。

【训练要领】

十种基本语气的声音形式在口语表达中常常综合运用,以体现复杂的思想情感,但也往往能反映一定的情感走向,如正面的或是反面的,亲切的或是严肃的。

【训练方法】

由易到难,可先从朗读与说话训练入手,然后结合课堂教学的不同环节进行训练。

课堂教学一般分为导入、讲授讨论、小结三个环节,其中导入与小结多以教师的独立表达为主,具有相对固定的模式。可选用一些优秀教案中的导入语、总结语进行模拟训练，重点关注语气的把控。

【训练材料】

1. 普通话水平测试朗读作品（或自选文章）。

2. 普通话水平测试说话话题（或自定主题）。

3. 自选各学段各学科优秀教案。

推荐教案资源网站：

语文备课大师 http：//www.xiexingcun.com/

数学备课大师 http：//www.eywedu.net/

幼教网 http：//www.youjiao.com/

➢ 技能检测

通过副语言的调控训练，在具备清晰、准确的发音能力基础上，能够灵活运用语气、语调来表情达意。可通过朗读、说话及教学片段等方式，由易到难地来检测学生的语音调控能力。

【检测方法】

1. 随意抽取朗读篇目，检测学生合理运用语气、语调的能力（也可以用讲故事的方式进行检测）。

2. 自选或自写一份教案，模拟教学片段，检测学生的副语言调控能力，是否能做到抑扬顿挫、富感染力。

【检测材料】

可自行从推荐的网站上选取，这里仅列举故事材料两则。

猴子吃西瓜

猴王找到个大西瓜，可是怎么吃呢？这个猴王可从来没有吃过西瓜。忽然他想出一条妙计，于是就把所有的猴子都召集起来，对大家说："今天我找到一个大西瓜，这个西瓜的吃法嘛，我是全知道的，不过我要考验一下你们的智慧，看你们谁能说出西瓜的吃法，要是说对了，我可以多赏他一份儿；要是说错了，我可要惩罚他。"小毛猴一听，搔了搔腮说："我知道，吃西瓜是吃瓤的。"猴王刚想同意，一个短尾巴猴说："不对，我不同意小毛猴的意见！我清清楚楚记得我和我爸爸到姑妈家去的时候，吃过甜瓜，吃甜瓜是吃皮的，我想西瓜是瓜，甜瓜也是瓜，当然该吃皮啦！"大家一听，有道理。可是到底是谁对呢？于是大家不由得把眼光集中到一只老猴身上，老猴一看，觉得出头露面的机会来了，就清了清嗓子说道："吃西瓜嘛，当然……是吃皮啦。我从小就吃西瓜，而且一直吃皮，我想我之所以老而不死，也正是吃了西瓜皮的缘故！"

有些猴子早就等急了，一听老猴子也这么说，就跟着嚷起来："对，吃西瓜吃皮！""吃西瓜吃皮！"猴王一看，认为自己已经找到了正确的答案，就向前跨了一步，说："对！大家说得很对，吃西瓜是吃皮！哼，就是小毛猴崽子说吃瓤，那就让他一个人吃去，咱们大家都吃西瓜皮！"于是把西瓜切开，小毛猴吃瓤，大伙儿共分西瓜皮。

有个猴子吃了两口，捅了捅旁边的猴子说："哎，我说这可不是滋味呀！"

"咳？老弟，我常吃西瓜，西瓜嘛，就这味儿……"

两只笨狗熊

狗熊妈妈有两个孩子，一个叫大黑，一个叫小黑。他们长得挺胖，可是都很笨，是两只笨狗熊。有一天，天气很好，哥儿俩手拉着手一起出去玩儿。他们走着，走着，忽然看见路边有一块很大很大的干面包，捡起来闻闻，嘿，喷喷香。可是只有一块面包，两只小狗熊怎么吃呢？大黑怕小黑多吃一点，小黑也怕大黑多吃一点。这可不好办哪！

大黑说："咱们分了吃，可要分得公平，我的不能比你的小。"

小黑说："对，要分得公平，你的不能比我的大。"

哥儿俩正闹着呢，狐狸大婶来了，她看见干面包，眼珠骨碌碌一转，说："噢，你们是怕分得不公平吧？来，让大婶给你们分！"哥儿俩高兴地说："好，好，咱们让狐狸大婶来分！"

狐狸大婶接过干面包，恨不得一口吞下去，可是她没有这样做。她把干面包一下子掰成两半。哥儿俩一看，连忙叫起来："不行！不行！一块大，一块小。"

狐狸大婶说："你们别着急呀！瞧，这一块大一点儿的，我咬它一口。"狐狸大婶张开大嘴，"啊呜"咬了一口。哥儿俩一看，又叫了起来："不行！不行！这块大一点儿的被你一咬，又变成小的了。"

狐狸大婶说："哎呀，你们急什么呀！那块大了，我再咬它一口吧。"狐狸大婶张开大嘴，"啊呜"又咬了一口。哥儿俩一看，急得大叫起来，"那块大的被你咬了一口，又变成小的了。"

狐狸大婶就这样这块咬一口，那块咬一口，干面包只剩下小手指头那么一点儿了。她把一丁点儿大的干面包分给大黑和小黑，说："现在两块干面包都一样大小了，吃吧，吃吧，吃得饱饱的。"

大黑和小黑你看看我，我看看你，一句话也说不出来了。

附：普通话测试朗读作品

作品1号

那是力争上游的一种树，笔直的干，笔直的枝。它的干呢，通常是丈把高，像是加以人工似的，一丈以内，绝无旁枝；它所有的丫枝呢，一律向上，而且紧紧靠拢，也像是加以人工似的，成为一束，绝无横斜逸出；它的宽大的叶子也是片片向上，几乎没有斜生的，更不用说倒垂了；它的皮，光滑而有银色的晕圈，微微泛出淡青色。这是虽在北方的风雪的压迫下却保持着倔强挺立的一种树！哪怕只有碗来粗细罢，它却努力向上发展，高到丈许，二丈，参天耸立，不折不挠，对抗着西北风。

这就是白杨树，西北极普通的一种树，然而决不是平凡的树！

它没有婆娑的姿态，没有屈曲盘旋的虬枝，也许你要说它不美丽，——如果美是专指"婆娑"或"横斜逸出"之类而言，那么白杨树算不得树中的好女子；但是它却是伟岸，正直，朴质，严肃，也不缺乏温和，更不用提它的坚强不屈与挺拔，它是树中的伟丈夫！当你在积雪初融的高原上走过，看见平坦的大地上傲然挺立这么一株或一排白杨树，难道你觉得树只是树？难道你就不想到它的朴质，严肃，坚强不屈，至少也象征了北方的农民？难道你竟一点也不联想到，在敌后的广大土地上，到处有坚强不屈，就像这白杨树一样傲然挺立的守卫他们家乡的哨兵？难道你又不更远一点想到这样枝枝叶叶靠紧团结，力求上进的白杨树，宛然象征了今天在华北平原纵横决荡用血写出新中国历史的那种精神和意志？

——节选自茅盾《白杨礼赞》

作品2号

两个同龄的年轻人同时受雇于一家店铺，并且拿同样的薪水。可是一段时间后，叫阿诺德的那个小伙子青云直上，而那个叫布鲁诺的小伙子却仍在原地踏步。布鲁诺很不满意老板的不公正待遇。终于有一天他到老板那儿发牢骚了。老板一边耐心地听着他的抱怨，一边在心里盘算着怎样向他解释清楚他和阿诺德之间的差别。

“布鲁诺先生，”老板开口说话了，“您现在到集市上去一下，看看今天早上有什么卖的。”布鲁诺从集市上回来向老板汇报说，今早集市上只有一个农民拉了一车土豆在卖。“有多少？”布鲁诺赶快戴上帽子又跑到集上，然后回来告诉老板一共四十袋土豆。“价格是多少？”布鲁诺又第三次跑到集上问来了价格。“好吧，”老板对他说，“现在请您坐到这把椅子上一句话也不要说，看看阿诺德怎么说。”

阿诺德很快就从集市上回来了。向老板汇报说到现在为止只有一个农民在卖土豆，一共四十口袋，价格是多少多少，土豆质量很不错，他带回来一个让老板看看。这个农民一个钟头以后还会弄来几箱西红柿，据他看价格非常公道。昨天他们铺子的西红柿卖得很快，库存已经不多了。他想这么便宜的西红柿，老板肯定会要进一些的，所以他不仅带回了一个西红柿做样品，而且把那个农民也带来了，他现在正在外面等回话呢。

此时老板转向了布鲁诺，说：“现在您肯定知道为什么阿诺德的薪水比您高了吧！”

——节选自[德]布鲁德·克里斯蒂安森，华霞译《差别》

作品3号

我常常遗憾我家门前的那块丑石呢：它黑黝黝地卧在那里，牛似的模样；谁也不知道是什么时候留在这里的，谁也不去理会它。只是麦收时节，门前摊了麦子，奶奶总是要说：这块丑石，多碍地面哟，多时把它搬走吧。

它不像汉白玉那样的细腻，可以凿下刻字雕花，也不像大青石那样的光滑，可以供来浣纱捶布；它静静地卧在那里，院边的槐荫没有庇覆它，花儿也不再在它身边生长。荒草便繁衍出来，枝蔓上下，慢慢地，竟锈上了绿苔、黑斑。我们这些做孩子的，也讨厌起它来，曾合伙要搬走它，但力气又不足；虽时时咒骂它，嫌弃它，也无可奈何，只好任它留在那里去了。

终有一日，村子里来了一个天文学家。他在我家门前路过，突然发现了这块石头，眼光立即就拉直了。他再没有走去，就住了下来；以后又来了好些人，说这是一块陨石，从天上落下来已经有二三百年了，是一件了不起的东西。不久便来了车，小心翼翼地将它运走了。

这使我们都很惊奇！这又怪又丑的石头，原来是天上的呢！它补过天，在天上发过热，闪过光，我们的先祖或许仰望过它，它给了他们光明，向往，憧憬；而它落下来了，在污土里，荒草里，一躺就是几百年了！

我感到自己的可耻，也感到了丑石的伟大；我甚至怨恨它这么多年竟会默默地忍受着这一切，而我又立即深深地感到它那种不屈于误解、寂寞的生存的伟大。

——节选自贾平凹《丑石》

作品4号

在达瑞八岁的时候，有一天他想去看电影。因为没有钱，他想是向爹妈要钱，还是自己挣钱。最后他选择了后者。他自己调制了一种汽水，向过路的行人出售。可那里正是寒冷的冬天，没有人买，只有两个人例外——他的爸爸和妈妈。

他偶然有一个和非常成功的商人谈话的机会。当他对商人讲述了自己的“破产史”后，商人给了他两个重要的建议：一是尝试为别人解决一个难题，二是把精力聚焦在你知道的、你会的和你拥有的东西上。

这两个建议很关键。因为对于一个八岁的孩子而言，他不会做的事情很多。于是他穿过大街小巷，不住地思考：人们会有什么难题？他又如何利用这个机会？

一天，吃早饭时父亲让达瑞去取报纸。美国的送报员总是把报纸从花园篱笆的一个特制的管子里塞进来。假如你想穿着睡衣舒舒服服地吃早饭和看报纸，就必须离开温暖的房间，冒着寒风，到花园去取。虽然路短，但十分麻烦。

当达瑞为父亲取报纸的时候，一个主意诞生了。当天他就按响邻居的门铃，对他们说，每个月只需付给他一美元，他就每天早上把报纸塞到他们的房门底下。大多数人都同意了，很快他有了七十多个顾客。一个月后，当他拿到自己赚的钱时，觉得自己简直是飞上了天。

很快他又有了新的机会，他让他的顾客每天把垃圾袋放在门前，然后由他早上运到垃圾桶里，每个月加一美元。之后他还想出了许多孩子赚钱的办法，并把它集结成书，书名为《儿童挣钱的二百五十个主意》。为此，达瑞十二岁时就成了畅销书作家，十五岁有了自己的谈话节目，十七岁就拥有了几百万美元。

——节选自[德] 博多·费舍尔，刘志明译《达瑞的故事》

作品5号

这是入冬以来，胶东半岛上第一场雪。

雪纷纷扬扬，下得很大。开始还伴着一阵儿小雨，不久就只见大片大片的雪花，从彤云密布的天空中飘落下来。地面上一会儿就白了。冬天的山村，到了夜里就万籁俱寂，只听得雪花簌簌地不断往下落，树木的枯枝被雪压断了，偶尔咯吱一声响。

大雪整整下了一夜。今天早晨，天放晴了，太阳出来了。推开门一看，嗬！好大的雪啊！山川、河流、树木、房屋，全都罩上了一层厚厚的雪，万里江山，变成了粉妆玉砌的世界。落光了叶子的柳树上挂满了毛茸茸亮晶晶的银条儿；而那些冬夏常青的松树和柏树上，则挂满了蓬松松沉甸甸的雪球儿。一阵风吹来，树枝轻轻地摇晃，美丽的银条儿和雪球儿簌簌地落下来，玉屑似的雪末儿随风飘扬，映着清晨的阳光，显出一道道五光十色的彩虹。

大街上的积雪足有一尺多深，人踩上去，脚底下发出咯吱咯吱的响声。一群群孩子在雪地里堆雪人，掷雪球，那欢乐的叫喊声，把树枝上的雪都震落下来了。

俗话说，“瑞雪兆丰年”。这个话有充分的科学根据，并不是一句迷信的成语。寒冬大雪，可以冻死一部分越冬的害虫；融化了的水渗进土层深处，又能供应庄稼生长的需要。我相信这一场十分及时的大雪，一定会促进明年春季作物，尤其是小麦的丰收。有经验的老农把雪比做是“麦子的棉被”。冬天“棉被”盖得越厚，明春麦子就长得越好，所以又有这样一句谚语：“冬天麦盖三层被，来年枕着馒头睡。”

我想，这就是人们为什么把及时的大雪称为“瑞雪”的道理吧。

——节选自峻青《第一场雪》

作品6号

我常想读书人是世间幸福人，因为他除了拥有现实的世界之外，还拥有另一个更为浩瀚也更为丰富的世界。现实的世界是人人都有的，而后一个世界却为读书人所独有。由此我想，那些失去或不能阅读的人是多么的不幸，他们的丧失是不可补偿的。世间有诸多的不平等，财富的不平等，权力的不平等，而阅读能力的拥有或丧失却体现为精神的不平等。

一个人的一生，只能经历自己拥有的那一份欣悦，那一份苦难，也许再加上他亲自闻知的那一些关于自身以外的经历和经验。然而，人们通过阅读，却能进入不同时空的诸多他人的世界。这样，具有阅读能力的人，无形间获得了超越有限生命的无限可能性。阅读不仅使他多识了草木虫鱼之名，而且可以上溯远古下及未来，饱览存在的与非存在的奇风异俗。

更为重要的是，读书加惠于人们的不仅是知识的增广，而且还在于精神的感化与陶冶。人们从读书学做人，从那些往哲先贤以及当代才俊的著述中学得他们的人格。人们从《论语》中学得智慧的思考，从《史记》中学得严肃的历史精神，从《正气歌》中学得人格的刚烈，从马克思学得人世的激情，从鲁迅学得批判精神，从托尔斯泰学得道德的执着。歌德的诗句刻写着睿智的人生，拜伦的诗句呼唤着奋斗的热情。一个读书人，一个有机会拥有超乎个人生命体验的幸运人。

——节选自谢冕《读书人是幸福的人》

作品7号

一天，爸爸下班回到家已经很晚了，他很累也有点儿烦，他发现五岁的儿子靠在门旁正等着他。

“爸,我可以问您一个问题吗?”

“什么问题?”“爸,您一小时可以赚多少钱?”“这与你无关,你为什么问这个问题?”父亲生气地说。

“我只是想知道,请告诉我,您一小时赚多少钱?”小孩儿哀求道。“假如你一定要知道的话,我一小时赚二十美金。”

“哦,”小孩儿低下了头,接着又说,“爸,可以借我十美金吗?”父亲发怒了:“如果你只是要借钱去买毫无意义的玩具的话,给我回到你的房间睡觉去。好好想想为什么你会那么自私。我每天辛苦工作,没时间和你玩儿小孩子的游戏。”

小孩儿默默地回到自己的房间关上门。

父亲坐下来还在生气。后来,他平静下来了。心想他可能对孩子太凶了——或许孩子真的很想买什么东西,再说他平时很少要过钱。

父亲走进孩子的房间:“你睡了吗?”“爸,还没有,我还醒着。”孩子回答。

“我刚才可能对你太凶了,”父亲说,“我不应该发那么大的火儿——这是你要的十美金。”

“爸,谢谢您。”孩子高兴地从枕头下拿出一些被弄皱的钞票,慢慢地数着。

“为什么你已经有钱了还要?”父亲不解地问。

“因为原来不够,但现在凑够了。”孩子回答,“爸,我现在有二十美金了,我可以向您买一个小时的时间吗?明天请早一点儿回家——我想和您一起吃晚餐。”

——节选自唐继柳编译《二十美金的价值》

作品8号

我爱月夜,但我也爱星天。从前在家乡七八月的夜晚在庭院里纳凉的时候,我最爱看天上密密麻麻的繁星。望着星天,我就会忘记一切,仿佛回到了母亲的怀里似的。

三年前在南京我住的地方有一道后门,每晚我打开后门,便看见一个静寂的夜。下面是一片菜园,上面是星群密布的蓝天。星光在我们的肉眼里虽然微小,然而它使我们觉得光明无处不在。那时候我正在读一些关于天文学的书,也认得一些星星,好像它们就是我的朋友,它们常常在和我谈话一样。

如今在海上,每晚和繁星相对,我把它们认得很熟了。我躺在舱面上,仰望天空。深蓝色的天空里悬着无数半明半昧的星。船在动,星也在动,它们是这样低,真是摇摇欲坠呢!渐渐地我的眼睛模糊了,我好像看见无数萤火虫在我的周围飞舞。海上的夜是柔和的,是静寂的,是梦幻的。我望着那许多认识的星,我仿佛看见它们在对我眨眼,我仿佛听见它们在小声说话。这时我忘记了一切。在星的怀抱中我微笑着,我沉睡着。我觉得自己是一个小孩子,现在睡在母亲的怀里了。

有一夜,那个在哥伦波上船的英国人指给我看天上的巨人。他用手指着:那四颗明亮的星是头,下面的几颗是身子,这几颗是手,那几颗是腿和脚,还有三颗星算是腰带。经他这一番指点。我果然看清楚了那个天上的巨人。看,那个巨人还在跑呢!

——节选自巴金《繁星》

作品9号

假日到河滩上转转，看见许多孩子在放风筝。一根根长长的引线，一头系在天上，一头系在地上，孩子同风筝都在天与地之间悠荡，连心也被悠荡得恍恍惚惚了，好像又回到了童年。

儿时放的风筝，大多是自己的长辈或家人编扎的，几根削得很薄的篾，用细纱线扎成种种鸟兽的造型，糊上雪白的纸片，再用彩笔勾勒出面孔与翅膀的图案。通常扎得最多的是“老雕”、“美人儿”、“花蝴蝶”等。

我们家前院就有位叔叔，擅扎风筝，远近闻名。他扎得风筝不只体形好看，色彩艳丽，放飞得高远，还在风筝上绷一叶用蒲苇削成的膜片，经风一吹，发出“嗡嗡”的声响，仿佛是风筝的歌唱，在蓝天下播扬，给开阔的天地增添了无尽的韵味，给驰荡的童心带来几分疯狂。

我们那条胡同的左邻右舍的孩子们放的风筝几乎都是叔叔编扎的。他的风筝不卖钱，谁上门去要，就给谁，他乐意自己贴钱买材料。

后来，这位叔叔去了海外，放风筝也渐与孩子们远离了。不过年年叔叔给家乡写信，总不忘提起儿时放的风筝。香港回归之后，他的家信中说到，他这只被故乡放飞到海外的风筝，尽管飘荡游弋，经沐风雨，可那线头儿一直在故乡和亲人手中牵着，如今飘得太累了，也该要回归到家乡和亲人身边来了。

是的。我想，不光是叔叔，我们每个人都是风筝，在妈妈手中牵着，从小放到大，再从家乡放到祖国最需要的地方去啊！

——节先自李恒瑞《风筝畅想曲》

作品10号

爸不懂得怎样表达爱，使我们一家人融洽相处的是我妈。他只是每天上班下班，而妈则把我们做过的错事开列清单，然后由他来责骂我们。

有一次我偷了一块糖果，他要我把它送回去，告诉卖糖的说是我偷来的，说我愿意替他拆箱卸货作为赔偿。但妈妈却明白我只是个孩子。

我在运动场打秋千跌断了腿，在前往医院的途中一直抱着我的，是我妈。爸把汽车停在急诊室门口，他们叫他驶开，说那空位是留给紧急车辆停放的。爸听了便叫嚷道：“你以为这是什么车？旅游车？”

在我生日会上，爸总是显得有些不大相称。他只是忙于吹气球，布置餐桌，做杂务。把插着蜡烛的蛋糕推过来让我吹的，是我妈。

我翻阅照相册时，人们总是问：“你爸爸是什么样子的？”天晓得！他老是忙着替别人拍照。妈和我笑容可掬地一起拍的照片，多得不可胜数。

我记得爸有一次教我骑自行车。我叫他别放手，但他却说是应该放手的时候了。我摔倒之后，妈跑过来扶我，爸却挥手要她走开。我当时生气极了，决心要给他点颜色看。于是我马上爬上自行车，而且自己骑给他看。他只是微笑。

我念大学时，所有的家信都是妈写的。他除了寄支票外，还寄过一封短柬给我，说因为我没有在草坪上踢足球了，所以他的草坪长得很美。

每次我打电话回家，他似乎都想跟我说话，但结果总是说："我叫你妈来接。"

我结婚时，掉眼泪的是我妈。他只是大声擤了一下鼻子，便走出房间。

我从小到大都听他说："你到哪里去？什么时候回家？汽车有没有汽油？不，不准去。"爸完全不知道怎样表达爱。除非……

会不会是他已经表达了而我却未能察觉？

——节选自[美] 艾尔玛·邦贝克《父亲的爱》

作品11号

一个大问题一直盘踞在我脑袋里：

世界杯怎么会有如此巨大的吸引力？除去足球本身的魅力之外，还有什么超乎其上而更伟大的东西？

近来观看世界杯，忽然从中得到了答案：是由于一种无上崇高的精神情感——国家荣誉感！

地球上的人都会有国家的概念，但未必时时都有国家的感情。往往人到异国思念家乡，心怀故国，这国家概念就变得有血有肉，爱国之情来得非常具体。而现代社会，科技畅达，信息快捷，事事上网，世界真是太小太小，国家的界限似乎也不那么清晰了。再说足球正在快速世界化，平日里各国球员频繁转会，往来随意，致使越来越多的国家联赛都具有国际的因素。球员们否认国籍，只效力于自己的俱乐部，他们比赛时的激情中完全没有爱国主义的因子。

然而，到了世界杯大赛，天下大变。各国球员都回国效力，穿上与光荣的国旗同样色彩的服装。在每一场比赛前，还高唱国歌宣誓对自己祖国的热爱与忠诚。一种血缘情感开始在全身的血管里燃烧起来，而且立刻热血沸腾。

在历史时代，国家间经常发生对抗，好男儿戎装卫国，国家的荣誉往往需要以自己的生命去换取。但在和平时代，只有这种国家之间大规模对抗性的大赛，才可以唤起那种遥远而神圣的情感，那就是：为祖国而战！

——节选自冯骥才《国家荣誉感》

作品12号

夕阳落山不久，西方的天空，还燃烧着一片橘红色的晚霞。大海，也被这霞光染成了红色，而且比天空的景色更要壮观。因为它是活动的，每当一排排波浪涌起的时候，那映照在浪峰上的霞光，又红又亮，简直就像一片片霍霍燃烧着的火焰，闪烁着，消失了。而后面的一排，又闪烁着，滚动着，涌了过来。

天空的霞光渐渐地淡下去了，深红的颜色变成了绯红，绯红又变成浅红。最后，当这一切红光都消失了的时候，那突然显得高而远了的天空，则呈现出一片肃穆的神色。最早出现的启明星，在这蓝色的天幕上闪烁起来了。它是那么大，那么亮，整个广漠的天幕上只有它在那里放射着令人注目的光辉，活像一盏悬挂在高空的明灯。

夜色加浓，苍空中的"明灯"越来越多了。而城市各处的真的灯火也次第亮了起来，尤其是围绕在海港周围山坡上的那一片灯光，从半空倒映在乌蓝的海面上，随着波浪，晃动着，闪烁着，像一串流动着的珍珠，和那一片片密布在苍穹里的星斗互相辉映，煞是好看。

在这幽美的夜色中，我踏着软绵绵的沙滩，沿着海边，慢慢地向前走去。海水，轻轻地抚摸着细软的沙滩，发出温柔的刷刷声。晚来的海风，清新而又凉爽。我的心里，有着说不出的兴奋和愉快。

夜风轻飘飘地吹拂着，空气中飘荡着一种大海和田禾相混合的香味，柔软的沙滩上还残留着白天太阳炙晒的余温。那些在各个工作岗位上劳动了一天的人们，三三两两地来到这软绵绵的沙滩上，他们浴着凉爽的海风，望着那缀满了星星的夜空，尽情地说笑，尽情地休憩。

——节选自峻青《海滨仲夏夜》

作品13号

生命在海洋里诞生绝不是偶然的，海洋的物理和化学性质，使它成为孕育原始生命的摇篮。

我们知道，水是生物的重要组成部分，许多动物组织的含水量在百分之八十以上，而一些海洋生物的含水量高达百分之九十五。水是新陈代谢的重要媒介，没有它，体内的一系列生理和生物化学反应就无法进行，生命也就停止了。因此，在长时期内动物缺水要比缺少食物更加危险。水对今天的生命是如此重要，它对脆弱的原始生命，更是举足轻重了。生命在海洋里诞生，就不会有缺水之忧。

水是一种良好的溶剂。海洋中含有许多生命所必需的无机盐，如氯化钠、氯化钾、碳酸盐、磷酸盐，还有溶解氧，原始生命可以毫不费力地从中吸取它所需要的元素。

水具有很高的热容量，加之海洋浩大，任凭烈日曝晒，冬季寒风扫荡，它的温度变化却比较小。因此，巨大的海洋就像是天然的“温箱”。是孕育原始生命的温床。

阳光虽然为生命所必需，但是阳光中的紫外线却有扼杀原始生命的危险。水能有效地吸收紫外线，因而又为原始生命提供了天然的“屏障”。

这一切都是原始生命得以产生和发展的必要条件。

——节选自童裳亮《海洋与生命》

作品14号

读小学的时候，我的外祖母去世了。外祖母生前最疼爱我，我无法排除自己的忧伤，每天在学校的操场上一圈儿又一圈儿地跑着，跑得累倒在地上，扑在草坪上痛哭。

那哀痛的日子，断断续续地持续了很久，爸爸妈妈也不知道如何安慰我。他们知道与其骗我说外祖母睡着了，还不如对我说实话：外祖母永远不会回来了。

“什么是永远不会回来？”我问着。

“所有时间里的事物，都永远不会回来了。你的昨天过去，它就永远变成昨天，你不能再回到昨天。爸爸以前也和你一样小，现在也不能回到你这么小的童年了；有一天你会长大，你会像外祖母一样老；有一天你度过了你的时间，就永远不会回来了。”爸爸说。

爸爸等于给我一个谜语，这谜语比课本上的“日历挂在墙壁，一天撕去一页，使我心里着急”和“一寸光阴一寸金，寸金难买寸光阴”还让我感到可怕；也比作文本上的“光阴似箭，日月如梭”更让我觉得有一种说不出的滋味。

时间过得那么飞快，使我的小心眼里不只是着急，而是悲伤。有一天我放学回家，看到太阳快落山了，就下决心说：“我要比太阳更快地回家。”我狂奔回去，站在庭院前喘气的时候，看到太阳还露着半边脸，我高兴地跳跃起来，那一天我跑赢了太阳。以后我就时常做那样的游戏，有时和太阳赛跑，有时和西北风比快，有时一个暑假才能做完的作业，我十天就做完了；那时我三年级，常常把哥哥五年级的作业拿来做。每一次比赛胜过时间，我就快乐得不知道怎么形容。

如果将来我有什么要教给我的孩子，我会告诉他：假若你一直和时间赛跑，你就可以成功！

——节选自[中国台湾]林清玄《和时间赛跑》

作品15号

三十年代初，胡适在北京大学任教授。讲课时他常常对白话文大加称赞，引起一些只喜欢文言文而不喜欢白话文的学生的不满。

一次，胡适正讲得得意的时候，一位姓魏的学生突然站了起来，生气地问：“胡先生，难道说白话文就毫无缺点吗？”胡适微笑着回答说：“没有。”那位学生更加激动了：“肯定有！白话文废话太多，打电报用字多，花钱多。”胡适的目光顿时变亮了，轻声地解释说：“不一定吧！前几天有位朋友给我打来电报，请我去政府部门工作，我决定不去，就回电拒绝了。复电是用白话写的，看来也很省字。请同学们根据我这个意思，用文言文写一个回电，看看究竟是白话文省字，还是文言文省字。”胡教授刚说完，同学们立刻认真地写了起来。

十五分钟过去，胡适让同学举手，报告用字的数目，然后挑了一份用字最少的文言电报稿，电文是这样写的：

“才疏学浅，恐难胜任，不堪从命。”白话文的意思是：学问不深，恐怕很难担任这个工作，不能服从安排。

胡适说，这份写得确实不错，仅用了十二个字。但我的白话电报却只用了五个字：

“干不了，谢谢！”

胡适又解释说：“干不了”就有才疏学浅、恐难胜任的意思；“谢谢”既对朋友的介绍表示感谢，又有拒绝的意思。所以，废话多不多，并不看它是文言文还是白话文，只要注意选用字词，白话文是可以比文言文更省字的。

——节选自周简段《胡适的白话电报》，有改动

作品16号

很久以前，在一个漆黑的秋天的夜晚，我泛舟在西伯利亚一条阴森森的河上。船到一个转弯处，只见前面黑黢黢的山峰下面一星火光蓦地一闪。

火光又明又亮，好像就在眼前。

“好啦，谢天谢地！”我高兴地说，“马上就到过夜的地方啦！”

船夫扭头朝身后的火光望了一眼，又不以为然地划起桨来。

“远着呢！”

我不相信他的话，因为火光冲破朦胧的夜色，明明就在那儿闪烁。不过船夫是对的，事实上，火光的确还远着呢。

这些黑夜的火光的特点是：驱散黑暗，闪闪发亮，近在眼前，令人神往。乍一看，再划几下就到了……其实却还远着呢！……

我们在漆黑如墨的河上又划了很久。一个个峡谷和悬崖，迎面驶来，又向后移去，仿佛消失在茫茫的远方，而火光却依然停在前头，闪闪发亮，令人神往——依然是这么近，又依然是这么远……

现在，无论是这条被悬崖峭壁的阴影笼罩的漆黑的河流，还是那一星明亮的火光，都经常浮现在我的脑际，在这以前和在这以后，曾有许多火光，似乎近在咫尺，不止使我一人心驰神往，可是生活之河却仍然在那阴森森的两崖之间流着，而火光也依旧非常遥远。因此，必须加劲划桨……

然而，火光啊……毕竟……毕竟就在前头！

——节选自[俄] 柯罗连科，张铁夫译《火光》

作品17号

对于一个在北平住惯的人，像我，冬天要是不刮风，便觉得是奇迹；济南的冬天是没有风声的。对于一个刚由伦敦回来的人，像我，冬天要能看得见日光，便觉得是怪事；济南的冬天是响晴的。自然，在热带的地方，日光是永远那么毒，响亮的天气，反有点叫人害怕。可是，在北中国的冬天，而能有温晴的天气，济南真得算个宝地。

设若单单是有阳光，那也算不了出奇。请闭上眼睛想：一个老城，有山有水，全在天底下晒着阳光，暖和安适地睡着，只等春风来把它们唤醒，这是不是个理想的境界？小山整把济南围了个圈儿，只有北边缺着点口儿。这一圈小山在冬天特别可爱，好像是把济南放在一个小摇篮里，它们安静不动地低声说：“你们放心吧，这儿准保暖和。”真的，济南的人们在冬天是面上含笑的。他们一看那些小山，心中便觉得有了着落，有了依靠。他们由天上看到山上，便不知不觉地想起：“明天也许就是春天了吧？这样的温暖，今天夜里山草也许就绿起来了吧？”就是这点幻想不能一时实现，他们也并不着急，因为这样慈善的冬天，干啥还希望别的呢！

最妙的是下点小雪呀。看吧，山上的矮松越发的青黑，树尖上顶着一髻儿白花，好像日本看护妇。山尖全白了，给蓝天镶上一道银边。山坡上，有的地方雪厚点，有的地方草色还露着；这样，一道儿白，一道儿暗黄，给山们穿上一件带水纹的花衣；看着看着，这件花衣好像被风儿吹动，叫你希望看见一点更美的山的肌肤。等到快日落的时候，微黄的阳光斜射在山腰上，那点薄雪好像忽然害了羞，微微露出点粉色。就是下小雪吧，济南是受不住大雪的，那些小山太秀气！

——节选自老舍《济南的冬天》

作品18号

纯朴的家乡村边有一条河，曲曲弯弯，河中架一弯石桥，弓样的小桥跨两岸。

每天，不管是鸡鸣晓月，日丽中天，还是月华泻地，小桥都印下串串足迹，洒落串串汗珠。那是乡亲们为了追求多棱的希望，兑现美好的遐想。弯弯小桥，不时荡过轻吟低唱，不时露出舒心的笑容。

因而，我稚小的心灵，曾将心声献给小桥：你是一弯银色的新月，给人间普照光辉；你是一把闪亮的镰刀，割刈着欢笑的花果；你是一根晃悠悠的扁担，挑起了彩色的明天！哦，小桥走进我的梦中。

我在飘泊他乡的岁月，心中总涌动着故乡的河水，梦中总看到弓样的小桥。当我访南疆探北国，眼帘闯进座座雄伟的长桥时，我的梦变得丰满了，增添了赤橙黄绿青蓝紫。

三十多年过去，我带着满头霜花回到故乡，第一紧要的便是去看望小桥。

啊！小桥呢？小桥躲起来了？河中一道长虹，浴着朝霞熠熠闪光。哦，雄浑的大桥敞开胸怀，汽车的呼啸、摩托的笛音、自行车的叮铃，合奏着进行交响乐；南来的钢筋、花布，北往的柑橙、家禽，绘出交流欢跃图……

啊！蜕变的桥，传递了家乡进步的消息，透露了家乡富裕的声音。时代的春风，美好的追求，我蓦地记起儿时唱给小桥的歌，哦，明艳艳的太阳照耀了，芳香甜蜜的花果捧来了，五彩斑斓的岁月拉开了！

我心中涌动的河水，激荡起甜美的浪花。我仰望一碧蓝天，心底轻声呼喊：家乡的桥啊，我梦中的桥！

——节选自郑莹《家乡的桥》

作品19号

多年前，建筑设计师莱伊恩受命设计了英国温泽市政府大厅。他运用工程力学的知识，依据自己多年的实践，巧妙地设计了只用一根柱子支撑的大厅天花板。一年以后，市政府权威人士进行工程验收时，却说只用一根柱子支撑天花板太危险，要求莱伊恩再多加几根柱子。

莱伊恩自信只要一根紧固的柱子就足以保证大厅安全，他的“固执”惹恼了市政官员，险些被送上法庭。他非常苦恼，坚持自己原先的主张吧，市政官员肯定会另找人修改设计；不坚持吧，又有悖自己为人的准则。矛盾了很长一段时间，莱伊恩终于想出了一条妙计，他在大厅里增加了四根柱子，不过这些柱子并未与天花板接触，只不过是装装样子。

三百年过去了，这个秘密始终没有被人发现。直到前两年，市政府准备修缮大厅的天花板，才发现莱伊恩当年的“弄虚作假”。消息传出后，世界各国的建筑专家和游客云集，当地政府对此也不加掩饰，在新世纪到来之际，特意将大厅作为一个旅游景点对外开放，旨在引导人们崇尚和相信科学。

作为一名建筑师，莱伊恩并不是最出色的，但作为一个人，他无疑非常伟大。这种伟大表现在他始终恪守着自己的原则，给高贵的心灵一个美丽的住所；哪怕是遭遇到最大的阻力，也要想办法抵达胜利。

——节选自游宇明《坚守你的高贵》

作品20号

自从传言有人在萨文河畔散步时无意发现了金子后，这里便常有来自四面八方的淘金者。他们都想成为富翁，于是寻遍了整个河床，还在河床上挖出很多大坑，希望借助它们找到更多的金子。的确，有一些人找到了，但另外一些人因为一无所得而只好扫兴归去。

也有不甘心落空的，便驻扎在这里，继续寻找。彼得·弗雷特就是其中一员。他在河床附近买了一块没人要的土地，一个人默默地工作。他为了找金子，已把所有的钱都押在这块土地上。他埋头苦干了几个月，直到土地全变成了坑坑洼洼，他失望了——他翻遍了整块土地，但连一丁点儿金子都没看见。

六个月后，他连买面包的钱都没有了。于是他准备离开这儿到别处去谋生。

就在他即将离去的前一个晚上，天下起了倾盆大雨，并且一下就是三天三夜。雨终于停了，彼得走出小木屋，发现眼前的土地看上去好像和以前不一样：坑坑洼洼已被大水冲刷平整，松软的土地上长出一层绿茸茸的小草。

“这里没找到金子，”彼得忽有所悟地说，“但这土地很肥沃，我可以用来种花，并且拿到镇上去卖给那些富人，他们一定会买些花装扮他们华丽的客厅。如果真是这样的话，那么我一定会赚许多钱。有朝一日我也会成为富人……”

于是他留了下来。彼得花了不少精力培育花苗，不久田地里长满了美丽鲜艳的各色鲜花。

五年以后，彼得终于实现了他的梦想——成了一个富翁。“我是唯一一个找到真金的人！”他时常不无骄傲地告诉别人，“别人在这儿找不到金子后便远远地离开，而我的‘金子’是在这块土地里，只有诚实的人用勤劳才能采集到。”

——节选自陶猛译《金子》

作品21号

我在加拿大学习期间遇到过两次募捐，那情景至今使我难以忘怀。

一天，我在渥太华的街上被两个男孩子拦住去路。他们十来岁，穿得整整齐齐，每人头上戴着个做工精巧、色彩鲜艳的纸帽，上面写着“为帮助患小儿麻痹的伙伴募捐”。其中的一个，不由分说就坐在小凳上给我擦起皮鞋来，另一个则彬彬有礼地发问：“小姐，您是哪国人？喜欢渥太华吗？”“小姐，在你们国家里有没有小孩儿患小儿麻痹？谁给他们医疗费？”一连串的问题，使我这个有生以来头一次在众目睽睽之下让别人擦鞋的异乡人，从近乎狼狈的窘态中解脱出来。我们像朋友一样聊起天来……

几个月之后，也是在街上。一些十字路口处或车站坐着几位老人。他们满头银发，身穿各种老式军装，上面布满了大大小小形形色色的徽章、奖章，每人手捧一大束鲜花，有水仙、石竹、玫瑰及叫不出名字的，一色雪白。匆匆过往的行人纷纷止步，把钱投进这些老人身旁的白色木箱内，然后向他们微微鞠躬，从他们手中接过一朵花。我看了一会儿，有人投一两元，有人投几百元，还有人掏出支票填好后投进木箱。那些老军人毫不注意人们捐多少钱，一直不停地向人们低声道谢。同行的朋友告诉我，这是为纪念二次大战中参战的勇士，募捐救济残废军人和烈士遗孀，每年一次；认捐的人可谓踊跃，而且秩序井然，气氛庄严。有些地方，人们还耐心地排着队。我想，这是因为他们都知道：正是这些老人们的流血牺牲换来了包括他们信仰自由在内的许许多多。

我两次把那微不足道的一点钱捧给他们，只想对他们说声“谢谢”。

——节选自青白《捐诚》

作品22号

没有一片绿叶，没有一缕炊烟，没有一粒泥土，没有一丝花香，只有水的世界，云的海洋。

一阵台风袭过，一只孤单的小鸟无家可归，落到被卷到洋里的木板上，乘流而下，姗姗而来，近了，近了！……

忽然，小鸟张开翅膀，在人们头顶盘旋了几圈，“噗啦”一声落到了船上。许是累了？还是发现了“新大陆”？水手撵它它不走，抓它，它乖乖地落在掌心。可爱的小鸟和善良的水手结成了朋友。

瞧，它多美丽，娇巧的小嘴，啄理着绿色的羽毛，鸭子样的扁脚，呈现出春草的鹅黄。水手们把它带到舱里，给它“搭铺”，让它在船上安家落户，每天，把分到的一塑料桶淡水匀给它喝，把从祖国带来的鲜美的鱼肉分给它吃，天长日久，小鸟和水手的感情日趋笃厚。清晨，当第一束阳光射进舷窗时，它便敞开美丽的歌喉，唱啊唱，嘤嘤有韵，宛如春水淙淙。人类给它以生命，它毫不悭吝地把自己的艺术青春奉献给了哺育它的人。可能都是这样？艺术家们的青春只会献给尊敬他们的人。

小鸟给远航生活蒙上了一层浪漫色调，返航时，人们爱不释手，恋恋不舍地想把它带到异乡。可小鸟憔悴了，给水，不喝！喂肉，不吃！油亮的羽毛失去了光泽。是啊，我们有自己的祖国，小鸟也有它的归宿，人和动物都是一样啊，哪儿也不如故乡好！

慈爱的水手们决定放开它，让它回到大海的摇篮去，回到蓝色的故乡去。离别前，这个大自然的朋友与水手们留影纪念。它站在许多人的头上，肩上，掌上，胳膊上，与喂养过它的人们，一起融进那蓝色的画面……

——节选自王文杰《可爱的小鸟》

作品23号

纽约的冬天常有大风雪，扑面的雪花不但令人难以睁开眼睛，甚至呼吸都会吸入冰冷的雪花。有时前一天晚上还是一片晴朗，第二天拉开窗帘，却已经积雪盈尺，连门都推不开了。

遇到这样的情况，公司、商店常会停止上班，学校也通过广播，宣布停课。但令人不解的是，惟有公立小学，仍然开放。只见黄色的校车，艰难地在路边接孩子，老师则一大早就口中喷着热气，铲去车子前后的积雪，小心翼翼地开车去学校。

据统计，十年来纽约的公立小学只因为超级暴风雪停过七次课。这是多么令人惊讶的事。犯得着在大人都无须上班的时候让孩子去学校吗？小学的老师也太倒霉了吧？

于是，每逢大雪而小学不停课时，都有家长打电话去骂。妙的是，每个打电话的人，反应全一样——先是怒气冲冲地责问，然后满口道歉，最后笑容满面地挂上电话。原因是，学校告诉家长：

在纽约有许多百万富翁，但也有不少贫困的家庭。后者白天开不起暖气，供不起午餐，孩子的营养全靠学校里免费的中饭，甚至可以多拿些回家当晚餐。学校停课一天，穷孩子就受一天冻，挨一天饿，所以老师们宁愿自己苦一点儿，也不能停课。

或许有家长会说：何不让富裕的孩子在家里，让贫穷的孩子去学校享受暖气和营养午餐呢？

学校的答复是：我们不愿让那些穷苦的孩子感到他们是在接受救济，因为施舍的最高原则是保持受施者的尊严。

——节选自[中国台湾]刘墉《课不能停》

作品24号

十年，在历史上不过是一瞬间。只要稍加注意，人们就会发现：在这一瞬间里，各种事物都悄悄经历了自己的千变万化。

这次重新访日，我处处感到亲切和熟悉，也在许多方面发觉了日本的变化。就拿奈良的一个角落来说吧，我重游了为之感受很深的唐招提寺，在寺内各处匆匆走了一遍，庭院依旧，但意想不到还看到了一些新的东西。其中之一，就是近几年从中国移植来的“友谊之莲”。

在存放鉴真遗像的那个院子里，几株中国莲昂然挺立，翠绿的宽大荷叶正迎风而舞，显得十分愉快。开花的季节已过，荷花朵朵已变为莲蓬累累。莲子的颜色正在由青转紫，看来已经成熟了。

我禁不住想：“因”已转化为“果”。

中国的莲花开在日本，日本的樱花开在中国，这不是偶然。我希望这样一种盛况延续不衰。可能有人不欣赏花，但决不会有人欣赏落在自己面前的炮弹。

在这些日子里，我看到了不少多年不见的老朋友，又结识了一些新朋友。大家喜欢涉及的话题之一，就是古长安和古奈良。那还用得着问吗，朋友们缅怀过去，正是瞩望未来。瞩目于未来的人们必将获得未来。

我不例外，也希望一个美好的未来。

为了中日人民之间的友谊，我将不浪费今后生命的每一瞬间。

——节选自严文井《莲花和樱花》

作品25号

梅雨潭闪闪的绿色招引着我们；我们开始追捉她那离合的神光了。揪着草，攀着乱石，小心探身下去，又鞠躬过了一个石穹门，便到了汪汪一碧的潭边了。

瀑布在襟袖之间；但我的心中已没有瀑布了。我的心随潭水的绿而摇荡。那醉人的绿呀，仿佛一张极大极大的荷叶铺着，满是奇异的绿呀。我想张开两臂抱住她；但这是怎样一个妄想呀。

站在水边，望到那面，居然觉着有些远呀！这平铺着，厚积着的绿，着实可爱。她松松的皱缬着，像少妇拖着的裙幅；她轻轻的摆弄着，像跳动的初恋的处女的心；她滑滑的明亮着，像涂了"明油"一般，有鸡蛋清那样软，那样嫩，令人想着所曾触过的最嫩的皮肤；她又不杂些儿渣滓，宛然一块温润的碧玉，只清清的一色——但你却看不透她！

我曾见过北京什刹海拂地的绿杨，脱不了鹅黄的底子，似乎太淡了。我又曾见过杭州虎跑寺近旁高峻而深密的"绿壁"，丛叠着无穷的碧草与绿叶的，那又似乎太浓了。其余呢，西湖的波太明了，秦淮河的又太暗了。可爱的，我将什么来比拟你呢？我怎么比拟得出呢？大约潭是很深的，故能蕴蓄着这样奇异的绿；仿佛蔚蓝的天融了一块在里面似的，这才这般的鲜润呀。

那醉人的绿呀！我若能裁你以为带，我将赠给那轻盈的舞女；她必能临风飘举了。我若能挹你以为眼，我将赠给那善歌的盲妹；她必能明眸善睐了。我舍不得你；我怎舍得你呢？我用手拍着你，抚摩着你，如同一个十二三岁的小姑娘。我又掬你入口，便是吻着她了。我送你一个名字，我从此叫你"女儿绿"，好么？

我第二次到仙岩的时候，我不禁惊诧于梅雨潭的绿了。

——节选自朱自清《绿》

作品26号

我们家的后园有半亩空地，母亲说："让它荒着怪可惜的，你们那么爱吃花生，就开辟出来种花生吧。"我们姐弟几个都很高兴，买种，翻地，播种，浇水，没过几个月，居然收获了。

母亲说："今晚我们过一个收获节，请你们父亲也来尝尝我们的新花生，好不好？"我们都说好。母亲把花生做成了好几样食品，还吩咐就在后园的茅亭里过这个节。

晚上天色不太好，可是父亲也来了，实在很难得。

父亲说："你们爱吃花生么？"

我们争着答应："爱！"

"谁能把花生的好处说出来？"

姐姐说："花生的味美。"

哥哥说："花生可以榨油。"

我说："花生的价钱便宜，谁都可以买来吃，都喜欢吃。这就是它的好处。"

父亲说："花生的好处很多，有一样最可贵：它的果实埋在地里，不像桃子、石榴、苹果那样，把鲜红嫩绿的果实高高地挂在枝头上，使人一见就生爱慕之心。你们看它矮矮地长在地上，等到成熟了，也不能立刻分辨出来它有没有果实，必须挖出来才知道。"

我们都说是，母亲也点点头。

父亲接下去说："所以你们要像花生，它虽然不好看，可是很有用，不是外表好看而没有实用的东西。”

我说：“那么，人要做有用的人，不要做只讲体面，而对别人没有好处的人了。”

父亲说：“对。这是我对你们的希望。”

我们谈到夜深才散。花生做的食品都吃完了，父亲的话却深深地印在我的心上。

——节选自许地山《落花生》

作品27号

我打猎回来，沿着花园的林阴路走着，狗跑在我前边。

忽然，狗放慢脚步，蹑足潜行，好像嗅到了前边有什么野物。

我顺着林阴路望去，见有一只嘴边还带黄色、头上生着柔毛的小麻雀。风猛烈地吹打着林阴路上的白桦树，麻雀从巢里跌落下来，呆呆地伏在地上，孤立无援地张开两只羽毛还未丰满的小翅膀。

我的狗慢慢向它靠近，忽然，从附近一棵树上飞下一只黑胸脯的老麻雀，像一颗石子似的落到狗的跟前。老麻雀全身倒竖着羽毛，惊恐万状，发出绝望、凄惨的叫声，接着向露出牙齿、大张着的狗嘴扑去。

老麻雀是猛扑下来救护幼雀的。它用身体掩护着自己的幼儿……但它整个小小的身体因恐怖而战栗着，它小小的声音也变得粗暴嘶哑。它在牺牲自己！

在它看来，这狗是多么庞大的怪物啊！然而它还是不能站在自己高高的、安全的树枝上……一种比它的理智更强烈的力量，使它从那儿扑下身来。

我的狗站住了，向后退了退……看来，它也感到了这种力量。

我赶紧唤住惊惶失措的狗，然后我怀着崇敬的心情，走开了。

是啊，请不要见笑。我崇敬那只小小的、英勇的鸟儿，我崇敬它那种爱的冲动和力量。

爱，我想，比死和死的恐惧更强大，只有依靠它，依靠这种爱，生命才能维持下去，发展下去。

——节选自[俄]屠格涅夫，巴金译《麻雀》

作品28号

那年我六岁。离我家仅一箭之遥的小山坡旁，有一个早被废弃的采石场，双亲从来不准我去那儿，其实那儿风景十分迷人。

一个夏季的下午，我随着一群小伙伴偷偷上那儿去了。就在我们穿越了一条孤寂的小路后，他们却把我一个人留在原地，然后奔向“更危险的地带”了。

等他们走后，我惊慌失措地发现，再也找不到回家的那条孤寂的小道了。像只无头的苍蝇，我到处乱钻，衣裤上挂满了芒刺。太阳已落山，而此时此刻，家里一定开始吃晚餐了，双亲正盼着我回家……想着想着，我不由得背靠着一棵树，伤心地呜呜大哭起来……

突然，不远处传来了声声柳笛。我像找到了救星，急忙循声走去。一条小道边的树桩上坐着一位吹笛人，手里还正削着什么。走近细看，他不就是被大家称为“乡巴佬”的卡廷吗？

“你好，小家伙，”卡廷说，“看天气多美，你是出来散步的吧？”

我怯生生地点点头，答道：“我要回家了。”

“请耐心等上几分钟，”卡廷说，“瞧，我正在削一支柳笛，差不多就要做好了，完工后就送给你吧！”

卡廷边削边不时把尚未成形的柳笛放在嘴里试吹一下。没过多久，一支柳笛便递到我手中。我俩在一阵阵清脆悦耳的笛音中，踏上了归途……

当时，我心中只充满感激，而今天，当我自己也成了祖父时，却突然领悟到他用心之良苦！那天当他听到我的哭声时，便判定我一定迷了路，但他并不想在孩子面前扮演“救星”的角色，于是吹响柳笛以便让我能发现他，并跟着他走出困境！卡廷先生以乡下人的纯朴，保护了一个小男孩强烈的自尊。

——节选自唐若水译《迷途笛音》

作品29号

在浩瀚无垠的沙漠里，有一片美丽的绿洲，绿洲里藏着一颗闪光的珍珠。这颗珍珠就是敦煌莫高窟。它坐落在我国甘肃省敦煌市三危山和鸣沙山的怀抱中。

鸣沙山东麓是平均高度为十七米的崖壁。在一千六百多米长的崖壁上，凿有大小洞窟七百余个，形成了规模宏伟的石窟群。其中四百九十二个洞窟中，共有彩色塑像两千一百余尊，各种壁画共四万五千多平方米。莫高窟是我国古代无数艺术匠师留给人类的珍贵文化遗产。

莫高窟的彩塑，每一尊都是一件精美的艺术品。最大的有九层楼那么高，最小的还不如一个手掌大。这些彩塑个性鲜明，神态各异。有慈眉善目的菩萨，有威风凛凛的天王，还有强壮勇猛的力士……

莫高窟壁画的内容丰富多彩，有的是描绘古代劳动人民打猎、捕鱼、耕田、收割的情景，有的是描绘人们奏乐、舞蹈、演的场面，还有的是描绘大自然的美丽风光。其中最引人注目的是飞天。壁画上的飞天，有的臂挎花篮，采摘鲜花；有的反弹琵琶，轻拨银弦；有的倒悬身子，自天而降；有的彩带飘拂，漫天遨游；有的舒展着双臂，翩翩起舞。看着这些精美动人的壁画，就像走进了灿烂辉煌的艺术殿堂。

莫高窟里还有一个面积不大的洞窟——藏经洞。洞里曾藏有我国古代的各种经卷、文书、帛画、刺绣、铜像等共六万多件。由于清朝政府腐败无能，大量珍贵的文物被外国强盗掠走。仅存的部分经卷，现在陈列于北京故宫等处。

莫高窟是举世闻名的艺术宝库。这里的每一尊彩塑、每一幅壁画、每一件文物，都是中国古代人民智慧的结晶。

——节选自小学《语文》第六册中《莫高窟》

作品30号

其实你在很久以前并不喜欢牡丹，因为它总被人作为富贵膜拜。后来你目睹了一次牡丹的落花，你相信所有的人都会为之感动：一阵清风徐来，妖艳鲜嫩的盛期牡丹忽然整朵整朵地坠落，铺撒一地绚丽的花瓣。那花瓣落地时依然鲜艳在地上，如同一只奉上祭坛的大鸟脱落的羽毛，低吟着壮烈的悲歌离去。

牡丹没有花谢花败之时，要么烁于枝头，要么归于泥土，它跨越萎顿和衰老，由青春而死亡，由美丽而消遁。它虽美却不吝惜生命，即使告别也要展示给人最后一次的惊心动魄。

所以在这阴冷的四月里，奇迹不会发生。任凭游人扫兴和诅咒，牡丹依然安之若素。它不苟且、不俯就、不妥协、不媚俗，甘愿自己冷落自己。它遵循自己的花期自己的规律，它有权利为自己选择每年一度的盛大节日。它为什么不拒绝寒冷？

天南海北的看花人，依然络绎不绝地涌入洛阳城。人们不会因牡丹的拒绝而拒绝它的美。如果它再被贬谪十次，也许它就会繁衍出十个洛阳牡丹城。

于是你在无言的遗憾中感悟到，富贵与高贵只是一字之差。同人一样，花儿也是有灵性的，更有品位之高低。品位这东西为气为魂为筋骨为神韵，只可意会。你叹服牡丹卓尔不群之姿，方知品位是多么容易被世俗忽略或是漠视的美。

——节选自张抗抗《牡丹的拒绝》

作品31号

森林涵养水源，保持水土，防止水旱灾害的作用非常大。据专家测算，一片十万亩面积的森林，相当于一个两百万立方米的水库，这正如农谚所说的："山上多栽树，等于修水库。雨多它能吞，雨少它能吐。"

说起森林的功劳，那还多得很。它除了为人类提供木材及许多种生产、生活的原料之外，在维护生态环境方面也是功劳卓著，它用另一种"能吞能吐"的特殊功能孕育了人类。因为地球在形成之初，大气中的二氧化碳含量很高，氧气很少，气温也高，生物是难以生存的。大约在四亿年之前，陆地才产生了森林。森林慢慢将大气中的二氧化碳吸收，同时吐出新鲜氧气，调节气温：这才具备了人类生存的条件，地球上才最终有了人类。

森林，是地球生态系统的主体，是大自然的总调度室，是地球的绿色之肺。森林维护地球生态环境的这种"能吞能吐"的特殊功能是其他任何物体都不能取代的。然而，由于地球上的燃烧物增多，二氧化碳的排放量急剧增加，使得地球生态环境急剧恶化，主要表现为全球气候变暖，水分蒸发加快，改变了气流的循环，使气候变化加剧，从而引发热浪、飓风、暴雨、洪涝及干旱。

为了使地球的这个"能吞能吐"的绿色之肺能恢复健壮，以改善生态环境，抑制全球变暖，减少水旱等自然灾害，我们应该大力造林、护林，使每一座荒山都绿起来。

——节选自《中考语文课外阅读试题精选》中《"能吞能吐"的森林》

作品32号

朋友即将远行。

暮春时节，又邀了几位朋友在家小聚，虽然都是极熟的朋友，却是终年难得一见，偶尔电话里相遇，也无非是几句寻常话。一锅小米稀饭，一碟大头菜，一盘自家酿制的泡菜，一只巷口买回的烤鸭，简简单单，不像请客，倒像家人团聚。

其实，友情也好，爱情也好，久而久之都会转化为亲情。

说也奇怪，和新朋友会谈文学、谈哲学、谈人生道理等等，和老朋友却只话家常，柴米油盐，细细碎碎，种种琐事。很多时候，心灵的契合已经不需要太多的言语来表达。

朋友新烫了个头，不敢回家见母亲，恐怕惊骇了老人家，却欢天喜地来见我们，老朋友颇能以一种趣味性的眼光欣赏这个改变。

年少的时候，我们差不多都在为别人而活，为苦口婆心的父母活，为循循善诱的师长活，为许多观念、许多传统的约束力而活。年岁逐增，渐渐挣脱外在的限制与束缚，开始懂得为自己活，照自己的方式做一些自己喜欢的事，不在乎别人的批评意见，不在乎别人的诋毁流言，只在乎那一分随心所欲的舒坦自然。偶尔，也能够纵容自己放浪一下，并且有一种恶作剧的窃喜。

就让生命顺其自然，水到渠成吧，犹如窗前的乌桕，自生自落之间，自有一分圆融丰满的喜悦。春雨轻轻落着，没有诗，没有酒，有的只是一份相知相属的自在自得。

夜色在笑语中渐渐沉落，朋友起身告辞，没有挽留，没有送别，甚至也没有问归期。

已经过了大喜大悲的岁月，已经过了伤感流泪的年华，知道了聚散原来是这样的自然和顺理成章，懂得这点，便懂得珍惜每一次相聚的温馨，离别便也欢喜。

——节选自[中国台湾]杏林子《朋友和其他》

作品33号

我们在田野散步：我，我的母亲，我的妻子和儿子。

母亲本不愿出来的。她老了，身体不好，走远一点儿就觉得很累。我说，正因为如此，才应该多走走。母亲信服地点点头，便去拿外套。她现在很听我的话，就像我小时候很听她的话一样。

这南方初春的田野，大块小块的新绿随意地铺着，有的浓，有的淡，树上的嫩芽也密了，田里的冬水也咕咕地起着水泡。这一切都使人想着一样东西——生命。

我和母亲走在前面，我的妻子和儿子走在后面。小家伙突然叫起来："前面是妈妈和儿子，后面也是妈妈和儿子。"我们都笑了。

后来发生了分歧，母亲要走大路，大路平顺；我的儿子要走小路，小路有意思。不过，一切都取决于我。我的母亲老了，她早已习惯听从她强壮的儿子；我的儿子还小，他还习惯听从他高大的父亲；妻子呢，在外面，她总是听我的。一霎时我感到了责任的重大。我想找一个两全的办法，找不出；我想拆散一家人，分成两路，各得其所，终不愿意。我决定委屈儿子，因为我伴同他的时日还长。我说："走大路。"

但是母亲摸摸孙儿的小脑瓜，变了主意："还是走小路吧。"她的眼随小路望去：那里有金色的菜花，两行整齐的桑树，尽头一口水波粼粼的鱼塘。"我走不过去的地方，你就背着我。"母亲对我说。

这样，我们在阳光下，向着那菜花、桑树和鱼塘走去。到了一处，我蹲下来，背起了母亲；妻子也蹲下来，背起了儿子。我和妻子都是慢慢地，稳稳地，走得很仔细，好像我背上的同她背上的加起来，就是整个世界。

——节选自莫怀戚《散步》

作品34号

地球上是否真的存在“无底洞”？按说地球是圆的，由地壳、地幔和地核三层组成，真正的“无底洞”是不应存在的，我们所看到的各种山洞、裂口、裂缝，甚至火山口也都只是地壳浅部的一种现象。然而中国一些古籍却多次提到海外有个深奥莫测的无底洞。事实上地球上确实有这样一个“无底洞”。

它位于希腊亚各斯古城的海滨。由于濒临大海，大涨潮时，汹涌的海水便会排山倒海般地涌入洞中，形成一股湍湍的急流。据测，每天注入洞内的海水量达三万多吨。奇怪的是，如此大量的海水灌入洞中，却从来没有把洞灌满。曾有人怀疑，这个“无底洞”会不会就像石灰岩地区的漏斗、竖井、落水洞一类的地形。然而从十二世纪三十年代以来，人们就做了多种努力企图寻找它的出口，却都是枉费心机。

为了揭开这个秘密，一九五八年美国地理学会派出一支考察队，他们把一种经久不变的带色染料溶解在海水中，观察染料是如何随着海水一起沉下去。接着又察看了附近海面以及岛上的各条河、湖，满怀希望地寻找这种带颜色的水，结果令人失望。难道是海水量太大把有色水稀释得太淡，以致无法发现？

至今谁也不知道为什么这里的海水会没完没了地“漏”下去，这个“无底洞”的出口又在哪里，每天大量的海水究竟都流到哪里去了？

——节选自罗威尔《神秘的“无底洞”》

作品35号

记得我十三岁时，和母亲住在法国东南部的耐斯城。母亲没有丈夫，也没有亲戚，够清苦的，但她经常能拿出令人吃惊的东西，摆在我面前。她从来不吃肉，一再说自己是素食者。然而有一天，我发现母亲正仔细地用一小块碎面包擦那给我煎牛排用的油锅。我明白了她称自己为素食者的真正原因。

我十六岁时，母亲成了耐斯市美蒙旅馆的女经理。这时，她更忙碌了。一天，她瘫在椅子上，脸色苍白，嘴唇发灰。马上找来医生，做出诊断：她摄取了过多的胰岛素。直到这时我才知道母亲多年一直对我隐瞒的疾痛——糖尿病。

她的头歪向枕头一边，痛苦地用手抓挠胸口。床架上方，则挂着一枚我一九三二年赢得耐斯市少年乒乓球冠军的银质奖章。

啊，是对我的美好前途的憧憬支撑着她活下去，为了给她那荒唐的梦至少加一点真实的色彩，我只能继续努力，与时间竞争，直至一九三八年我被征入空军。巴黎很快失陷，我辗转调到英国皇家空军。刚到英国就接到了母亲的来信。这些信是由在瑞士的一个朋友秘密地转到伦敦，送到我手中的。

现在我要回家了，胸前佩戴着醒目的绿黑两色的解放十字绶带，上面挂着五六枚我终身难忘的勋章，肩上还佩戴着军官肩章。到达旅馆时，没有一个人跟我打招呼。原来，我母亲在三年半以前就已经离开人间了。

在她死前的几天中，她写了近二百五十封信，把这些信交给她在瑞士的朋友，请这个朋友定时寄给我。就这样，在母亲死后的三年半的时间里，我一直从她身上吸取着力量和勇气——这使我能够继续战斗到胜利那一天。

——节选自[法]罗曼·加里《我的母亲独一无二》

作品36号

生活对于任何人都非易事，我们必须有坚韧不拔的精神。最要紧的，还是我们自己要有信心。我们必须相信，我们对每一件事情都具有天赋的才能，并且，无论付出任何代价，都要把这件事完成，当事情结束的时候，你要能问心无愧地说："我已经尽我所能了。"

有一年的春天，我因病被迫在家里休息数周。我注视着我的女儿们所养的蚕正在结茧，这使我很感兴趣。望着这些蚕执著地、勤奋地工作，我感到我和它们非常相似。像它们一样，我总是耐心地把自己的努力集中在一个目标上。我之所以如此，或许是因为有某种力量在鞭策着我——正如蚕被鞭策着去结茧一般。

近五十年来，我致力于科学研究，而研究，就是对真理的探讨。我有许多美好快乐的记忆。少女时期我在巴黎大学，孤独地过着求学的岁月；在后来献身科学的整个时期，我丈夫和我专心致志，像在梦幻中一般，坐在简陋的书房里艰辛地研究，后来我们就在那里发现了镭。

我永远追求安静的工作和简单的家庭生活。为了实现这个理想，我竭力保持宁静的环境，以免受人事的干扰和盛名的拖累。

我深信，在科学方面我们有对事业而不是对财富的兴趣。我的惟一奢望是在一个自由国家中，以一个自由学者的身份从事研究工作。

我一直沉醉于世界的优美之中，我所热爱的科学也不断增加它崭新的远景。我认定科学本身就具有伟大的美。

——节选自[波兰]玛丽·居里《我的信念》

作品37号

我为什么非要教书不可？是因为我喜欢当教师的时间安排表和生活节奏。七、八、九三个月给我提供了进行回顾、研究、写作的良机，并将三者有机融合，而善于回顾、研究和总结正是优秀教师素质中不可缺少的成分。

干这行给了我多种多样的"甘泉"去品尝，找优秀的书籍去研读，到"象牙塔"和实际世界里去发现。教学工作给我提供了继续学习的时间保证，以及多种途径、机遇和挑战。

然而，我爱这一行的真正原因，是爱我的学生。学生们在我的眼前成长变化。当教师意味着亲历"创造"过程的发生——恰似亲手赋予一团泥土以生命，没有什么比目睹它开始呼吸更激动人心的了。

权利我也有了：我有权利去启发诱导，去激发智慧的火花，去问费心思考的问题，去赞扬回答的尝试，去推荐书籍，去指点迷津。还有什么别的权利能与之相比呢？

而且，教书还给我金钱和权利之外的东西，那就是爱心。不仅有对学生的爱，对书籍的爱，对知识的爱，还有老师才能感受到的对"特别"学生的爱。这些学生，有如冥顽不灵的泥块，由于接受了老师的炽爱才勃发了生机。

所以，我爱教书，还因为，在那些勃发生机的“特别”学生身上，我有时发现自己和他们呼吸相通，忧乐与共。

——节选自[美]彼得基·贝得勒《我为什么当教师》

作品38号

中国西部我们通常是指黄河与秦岭相连一线以西，包括西北和西南的二十个省、市、自治区。这块广袤的土地面积为五百四十六万平方公里，占国土总面积的百分之五十七；人口二点八亿，占全国总人口的百分之二十三。

西部是华夏文明的源头。华夏祖先的脚步是顺着水边走的：长江上游出土过元谋人牙齿化石，距今约一百七十万年；黄河中游出土过蓝田人头盖骨，距今约七十万年。这两处古人类都比距今约五十万年的北京猿人资格更老。

西部地区是华夏文明的重要发源地。秦皇汉武以后，东西方文化在这里交汇融合，从而有了丝绸之路的驼铃声，佛院深寺的暮鼓晨钟。敦煌莫高窟是世界文化史上的一个奇迹，它在继承汉晋艺术传统的基础上，形成了自己兼收并蓄的恢宏气度，展现出精美绝伦的艺术形式和博大精深的文化内涵。秦始皇兵马俑、西夏王陵、楼兰古国、布达拉宫、三星堆、大足石刻等历史文化遗产，同样为世界所瞩目，成为中华文化重要的象征。

西部地区又是少数民族及其文化的集萃地，几乎包括了我国所有的少数民族。在一些偏远的少数民族地区，仍保留了一些久远时代的艺术品种，成为珍贵的“活化石”，如纳西古乐、戏曲、剪纸、刺绣、岩画等民间艺术和宗教艺术。特色鲜明、丰富多彩，犹如一个巨大的民族民间文化艺术宝库。

我们要充分重视和利用这些得天独厚的资源优势，建立良好的民族民间文化生态环境，为西部大开发做出贡献。

——节选自《中考语文课外阅读试题精选》中《西部文化和西部开发》

作品39号

高兴，这是一种具体的被看得到摸得着的事物所唤起的情绪。它是心理的，更是生理的。它容易来也容易去，谁也不应该对它视而不见失之交臂，谁也不应该总是做那些使自己不高兴也使旁人不高兴的事。让我们说一件最容易做也最令人高兴的事吧：尊重你自己，也尊重别人，这是每一个人的权利，我还要说这是每一个人的义务。

快乐，它是一种富有概括性的生存状态、工作状态。它几乎是先验的，它来自生命本身的活力，来自宇宙、地球和人间的吸引，它是世界的丰富、绚丽、阔大、悠久的体现。快乐还是一种力量，是埋在地下的根。消灭一个人的快乐比挖掘掉一棵大树的根要难得多。

欢欣，这是一种青春的、诗意的情感。它来自面向着未来伸开双臂奔跑的冲力，它来自一种轻松而又神秘、朦胧而又隐秘的激动，它是激情即将到来的预兆，它又是大雨过后的比下雨还要美妙得多也久远得多的回味。

喜悦，它是一种带有形而上的修养的境界。与其说它是一种情绪，不如说它是一种智慧、一种超拔、一种悲天悯人的宽容和理解，一种饱经沧桑的充实和自信，一种光明的理性，一种坚定的成熟，一种战胜了烦恼和庸俗的清明澄澈。它是一潭清水，它是一抹朝霞，它是无边的平原，它是沉默的地平线。多一点儿、再多一点儿喜悦吧，它是翅膀，也是归巢。它是一杯美酒，也是一朵永远开不败的莲花。

——节选自王蒙《喜悦》

作品40号

在湾仔，香港最热闹的地方，有一棵榕树，它是最贵的一棵树，不光在香港，在全世界，都是最贵的。

树，活的树，又不卖，何言其贵？只因它老，它粗，是香港百年沧桑的活见证，香港人不忍看着它被砍伐，或者被移走，便跟要占用这片山坡的建筑者谈条件：可以在这儿建大楼盖商厦，但一不准砍树，二不准挪树，必须把它原地精心养起来，成为香港闹市中的一景。太古大厦的建设者最后签了合同，占用这个大山坡建豪华商厦的先决条件是同意保留这棵老树。

树长在半山坡上，计划将树下面的成千上万方山石全部掏空取走，腾出地方来盖楼。把树架在大楼上面，仿佛它原本是长在楼顶似的。建设者就地造了一个直径十八米、深十米的大花盆，先固定好这棵老树，再在大花盆底下盖楼。光这一项就花了两千三百八十九万港币，堪称是最昂贵的保护措施了。

太古大厦落成之后，人们可以乘滚动扶梯一次到位，来到太古大厦的顶层。出后门，那儿是一片自然景色。一棵大树出现在人们面前，树干直径有一米半粗，树冠直径足有二十多米，独木成林，非常壮观，形成一座以它为中心的小公园，取名叫“榕圃”。树前面插着铜牌，说明原由。此情此景，如不看铜牌的说明，绝对想不到巨树根底下还有一座宏伟的现代大楼。

——节选自舒乙《香港：最贵的一棵树》

作品41号

我们的船渐渐地逼近榕树了。我有机会看清它的真面目：是一棵大树，有数不清的丫枝，枝上又生根，有许多根一直垂到地上，伸进泥土里。一部分树枝垂到水面，从远处看，就像一棵大树斜躺在水面上一样。

现在正是枝繁叶茂的时节。这棵榕树好像在把它的全部生命力展示给我们看。那么多的绿叶，一簇堆在另一簇的上面，不留一点儿缝隙。翠绿的颜色明亮地在我们的眼前闪耀，似乎每一片树叶上都有一个新的生命在颤动，这美丽的南国的树！

船在树下泊了片刻，岸上很湿，我们没有上去。朋友说这里是“鸟的天堂”，有许多鸟在这棵树上做窝，农民不许人去捉它们。我仿佛听见几只鸟扑翅的声音，但是等到我的眼睛注意地看那里时，我却看不见一只鸟的影子。只有无数的树根立在地上，像许多根木桩。地是湿的，大概涨潮时河水常常冲上岸去。“鸟的天堂”里没有一只鸟，我这样想到。船开了，一个朋友拨着船，缓缓地流到河中间去。

第二天，我们划着船到一个朋友的家乡去，就是那个有山有塔的地方。从学校出发，我们又经过那“鸟的天堂”。

这一次是在早晨，阳光照在水面上，也照在树梢上。一切都显得非常光明。我们的船也在树下泊了片刻。

起初四周围非常清静。后来忽然起了一声鸟叫。我们把手一拍，便看见一只大鸟飞了起来，接着又看见第二只，第三只。我们继续拍掌，很快地这个树林就变得很热闹了。到处都是鸟声，到处都是鸟影。大的，小的，花的，黑的，有的站在枝上叫，有的飞起来，在扑翅膀。

——节选自巴金《鸟的天堂》

作品42号

有这样一个故事。

有人问：世界上什么东西的气力最大？回答纷纭的很，有的说“象”，有的说“狮”，有人开玩笑似的说：是“金刚”，金刚有多少气力，当然大家全不知道。

结果，这一切答案完全不对，世界上气力最大的，是植物的种子。一粒种子所可以显现出来的力，简直是超越一切。

人的头盖骨，结合得非常致密与坚固，生理学家和解剖学者用尽了一切的方法，要把它完整地分出来，都没有这种力气。后来忽然有人发明了一个方法，就是把一些植物的种子放在要剖析的头盖骨里，给它以温度与湿度，使它发芽，一发芽，这些种子便以可怕的力量，将一切机械力所不能分开的骨骼，完整地分开了。植物种子力量之大，如此如此。

这，也许特殊了一点儿，常人不容易理解，那么，你看见笋的成长吗？你看见过被压在瓦砾和石块下面的一颗小草的生成吗？他为着向往阳光，为着达成它的生之意志，不管上面的石块如何重，石块与石块之间如何狭，它必定要曲曲折折地，但是顽强不屈地透到地面上来。它的根往土壤钻，它的芽往地面挺，这是一种不可抗的力，阻止它的石块，结果也被它掀翻，一粒种子的力量的大，如此如此。

没有一个人将小草叫做“大力士”，但是它的力量之大，的确是世界无比。这种力，是一般人看不见的生命力。只要生命存在，这种力就要显现。上面的石块，丝毫不足以阻挡。因为它是一种“长期抗战”的力；有弹性，能屈能伸的力；有韧性，不达目的不止的力。

——节选自夏衍《野草》

作品43号

著名教育家班杰明曾经接到一个青年人的求教电话，于是与那个向往成功、渴望指点的青年人约好了见面的时间和地点。

等到那位青年人如约而至时，班杰明的房门敞开着，眼前的景象令青年人颇感意外——班杰明的房间里乱七八糟、狼藉一片。

没等青年人开口，班杰明就招呼道：“你看我这房间，太不整洁了，请你在门外等候一分钟，我收拾一下，你再进来吧。”一边说着，班杰明就轻轻关上了房门。

不到一分钟的时间，班杰明又打开了房门并热情地把青年人让进客厅。这时，青年人的眼前展现出另一番景象——房间里的一切已变得井然有序，而且有两杯刚刚倒好的红酒，在淡淡的香水气息里还漾着微波。

可是，没等青年人把满腹的有关人生和事业的疑难问题向班杰明讲出来，班杰明就非常客气地说道："干杯。你可以走了。"

青年人手持酒杯一下子愣住了，既尴尬又非常遗憾地说："可是，我……我还没向您请教呢……"

"这些……难道还不够吗？"班杰明一边微笑着一边扫视着自己的房间，轻言细语地说，"你进来又有一分钟了。""一分钟……一分钟……"青年人若有所思地说，"我懂了，您让我明白了一分钟的时间可以做许多事情，可以改变许多事情的深刻道理。"

班杰明舒心地笑了。青年人把杯里的红酒一饮而尽，向班杰明连连道谢之后，开心地走了。

其实，把握好了生命中的每一分钟，也就是把握了理想的人生。

——节选自纪广洋《一分钟》

作品44号

有个塌鼻子的小男孩儿，因为两岁时得过脑炎，智力受损，学习起来很吃力。打个比方，别人写作文能写二三百字，他却只能写三五行。但即便这样的作文，他同样能写得很动人。

那是一次作文课，题目是《愿望》。他极其认真地想了半天，然后极认真地写，那次作文极短。只有三句话：我有两个愿望，第一个是，妈妈天天笑眯眯地看着我说："你真聪明。"第二个是，老师天天笑眯眯地看着我说："你一点也不笨。"

于是就是这篇作文，深深地打动了他的老师，那位妈妈式的老师不仅给了他最高分，在班上带感情朗诵了这篇作文，还一笔一画地批道：你很聪明，你的作文写得非常感人，请放心，妈妈肯定会格外喜欢你的，老师肯定会格外喜欢你的，大家肯定会格外喜欢你的。

捧着作文本，他笑了，蹦蹦跳跳地回家了，像只喜鹊。但他并没有把作文本拿给妈妈看，他是在等待，等待着一个美好的时刻。

那个时刻终于到了，是妈妈的生日——一个阳光灿烂的星期天。那天，他起得特别早，把作文本装在一个亲手做的美丽的大信封里，等着妈妈醒来。妈妈刚刚睁眼醒来，他就笑眯眯地走到妈妈跟前说："妈妈，今天是您的生日，我要送给您一件礼物。"

果然，看着这篇作文，妈妈甜甜地涌出了两行热泪，然后一把搂住小男孩儿，搂得很紧很紧。

是的，智力可以受损，但爱永远不会。

——节选自张玉庭《一个美丽的故事》

作品45号

小学的时候，有一次我们去海边远足，妈妈没有做便饭，给了我十块钱买午餐。好像走了很久，很久，终于到海边，大家坐下来便吃饭，荒凉的海边没有商店，我一个人跑到防风林外面去，级任老师要大家把吃剩的饭菜分给我一点儿。有两三个男生留下一点儿给我，还有一个女生，她的米饭拌了酱油，很香。我吃完的时候，她笑眯眯地看着我，短头发，脸圆圆的。

她的名字叫翁香玉。

每天放学的时候，她走的是经过我们家的一条小路，带着一位比她小的男孩儿，可能是弟弟。小路边是一条清澈见底的小溪，两旁竹阴覆盖，我总是远远地跟在后面。夏日的午后特别炎热，走到半路她会停下来，拿手帕在溪水里浸湿，为小男孩儿擦脸。我也在后面停下来，把肮脏手帕弄湿了擦脸，再一路远远地跟着她回家。

后来我们家搬到镇上去了，过几年我也上了中学。有一天放学回家，在火车上，看见斜对面一位短头发、圆圆脸的女孩，一身素净的白衣黑裙。我想她一定不认识我了。火车很快到站了，我随着人群挤向门口，她也走近了，叫我的名字。这是她第一次和我说话。

她笑眯眯的，和我一起走过月台。以后就没有再见过她了。

这篇文章收在我出版的《少年心事》这本书里。

书出版后半年，有一天我忽然收到出版社转来的一封信，信封上是陌生的字迹，但清楚地写着我本名。

信里面说她看到了这篇文章心里非常激动，没想到在离开家乡，漂泊异地这么久之后，会看见自己仍然在一个人的记忆里，她自己也深深记得这其中的每一幕，只是没想到越过遥远的时空，竟然另一个人也深深记得。

——节选自苦伶《永远的记忆》

作品46号

在繁华地巴黎大街的路旁，站着一个衣衫褴褛、头发斑白、双目失明的老人。他不像其他乞丐那样伸手向过路行人乞讨，而是在身旁立一块木牌，上面写着："我什么也看不见！"街上过往的行人很多，看了木牌上的字都无动于衷，有的还淡淡一笑，便姗姗而去了。

这天中午，法国著名诗人让·彼浩勒也经过这里。他看看木牌上的字，问盲老人："老人家，今天上午有人给你钱吗？"

盲老人叹息着回答："我，我什么也没有得到。"说着，脸上的神情非常悲伤。

让·彼浩勒听了，拿起笔悄悄地在那行字的前面添上了"春天到了，可是"几个字，就匆匆地离开了。

晚上，让·彼浩勒又经过这里，问那个盲老人下午的情况。盲老人笑着回答说："先生，不知为什么，下午给我钱的人多极了！"让·彼浩勒听了，摸着胡子满意地笑了。

"春天到了，可是我什么也看不见！"这富有诗意的语言，产生这么大的作用，就在于它有非常浓厚的感情色彩。是的，春天是美好的，那蓝天白云，那绿树红花，那莺歌燕舞，那流水人家，怎么不叫人陶醉呢？但这良辰美景，对于一个双目失明的人来说，只是一片漆黑。当人们想到这个盲老人，一生中竟连万紫千红的春天都不曾看到，怎能不对他产生同情之心呢？

——节选自小学《语文》第六册中《语言的魅力》

作品47号

有一次，苏东坡的朋友张鹗拿着一张宣纸来求他写一幅字，而且希望他写一点儿关于养生方面的内容。苏东坡思索了一会儿，点点头说："我得到了一个养生长寿古方，药只有四味，今天就赠给你吧。"于是，东坡的狼毫在纸上挥洒起来，上面写着："一曰无事以当贵，二曰早寝以当富，三曰安步以当车，四曰晚食以当肉。"

这哪里有药？张鹗一脸茫然地问。苏东坡笑着解释说，养生长寿的要诀，全在这四句里面。

所谓"无事以当贵"，是指人不要把功名利禄、荣辱过失考虑得太多，如能在情志上潇洒大度，随遇而安，无事以求，这比富贵更能使人终其天年。

"早寝以当富"，指吃好穿好、财货充足，并非就能使你长寿。对老年人来说，养成良好的起居习惯，尤其是早睡早起，比获得任何财富更加宝贵。

"安步以当车"，指人不要过于讲求安逸、肢体不劳，而应多以步行来替代骑马乘车，多运动才可以强健体魄，通畅气血。

"晚食以当肉"，意思是人应该用已饥方食、未饱先止代替对美味佳肴的贪吃无厌。他进一步解释，饿了以后才进食，虽然是粗茶淡饭，但其香甜可口会胜过山珍；如果饱了还要勉强吃，即使美味佳肴摆在眼前也难以下咽。

苏东坡的四味"长寿药"，实际上是强调了情志、睡眠、运动、饮食四个方面对养生长寿的重要性，这种养生观点即使在今天仍然值得借鉴。

——节选自蒲昭和《赠你四味长寿药》

作品48号

人活着，最要紧的是寻觅到那片代表着生命绿色和人类希望的丛林，然后选一处高高的枝头站在那里观览人生，消化痛苦，孕育歌声，愉悦世界！

这可真是一种潇洒的人生态度，这可真是一种心境爽朗的情感风貌。

站在历史的枝头微笑，可以减免许多烦恼。在那里，你可以从众生相所包含的甜酸苦辣、百味人生中寻找你自己，你境遇中的那点苦痛，也许相比之下，再也难以占据一席之地，你会较容易地获得从不悦中解脱灵魂的力量，使之不致变得灰色。

人站得高些，不但能有幸早些领略到希望的曙光，还能有幸发现生命的立体的诗篇。每一个人的人生，都是这诗篇中的一个词、一个句子或者一个标点。你可能没有成为一个美丽的词，一个引人注目的句子，一个惊叹号，但你依然是这生命的立体诗篇中的一个音节、一个停顿、一个必不可少的组成部分。这足以使你放弃前嫌，萌生为人类孕育新的歌声的兴致，为世界带来更多的诗意。

最可怕的人生见解，是把多维的生存图景看成平面。因为那平面上刻下的大多是凝固了的历史——过去的遗迹；但活着的人们，活得却是充满着新生智慧的，由不断逝去的"现在"组成的未来。人生不能像某些鱼类躺着游，人生也不能像某些兽类爬着走，而应该站着向前行，这才是人类应有的生存姿态。

——节选自[美]本杰明·拉什《站在历史的枝头微笑》

作品49号

中国的第一大岛、台湾省的主岛台湾，位于中国大陆架的东南方，地处东海和南海之间，台湾海峡和大陆相望。天气晴朗的时候，站在福建沿海较高的地方，就可以隐隐约约地望见岛上的高山和云朵。

台湾岛形状狭长，从东到西，最宽处只有一百四十多公里；由南到北，最长的地方约有三百九十多公里。地形像一个纺织用的梭子。

台湾岛上的山脉纵贯南北，中间的中央山脉犹如全岛的脊梁。西部为海拔近四千米的玉山山脉，是中国东部的最高峰。全岛约有三分之一的地方是平地，其余为山地。岛内有缎带般的瀑布，蓝宝石似的湖泊，四季常青的森林和果园，自然景色十分优美。西南部的阿里山和日月潭，台北市郊的大屯山风景区，都是闻名世界的浏览胜地。

台湾岛地处热带和温带之间，四面环海，雨水充足，气温受到海洋的调剂，冬暖夏凉，四季如春，这给水稻和果木生长提供了优越的条件。水稻、甘蔗、樟脑是台湾的"三宝"。

岛上还是一个闻名世界的"蝴蝶王国"。岛上的蝴蝶共有四百多个品种，其中有不少是世界稀有的珍贵品种。岛上还有不少鸟语花香的蝴蝶谷，岛上居民利用蝴蝶制作的标本艺术品，远销许多国家。

——节选自《中国的宝岛——台湾》

作品50号

对于中国的牛，我有特别的尊敬感情。

留给我印象最深的，要算一回在田垄上的"相遇"。

一群朋友郊游，我领头在狭窄的阡陌上走，怎料迎面来了几只耕牛，狭道容不下人和牛，终有一方要让路。它们还没有走近，我们已经预计斗不过畜牲，恐怕难免踩到稻田泥水里，弄得鞋袜又泥又湿了。正在踟蹰的时候，带头的一只牛，在离我们不远的地方停下来，抬起头看看，稍迟疑一下，就自动走下田去，一队耕牛，跟住它全走离阡陌，从我们身边经过。

我们都呆了，回过头来，看着深褐色的牛队，在路的尽头消失，忽然觉得自己受了很大恩惠。

中国的牛，永远沉默地为人类做着沉重的工作。在大地上，在晨光或烈日下，它拖着沉重的犁，低头一步又一步，拖出了身后一列又一列松土，好让人们下种。等到满地金黄或农闲时候，它可能还得担当搬运负重的工作，或终日绕着石磨，朝同一方向，走不计程的路。在它沉默劳动中，人便得到应得的收成。

那时候，也许，它可以松一肩重担，站在树下，吃几口嫩草。偶尔摇摇尾巴，摆摆耳朵，赶走飞附在它身上的苍蝇，已经算是它最闲适的生活了。

中国的牛，没有成群奔跑的习惯，永远沉沉实实的。默默地工作，平心静气，这就是中国的牛。

——节选自小思《中国的牛》

语态篇

高等师范学校应当用其他方法来培养我们的教师。如怎样站、怎样坐……怎样笑和怎样看等等“细微末节”……如果没有这些技巧，那就不能成为一个好教师。

——【苏联】马卡连柯

【训练目的】

这里的语态与语法上的同一概念意义截然不同，是指日常所说的“教态”，即配合教师口头言语表达而进行的教师身体动作。教师口语的语态篇训练，目的是为了塑造教师良好的视觉形象。因为，作为课堂教学环境下的教师口语表达，必然是面对面与学生进行沟通，在以语音作为最基本的外在表现形式的同时，少不了体态语言的辅助运用。而正确有效地使用姿态语这种无声语言，必然能增强教师口语的表达效果。

语态篇的训练，同样以科学性、情感性、得体性为要求，力求做到精神饱满、大方得体、亲切自然。

【训练内容】

语态篇共分四章：

第四章，教师象征性体态语训练。该章首先从理论上简要介绍教师象征性体态语的概念及作用，进而从象征性姿态语、象征性手势语、象征性服饰语三个方面进行训练，以提升师范生使用象征性体态语的意识和能力。

第五章，教师说明性体态语训练。该章同样从理论上简要介绍教师说明性体态语的概念及作用，同时指出目前此类体态语在使用中存在的问题，进而有针对性地进行说明性体态语的设计与美化的训练。

第六章，教师表露性体态语训练。该章主要针对目前中小学教师普遍忽视面部表情的问题，从理论上明确表露性的概念及意义，并具体强化表情语和目光语的训练。

第七章，教师适应性和体调性体态语的训练。和前面三章不同的是，本章属于消极体态语范畴。所以，本章在明确其概念和负面影响的基础上，重点进行诊断与纠正训练。

理论概述

教师口语作为教师在课堂教学中所进行的口头言语，因为其即时性与当面性，在通过有声语言传递信息的同时，必然还要配合以体态语来完成。本篇将就教师口语中的体态语进行训练，为求得名称与结构上的对应关系简称为语态篇，与语法上的“语态”概念无关。

“体态交流是言语之外的另一种交流方式：一个人的任何一个举动都可以被其他人赋予某种含义。”① 具体来说，体态语就是“身体语言”、“肢体语言”，是指人在交际过程中，用来传递信息、表达感情、表明态度的非言语的特定身体态势。它是一种表达和交换信息的可视化（有的伴声）符号系统，由人的面部表情、身体姿势、肢体动作和体位变化等构成。在现实生活中，体态语的使用极其广泛，有时更能无声胜有声地巧妙表达信息，同时留给对方更大的想象空间。美国心理学家艾伯特·梅拉宾1968年的研究表明，人与人之间的沟通高达93%是通过非语言进行的，而只有7%是通过语言达成的。他提出一个有趣的公式：交流的总效果＝7%的语言＋38%的音调＋55%的面部表情和人体动作。研究体态语较早的雷·伯德惠斯特尔，也得出了类似的统计结果：人在面对面的交流中，有声部分占交际信号的比例低于35%，而65%的交际信号是无声的。美国心理学家艾德华·霍尔更是十分肯定地说：“无声语言所显示的意义要比有声语言多得多。”

教师体态语，则是教师这一特定职业人员在特定的环境——学校与课堂中所使用的体态语，旨在完成教育教学任务。“教师为有效地进行课堂教学管理，既可用点头、手势等代替自然语言来表达对学生的指示，也可在讲授课程的同时借助特殊的手势辅助说明，从而起到吸引学生注意力、组织教学的作用。”② 教育教学过程中，教师这些特定的身体态势既可以支持、修饰或者否定言语行为，又可以部分地代替言语行为，发挥独立的表达功能；同时还能表达言语行为难以表达的感情和态度，起到不可小视的作用。从体态语的功能这一角度着眼，较早的研究者美国的埃克曼和弗里森把体态语分为五大类：符号势、图解势、调节势、心情展示势和适应势。根据体态语的这种分类方法，我国学者庄锦英与李振村把教师体态语分为以下五类：1. 象征性体态语；2. 说明性体态

---

① 亚德里安·弗海姆.体态语言[M].上海：上海人民出版社，2006.

② 孙天正.教师素质理论丛书之非语言行为卷[M].北京：中国城市出版社，1995.

语；3. 表露性体态语；4. 适应性体态语；5. 体调性体态语。需要强调的是，教师与学生的空间距离、教师的衣着也是教师体态语的一部分。

马卡连柯认为，高等师范学校应当用其他方法来培养我们的教师。如怎样站、怎样坐……怎样笑和怎样看等等"细微末节"……如果没有这些技巧，那就不能成为一个好教师。由此可见，无论是已经在教师队伍中工作了很多年的经验丰富的老教师，还是即将走上教师岗位的师范生，都应该重视教师体态语这一方面的修养。

下面就按照我国学者庄锦英与李振村的五种分类，来进行教师体态语的训练。

➢ 理论说明

教师体态语中的象征性体态语，也称为符号性体态语，是教师在教育、教学活动中用来传递明确信息，能够被所有学生（至少是绝大部分学生）理解的、有着固定含义的体态语。这类体态语好比语言中的成语，有着约定俗成的含义和固定的结构，不能随便改动。

在具体的课堂教学中，象征性体态语多表现为一些指令语和评价语，主要用来组织调控课堂教学活动，强调的是教师通过具有符号性和通用性的体态语，向学生传递明确信息。正因为象征性体态语主要是起到组织管理的作用，所以它必然要重点体现得体性。所谓“身正为范”，教师应从细节处入手，本着相互尊重的原则，文明规范地使用象征性体态语。目前在具体的使用中，存在着象征性体态语不规范、不文明的现象，急需改善。国内学者李振村、庄锦英在对有关幼儿园、中小学、高等院校116位教师进行调查的基础上，参考国外关于非言语交流的有关论述后，总结、统计出三大类教师常用的象征性体态语——指势语、掌势臂势语、头势语。本教程认为，教师在课堂教学中姿态与服饰也是一种具有象征意义的符号，可以纳入到教师的象征性体态语中来。

下面就从姿态语（含头势语）、手势语（含指势、掌势和臂势）、服饰语三方面进行教师体态语的训练。

第一节　象征性姿态语训练

➢ 理论简介

姿态语，也可称为身势语，是以躯干为主体的身体各部位做出的各种姿势以及呈现出的不同状态，具体包括头势、躯干势（腹部、小腹部、肩部、背部等）、腿势、脚势以及坐势、站势、卧势等。结合课堂教学的具体情境，本教程讨论的主要是教师的站立行走的姿态和头势。姿态语能够传递各种信息、表达不同的感情色彩，是非言语交际关注和考察的重要内容。生活中不难发现，人在得意时会昂起头、挺起胸，而在失意时则会垂头、弓背，所谓“趾高气昂”、“垂头丧气”就是对这两种姿态的生动描绘。由此可见，姿态语与人的情绪状态紧密相连，堪称人们内心情绪的“晴雨表”。

➢ 技能训练

一、教师的站立行走姿态

人们在不同的心理状态下，站立行走的姿态会显示出不同的意义。人的站立行走姿态并不是人体某一特定部位的动作，而是身体各个有关部位配合在一起而表现的身体姿态。也正因为如此，它所表现的意义就不是某一具体身体部位所能够替代的，它传达的是人的内在的精神气质。人们往往喜欢通过观察一个人的姿态来评判其形象，并由此而了解一个人。俗话说“站如松，行如风”，这是日常生活中人们对于站立行走姿态的理想标准。作为教师，更应在课堂教学中率先垂范，做到挺胸收腹、双肩平展、步履稳健，给人以精神饱满、积极向上、落落大方的直观感受。

【训练要领】

教师姿态语的训练，目的是传达出教师应有的气质与风度，无须矫枉过正过于死板，从容自信、自然大方即可。（需要注意避免一些不恰当的教师姿态，可结合适应性、体调性体态语内容。）

【训练方法】

1. 观摩：可通过教师示范或优秀教师课堂实录展示，让学生有一个直观感受，进而结合形体训练对全班同学进行基本的站立行走姿态训练。

2. 诊断：可通过学生轮流上台模拟教师表达，诊断个人的站立行走姿态问题。

3. 训练：可通过分组或全班进行具体的教学片断来有针对性地纠正、强化训练，结合微格训练效果更佳。训练应遵循由易到难、循序渐进原则，从模仿到自创，从单一任务到综合任务。

二、教师的象征性头势语

头部是人体最重要的部位，它有人类最重要的信息“接收器”——五官。人体接收到的外界信息，有98%以上都是通过眼、耳、鼻、舌（口）等器官获得的。头部为了适应这些特殊的“职能”，具有不同于其他身体部位的特征：转动灵活，能够左右摇摆、上下俯仰，也可以前伸后缩。这些动作既可以单独由头来做出，表达一定的意义，也可以由头和五官配合来表达思想感情。通过头部的运动态势表达特定含义，这在教师的象征性体态语中普遍存在。根据研究观察，教师的象征性头势语基本上有三种类型：点头、侧头、摇头。

（一）点头

点头，即颈部带动头部垂直上下运动一次或两次以上。运动时，上下的幅度大致相等，或者向下时略强一些。其基本含义是“同意”或“赞成”，是一种肯定的体态信号。关于点头的起源，一种观点认为与婴儿吃奶的动作有关，婴儿越是饥饿，“点头”动作幅度就越大；另一种观点认为是鞠躬的修正式，可理解为极度简略的弯身屈从。综合来看，点头一般具有欣然接受、顺服屈从的象征意义。

在课堂教学中，点头是教师常用的象征性体态语。学生回答问题精彩圆满时，教师可以点头表示称赞；学生做了好事时，教师可以点头表示表扬；学生回答完毕时，教师可以点头示意坐下；学生征询意见时，教师可以点头表示同意……如此种种情境下，教师都可以通过点头来传达“同意”或“赞成”这一象征意义。但具体动作的规范性和得体性却各有不同，应通过训练增强其表达效果。

【训练要领】

1. 点头动作常常是伴以相应的面部表情的

因为点头是一种肯定的体态信号，所以面部往往是“写”满笑容的，表现出一种与内心思想相称的愉悦、欢快的表情。否则，就会使人感觉此人要么是内心或身体正经历着某种不适，要么就是对对方的成绩、说法等不以为然。所以，教师在以点头传递肯定信号时，应配合以微笑表情，否则会给学生一种敷衍搪塞、不真诚的感觉。

2. 点头动作的幅度大小要有针对性

这里的针对性包括两个方面：一是针对师生间的交际内容；二是针对交际对象。

从交际内容看，师生交流的内容是侧重于对学生的肯定和表扬，则幅度较大；如果只是对于学生行为的许可和同意，则幅度较小。

从交际对象看，受学生学习心理的影响，一般来说，对学龄前的幼儿点头幅度比较大，小学次之，中学、大学则接近日常生活的状态。而从交际对象的多寡来说，一般面向全体时幅度大些，面向个体时稍小。

3. 点头动作的力度要适宜

点头动作应明确表达意图，这主要依靠其力度与幅度的配合，力度越大传达出的肯定色彩越浓。课堂教学中，教师应根据教学对象和教学内容的特点，有针对性地配合点头幅度选择点头力度，更有效地传递信息。

（二）侧头

侧头，即将头从一侧稍稍倾斜到另一侧。这一头势的基本含义是“关注”，具体含义可根据配合运用的面部表情分为“感兴趣”和“疑惑”两种。

1. 感兴趣

课堂教学中，经常可以看到这样的情形：当某一学生回答问题时，教师会微侧着头，脸上略带微笑注视着学生，同时随着学生的回答进程频频小幅度点头。这里的侧头动作就是教师对学生的回答感兴趣的表现，它会鼓励学生继续深入思考，探寻正确答案。

2. 疑惑

如果侧头时脸上带有皱眉的表情，则表示疑惑。这常用在教师听学生回答问题或与学生交谈时。第一种情况，大多是教师“有意为之”，即故意做出这种动作，引发学生进一步的思考；第二种情况就是表达怀疑或否定。

【训练要领】

1. 侧头与表情的配合

根据侧头表达的具体含义，应注意配合不同的面部表情，以准确传达情感态度。如要表达“感兴趣”则应配合微笑、扬眉、注视的表情，呈现一种积极关注的状态；而如果表达的是“疑惑”，则应配合皱眉、稍严肃认真的表情，呈现一种积极思考的状态。

2. 侧头与身体的配合

因为侧头所传达的基本含义是“关注”，所以在侧头的同时可以配合身体前倾的动作，表达一种积极倾听的状态。而不要身体后仰，因为这会有背“关注”的初衷，给人以距离和防御之感。

（三）摇头

摇头，颈部把头从一边转到另一边两次以上，向两边转动的幅度差不多。这是一个多用于表示拒绝和否定含义的信号。这一动作既可以对过去的情况进行否定，也可以对当前的情况进行否定，还可以对未来的情况否定。

教师运用摇头动作，主要有如下几种情况：对学生进行否定性评价；对学生的请求予以拒绝；对某事物持否定态度。

【训练要领】

由于摇头传达的是一种否定性的信息，因此教师应慎重使用，避免运用不当对学生稚嫩的心灵造成伤害。具体注意：

1. 摇头应注意与面部表情的协调配合

虽然摇头的基本含义是“不”，但在具体表达时也可以与微笑的表情配合。如在学生回答问题出错时，微笑着轻轻摇头，在否定的同时却不会给学生太大心理压力，能够让学生继续深入思考。

而如果是对比较严肃、严重的问题表达拒绝和否定时，则应配合以严肃的表情，如深锁眉头、目光严厉，以引起学生的重视。

2. 摇头的幅度与力度要与表达内容相配合

一般来说，对学生的不良行为或不良行为结果的评价，摇头动作要坚决有力；而对学习行为或结果的评价则幅度、力度都不宜过大。

3. 摇头的幅度与力度还要与教学对象相适应

一般来说，教学对象年龄越小心理承受能力相对越小，因此摇头的力度应相对减小，幅度可以稍大，以较缓慢的大摇头居多，一定程度上淡化否定的情感色彩；年龄稍长的则可以相对增加摇头的力度，减小摇头的幅度，显得干脆有力。

【训练方法】

象征性姿态语中的站立行走和头势语往往结合使用，训练时也以综合训练为主，具体方法如下：

1. 观摩：可通过教师示范或优秀教师课堂实录展示，让学生有一个直观感受，进而结合形体训练对全班同学进行基本的站立行走姿态和头势训练。其中，特别要注意头部应下颌微收，因为教师授课时较多时间站在讲台上，而学生则是坐着的，所以教师的头部远远高出学生视线，如果下颌扬起会强化一种高傲印象，不利于师生间平等、和谐的教学交往。

2. 诊断：可通过学生轮流上台模拟教师表达，诊断个人的站立行走姿态问题。

站立行走本身并不难，但加入角色定位后就有了具体的要求，而师范生要从学生的角色转换为教师角色，举手投足间仍存在诸多问题是难免的。通过这个环节的训练，就是要让每个同学明确自己的问题在哪里，这样后面的强化训练才能做到有的放矢。

3. 训练：可通过分组或全班进行具体的教学片断来有针对性地纠正、强化训练，结合微格训练效果更佳。

训练应遵循由易到难、循序渐进的原则，从模仿到自创，从单一任务到综合任务。如刚开始可以采用现成的教案或是他人的课堂实录，以减轻学生组织语言的压力，把训练重心放在姿态语的调控上。

第二节　象征性手势语训练

➢ 理论简介

手势语是指用手和臂的各种动作姿势来传达某种意义。手势是一种十分复杂的体态语，是人类最重要的辅助性交际工具。手势表达的含义相当丰富，常常配合有声语言使用并且频率很高，所以被称为口头表达的第二语言。在人类的各种体态语中，它的地位可以说是与人的面部表情并驾齐驱的。但有别于眼神、表情对内心情感的自然流露，手势的运用往往是人们的自觉行为或习惯性动作。手势的类别，从所使用的不同部位看，可以分为手掌势、手指势、臂腕势等几种；从表达的作用看，可以分为说明性的手势、表情性的手势和象征性的手势。这里讨论的是象征性的教师手势语，主要包括指势语和掌势语。

➢ 技能训练

一、教师的象征性指势语

在人体各部位中，手指的运用最为频繁，据统计，人一生至少要屈伸手指2 500万次；而且十个手指异常地灵敏，能够表达丰富的信息。指势语既可以使用一个手指，也可以使用两个或两个以上的手指，甚至十个手指一起使用。需要说明的是，人们在使用指势语时，离不开手掌的配合。它与掌势语的区别在于：掌势语是用整个的手掌加上手指来表达一定的意义，而指势语则主要使用手指来表达意义。

课堂教学中，教师较多使用的象征性指势语，主要有以下几种：

（一）翘拇指

翘起大拇指的手势表示“很好”、“棒极了”等积极的意义，是对对方的肯定或鼓励，也可以用它表示“第一”、“最大或最好的”、“最出色和最拔尖的”等意义。人们之所以使用大拇指来表达这种含义，是因为在所有的手指中，大拇指的地位最重要，在手指所能完成的任务中，大拇指的作用最大。实验证明，在支配手指的大脑皮层中，用以支配大拇指的部分比支配其他四指的总和还要多。

课堂教学中，教师也常通过握拢拳头、拳面向前、拇指向上挺起这一手势语传达积极信号。它的基本含义是肯定的、赞扬的，但细加分析又有其细微的差别。

1. 表示肯定、称赞。多用来肯定、称赞学生思想品德方面或是学生学习活动中的突出表现。值得注意的是，教师在一般性的赞扬中较少运用这一手势语，而多在一些出乎意料的情境中使用来传达一种欣喜。具体运用的情境主要有：教师提出的有难度的问题得到了学生较圆满的回答；学生的回答非常有独创性；学生的回答或行为超出平常水平，令人刮目相看，等等。

2. 表示佩服。过去，由于受中国传统文化观念“师道尊严”的影响，教师较少通过这个手势来向学生表达佩服的意味；现在，随着师生平等观念的日渐深入人心，这一含义的翘拇指动作在课堂中慢慢多了起来。特别是在幼儿园、小学里比较常见。

3. 比喻罕见的、首屈一指的。表达这一意思时，这个手势有一定的说明意味，但更多还是约定俗成的象征意义。它多结合教学内容来体现，以增强口头表达的可信度和自豪感。

【训练要领】

作为象征性的翘拇指，主要用来进行下面评价，是一种积极的体态语。在运用中要注意体现教师口语的科学性、情感性和得体性，具体要领如下：

1．注意方向的正确性

传达肯定、赞扬意味的翘拇指动作必须是拇指朝前的（具体情境朝向受表扬者），而且只能前后晃动。如果拇指朝后，或是左右晃动，则传达出截然不同的意思。如朝后晃动是一种自以为是的表现；左右晃动则有了贬损或轻视的意思。

2. 注意力度的有效性

因为翘拇指是一个积极、肯定的手势符号，所以应配合以一定的力度，才能有效表达。切忌松软无力，给人以蜻蜓点水、敷衍了事之感，否则就失去了这一动作的表达意义。而且随着表达程度与表达对象的不同，还要注意力度的增减。

3. 注意幅度的得体性

翘拇指这个动作的幅度变化是比较丰富的，主要依据表达的情境来体现。如师生近距离交流时使用，可以小幅度地在胸前呈现；如果距离稍远或是面向全班大面积时可以大幅度地伸出整个手臂呈现。而从教学对象角度考量，则学生年龄越小越适应形象化思维，越需要较大幅度地呈现这一动作。

另外，翘拇指的得体性还表现在与眼神、表情的配合上。一般来说，翘拇指应配合微笑的表情、欣喜的眼神，同时面向并注视被肯定的对象。这样才能真诚而明确地传递对学生的肯定，起到较好的沟通效果。

（二）伸食指

食指是五指中除拇指外最重要的手指，和拇指比较，它擅长较精确、细致的动作，常用来表达引导、指示或警告的意思。课堂教学中，作为象征性的指势语，伸食指可以因为位置的不同、运动方式及指向的变化，而表达各种迥然不同的意思。主要有以下几类：

1. 表数字

伸出食指竖立于前方表示数字"1"。这在幼儿园及小学低段教学中比较常见，比较适合儿童的形象思维。

2. 示意安静

伸出食指与嘴唇垂直并靠近或接触嘴唇，表示"请安静"、"不要出声"等意思。这时嘴唇略嘟起，同时伴以轻轻的"嘘"声，眼睛稍稍睁大，起提示作用。这个动作在幼儿园及小学教学中很常见，能较好地辅助组织课堂教学秩序。

3. 指示方向

食指根据需要呈现运动态势，以对学生从事某些活动进行指示、引导。这一功能的动作在教学中最为普遍，如"请同学们看这里……"，"请大家仔细观察这幅图……"，等等，教师在这种口头表达时，通常都伴有食指指向黑板或图画或文字等物体的动作，在指示到位后还会经常点动几下予以强调。这种指示手势能够明确目标、突出重点，引起学生的注意。

【训练要领】

1. 动作出示应干净利落

在显示数字或指示方向时，伸食指应干净利落，有一定的力量和弹性，体现教师的从容自信。切不可松软疲沓、拖泥带水，给人以犹豫、随便之感，这样不能很好体现教师的示范性。

2. 尽量回避以此动作指人

伸食指又被称为"专制式"手势语，因其好像一只尖尖的矛头，又像麦芒或针尖，能给人造成相当强烈的压制感和胁迫感而得名。所以喜欢对人使用这一手势的人，容易给人粗暴、缺乏自制力的印象。课堂教学中，教师应尽量回避这一手势。如需指示某位同学时，许多教师习惯用此动作，最好改用掌势语，这样更能体现对学生的尊重。

二、教师的象征性掌势语

掌势语就是交际过程中，通过手掌来表达一定思想感情的体态语。掌势语既可以单独使用，表示一定的意义，也可以同其他的人体动作或有声语言配合使用。教师用于组织课堂教学的象征性掌势语主要有：

（一）“乞讨式”：掌心向上

即掌心向上的掌势语，因其常见于乞讨时使用故而得名。这一手势表明使用者比较谦和，让人产生一种亲近感和平易感，使人乐于接受相关的要求，而使用者也易受到别人的尊敬。

课堂教学中，教师掌心向上或略倾斜向上扬动一次或数次，具有的象征意义是“请起立”，进一步可引申为“要求做某事”。由于这一动作的谦和特点，能传达出对学生的尊重和爱护，学生接受其指令时比较愉快。例如课堂教学提问时，教师以此动作要求学生起立回答，学生会有一种平等感。这样的表达效果远远优于用食指点学生起立的强制和命令。具体使用中，还有单手与双手使用之分：

1. 单手上扬

这个动作的接受对象拘限于个体，传达“有请某人做某事”的意义。根据具体情境，既可以是请起立，也可以是不起立而直接有请做某事。

2. 双手上扬

即双手摊开，掌心向上，双手同时向上扬起。它同样表达“请做某事”，但主要面向全体学生，如请全体起立时即可使用。另外，这个动作还象征着坦率、真诚，无保留；它既可面向个体，也可面向全体使用，只是不用上扬。

【训练要领】

1. 注意手形的规整美观

虽然这一手势源于乞讨，但用于课堂教学应体现其职业的严谨性，所以出示时手形应该规整美观。具体表现为五指并拢、掌面绷紧，切不可五指屈张、松软随意。

2. 注意手势与表情的协调

因为这一手势传达“有请”的象征意义，是一种尊重有礼的表现，所以出示时应与亲切自然的表情配合，切不可过于严肃、冷漠。

3. 注意动作幅度与力度的把控

鉴于此动作积极、礼貌的指令意义，在幅度上无须过大，一般小幅度上扬即可；如果距离较远，为了让对方便于接收信息，可适当加大幅度。而在力度上，从指令下达的角度来说，应稍有力度，不可太松弛。

（二）“指令式”：掌心向下

掌心向下，从视觉上给人一种下压和下按的感觉，使人产生反弹和抵制的情绪，因其带有明显的强制性和命令性而得名。课堂教学中，教师也常使用这一手势来完成指令，即手掌平放，掌心向下按动一次或数次，具体分为：

1. 单手下按

单手下按具有“请坐”的象征意义，主要接受对象为个体，即请某个人坐下。

2. 双手下按

双手手掌向下按，主要面向全体学生，其象征意义是“请坐”，也可进一步引申为“请停止做某事”。

【训练要领】

1. 注意与表情的配合

因为“指令式”本身带有强制性、命令性，如果配以过于严肃的表情，会给学生造成太大心理压力。所以，在使用时应配合相对亲切的面部表情。当然，需要对学生行为进行喝止的特殊情况除外。

2. 注意力度与幅度的调控

无论是单手式还是双手式，下按动作的幅度都不宜太大，否则会影响其象征意义的表达；同样，力度也要适中，不可过于生硬、也不可过于松弛。

（三）拍掌式

双手掌连续相击即为拍掌式，这一手势的象征意义除了普遍使用的“赞扬”、“鼓励”、“欢迎”、“感谢”外，在课堂教学中最常见的是“提醒”。因为拍掌伴有清脆的声音，所以可以起到提醒学生关注的作用，进而有效管理课堂纪律。如在嘈杂的讨论或自由活动中，可通过这一动作来请大家安静，把注意力转移到老师身上。

【训练要领】

1. 要注意拍掌目的与面部表情的协调性

如果拍掌目的是表达基本义——鼓励、表扬、欢迎与感谢等，则应配合积极的面部表情，即以微笑为主；而如果拍掌目的是表达“提醒”，则应根据具体情境来配合表情：提醒暂停某种正常课堂活动则应配合亲切自然的表情；提醒中止某种负面的课堂活动则可配合严厉的表情。

2. 要注意拍掌目的与频率、力度的适应性

以鼓励、表扬、欢迎、感谢为目的时，视其程度而定可使拍掌频率快而持久，力度逐渐增强。

以提醒为目的时，一般意义上是力度稍强，频率适中；而如果是旨在否定的提醒，则力度与频率都加强。

（四）丁字式

丁字式，是指一掌平放，掌心向下，另一手伸出食指或五指并拢垂直向上顶住前一手掌掌心。这一象征性行为的固定含义是“暂停”，普遍用于体育比赛。课堂教学中，也常用来调控课堂组织纪律，如在中止自由朗读或自由讨论时呈现以起提醒作用。

【训练要领】

这一手势在课堂教学中使用，主要起提示作用，因此出示动作时幅度应大一些。具体表现为整个动作可以举得高一些，同时应远离身体，让学生能够一目了然。

【训练方法】

本节把象征性手势语细分为指势语和掌势语，主要是为了教学分析之便，而在具体运用过程中往往是相互配合的。因此，我们倾向于把它们进行综合的训练。总体要求是：手势要简洁、自然、适度、有力；手势要与姿态语、有声语相协调，手随心动、话到手到，出势要稳，收势要准；手势不要杂乱、生硬、随意、松懈。

首先，可以就所涉及的手势做一些分解性的基本动作训练，以检验动作的规范性。

然后，再就所涉及的手势做特定情境下的综合性训练，以检验动作的规范性和得体性。

具体可以小组为单位，让学生自由设计教学片段，逐一模拟教师授课的方式来呈现象征性指势语、掌势语在课堂教学中的使用；然后再扩大到班级的范围内进行训练。例如，以上课之初组织教学的师生问好环节训练掌势语等。

第三节　象征性服饰语训练

➤ 理论简介

服饰是指人们的穿着打扮，包括服装、鞋帽、化妆、饰物、随身携带物品，甚至个人交通工具等。因为服饰是附着于人体而显示其意义的，所以说服饰也是一种体态语。在人际交往的过程中，外貌具有十分重要的作用。外貌美，容易给人留下良好的印象。外貌是人的思想、感情、性格的外在表现，因此人们往往通过外貌去推测一个人的内心世界。而一个人的外貌是一个整体，它由人体特征、情绪状态和服饰共同构成。人们在观察某个人时，常常会把80%到90%的注意力集中到服饰，可见，服饰对于人的外貌是多么的重要。

英国著名体态语学者D·莫里斯曾明确指出："穿衣服不传递社会信号是不可能的。每件衣服都在说出穿着者的一段故事，而且常常是很微妙的故事。"一个人的衣着时时刻刻都在传递着信息，泄露着人们的内心秘密。一般来说，不同的穿着打扮表现着人们对自己的社会角色和周围世界的不同态度。课堂教学中，教师的服饰语也具有重要的作用：

一、"第一印象"作用

"第一印象"也就是心理学上所指称的"首因现象"，即交往双方初次见面时彼此间产生的印象，一般在七、八秒中即已生成，而且极大程度上取决于人们的着装。一个人的穿戴在一定意义上影响着他在某一领域的成功与失败，美国人约翰·莫利在《穿着与成功》中论述了这两者间的关系，他认为西服表达正式、权威，深蓝和深灰色的西服能给人以沉稳、值得信赖之感。

一般来说，"第一印象"良好，人们就愿意同他接近，彼此能较快地取得相互了解，并会有利于对以后一系列行为的理解；反之，则不利于交往。在对学生的访谈中，也常有学生因为对教师的第一印象不好而不喜欢一个老师，甚至讨厌老师所教的学科。所以，教师应多加留意着装细节，给学生留下良好的"第一印象"，为师生间顺畅、有效的教学交往打下基础。

二、信息展示作用

服饰能够直接展示一个人的社会地位、经济状况、民族、职业、年龄等。在古代，服饰是用来区别高低贵贱的重要标志；现代社会，等级的区别一般已不再从服饰中显示，但服饰的展示作用依然存在。现代服饰最重要的展示作用就是区分职业，如不同职业的制服。教师职业目前虽然没有统一的制服，但生活中常会听到人们这样评判——“你穿得像个老师！”或是“你穿得不像个老师！”可见，教师的着装是具有一定的象征符号意义的，应基本符合社会大众对教师职业的基本着装要求。在美国，有些大学的系主任建议男教师穿衬衫、打领带；而女性最好穿西服套裙，以便营造一种“教师地位”的权威感。

三、情绪感染作用

服饰作为一种体态语，是一种刺激信号，在表达信息的同时也能起到感染情绪的作用。它对着装本人和他人的情绪都会产生很大影响。衣服的款型、材质和色彩都会直接影响人们的情绪情感。据说著名配音演员童自荣在给电影《佐罗》配音时，就借助了鞋子材质对心理情感的影响——他在为总督配音时穿上海绵拖鞋，声音飘荡颤抖、软弱无力；在为佐罗配音时换上结实的皮鞋，语调变得豪放潇洒、铿锵有力——完美地塑造了两个截然不同的声音形象。课堂教学中，教师的衣着是老气横秋，还是青春活力，是不修边幅，还是衣冠楚楚，会给学生传递出不一样的情感信息，进而对教学交往产生不同的影响。

由此可见，作为人类“第二肌肤”的服饰，不仅仅可以遮风挡雨、保暖御寒，还可以展示个性、体现人的精神面貌和职业形象。这对于“学高为师，身正为范”的教师而言，更为重要。教师的服饰要能很好地体现职业特点，做到大方、得体；同时，也要注意流行与个性相结合。然而有调查显示，课堂教学中会特别注意自己服饰选择的教师仅占21.92%。这表明，教师对于服饰的教育功能、审美功能尚不够重视，或者说对此还不自觉，所以未能在具体的工作生活中有效地利用起来。这种现象应有所改变，可以通过师范教育中教师服饰语的训练，来增强其意识和运用能力。

➢ 技能训练

【训练要领】

1．要注意个人着装风格与职业特点的协调性

“穿衣戴帽，各有所好”，人们个性的不同决定了各自不同的着装风格。但作为一种职业，“学高为师，身正为范”是社会对教师的公共期待，正所谓“教师无小事，事事关教育”，教师服饰语的表达自然不能马虎。因此，在表达个人着装风格的同时，更应考虑教师职业的特殊性，做到两者的协调、统一。具体来说，作为教师的着装应能体现一定的思想品味和审美水平，在款型、材质、色彩上都应有所考虑。例如，在款型上不宜穿着太暴露、太随便的衣服，如女教师不穿吊带衫裙、男教师不穿汗衫短裤等；材质上不要太

过华丽,色彩上不要太艳丽等。

2. 要注意教师着装与具体教学情境的适应性

教师着装在总体反映教师风采的大前提下,还应考虑具体教学情境的适应性。这主要体现在两方面:一是教学对象的适应性,即教师着装要与学生的心理特点相吻合。例如幼儿、小学生更乐于接受活泼、可爱的事物,这就决定了教师的着装可以色彩丰富些、材质柔软些、款型休闲些;而中学、大学生的审美心理日趋成熟,所以教师的着装要能体现优雅、自信、睿智、沉稳的成熟品质。二是教学学科的适应性,即教师着装要与所教学科特点相切合。例如作为音乐、美术类教师,着装上要能体现一定的艺术性;体育教师则要体现运动员的风范等。总之,教师着装应该要能传达教师的内在气质,而不要邋遢随便,也不要太过雍容华贵。

【训练方法】

1. 讨论

传统观念对教师形象的界定往往是一身灰暗的衣服,一副黑框眼镜,一丝不乱的头发。显然,这样的教师形象已经背离了如今这个张扬个性的时代,教师自身很难认同,学生也不再乐于接受。那么,新时代下的教师外在形象究竟该如何从服饰语上去体现呢?

可在前面所谈的一些基本原则基础上,引发学生们讨论。

2. 赏析

在讨论的基础上,可广泛搜集形形色色的教师着装图片和课堂录像,从动态和静态的着装展示中,师生一起来赏析教师的着装。

3. 自我定位与设计

在讨论与赏析中,逐步引向对自我的关注:我将选择什么样的教师着装风格?

进而从款型、材质、色彩上给自己设计一套服装搭配,可利用图片展示,也可通过“教师着装日”的形式真人展示。同时,配合自我阐述与他人评议。

➢ 理论说明

所谓教师说明性体态语，即教师在教育教学活动中用于解释、说明、描述某些内容与事物的身体动作或态势，主要被老师用来帮助言语行为说明、展示教学内容。从教育教学的角度来看，说明性体态语能引起学生的注意，增强学生的学习兴趣和积极性；能延伸教学内容，使学生在接受言语信息的同时让视觉也参与到课堂中来，增加信息的摄取量，有效提高课堂教学质量。

说明性体态语是与象征性体态语比较而得出的，两者既有联系又有区别，应注意把握说明性体态语的特点：

1. 伴随性

所谓伴随性，就是指说明性体态语的出现总是与教师的口头言语相配合，它不能独立存在。这表明，教师说明性体态语与口头言语的关系密不可分，它总是为了帮助说明口头言语难以说清的某些内容而呈现。而象征性体态语既可以伴随口头言语使用，也可以独立使用。

2. 可创造性

教师说明性体态语是为言语表达服务的，它伴随着言语行为的变化而变化，而且因人而异没有固定的形式，所以表现出丰富的个体创造性。而教师象征性体态语则是约定俗成的“标志性”体态语，其动作模式往往是固定的，不具有可创造性。

说明性体态语多采用手势动作来传达，旨在帮助学生理解老师的口头讲解内容，起到一定的辅助强化作用，故而在具体的运用过程中应结合其特点，力求简练准确、形象生动。有研究显示，在实际教学中教师的说明性体态语容易暴露出多而杂乱的问题，有时甚至干扰了教师的教学言语表达。为此，应有针对性地进行说明性体态语的规范训练，具体表现为设计与美化两个方面。

第一节　教师说明性体态语的设计

➢ 理论简介

教师说明性体态语与言语的关系非常密切，甚至可以说是密不可分，因为它是伴随口头言语而出现的，是为辅助口头言语而存在的。也就是说，如果没有口头言语的同时出现，说明性体态语几乎不能独立发挥信息传递的作用，这是由其伴随性特点所决定的。这一特点表明了教学言语与说明性体态语之间的主次关系：言语为主，动作为辅。因此，说明性体态语的出现不可喧宾夺主。

观察教师的课堂教学，常能看到一些教师一节课中手舞足蹈，令人眼花缭乱。虽然不能简单地以频繁与否来判断说明性体态语的好坏，但教师说明性的手势是用来帮助学生理解教师的口头讲授的，如果过于频繁，必然会分散学生的注意力；同时，过多的手势也会让学生习以为常，对其大脑不能引起新异刺激，势必会失去说明性手势应有的作用。因此，说明性手势语应以少而精的动作画龙点睛，而要做到这一点，必然要对其有所设计和控制，即在备课过程中应突破只考虑教学言语的传统做法，把与教学言语紧密结合的说明性体态语也预设进去，具体考虑教师说明性体态语的使用频率和出现的时机。

教师的说明性体态语比较集中在手势语，也可以通过其他身体动作、面部表情来配合使用，旨在说明、解释、描绘、强调。根据课堂教学活动的特点，一般可把教师说明性体态语分为两大类：描摹人物类和描摹事物类。

➢ 技能训练

【训练要领】

教师说明性体态语的设计主要考虑何时使用，以及使用的频率，而具体呈现的方式则在教师说明性体态语的美化部分涉及。课堂教学中，教师说明性体态语的设计一般遵循以下原则：

1. 应遵循与教学内容相配合的原则

教师说明性体态语的伴随性特点决定其不宜过多、过杂，应有针对性地进行控制，以确保对教学言语的有效辅助作用。否则，多而不设计的说明性手势自然显得杂乱，不停地比手画脚令人目不暇接，同时手势动作的目的性也遭到淡化，变得含混模糊，使得手势动作之间缺少了逻辑性，最终对学生的学习造成干扰。要做到少而精，具体要根据教学内容的特点来进行设计，一般而言内容越是抽象难懂的越需要说明性体态语辅助；越是需要引起学生注意的越需要说明性体态语加以强调。总之，教师在讲解过程中尽量预先设计说明性体态语，把握好时机“该出手时才出手”；在即时性的师生对话中，也要增强调控说明性体态语的意识，减少无谓的动作数量。

2. 应遵循与教学对象相适应的原则

教师说明性体态语的设计要与学生学习心理相吻合，充分考虑学生的接受能力。一般说来，学生年龄越小对语言的理解能力越差，越需要具有直观形象特点的说明性体态语来辅助理解。著名心理学家皮亚杰甚至认为：对于七、八岁的小孩来说，手势同言词一样构成孩子的实际社会语言。因此，幼儿园和小学教学中，教师可较多使用生动、形象的说明性体态语。而到中学、大学，随着学生抽象思维能力的提高，可相应减少此类体态语的使用。

综合来看，在预设教师说明性体态语时，如果能遵循与教学内容相配合的原则，以及与教学对象相适应的原则，就可以一定程度上杜绝多而杂乱的“手舞足蹈”现象，真正实现教师说明性体态语的少而精。

【训练方法】

1. 游戏：“我做你猜”

给学生一些词语或句子，让他看过后配合简单的言语（回避给出的字词）设计动作进行描述；或是让学生亲眼观察某物后，让其配合言语设计动作进行描述。

通过此类游戏，训练学生的动作设计和描述能力。

2. 讲故事或演讲

以小组为单位或是全班进行，让学生自选儿童故事讲述，或是自定话题演讲，要求设计说明性体态语加以配合，以增强讲述的生动性和感染力。

3. 教学片段

先以小组为单位再扩大到全班范围，让学生进行三到五分钟的教学片段训练，可结合优秀教师的课堂实录和学生的微格录像进行赏析与自评，进而通过有针对性的强化训练来提高说明性体态语的设计水平。

第二节　教师说明性体态语的美化

➢ 理论简介

和多而杂乱相配合出现的另一个教师说明性手势语的问题是，手势语的单一重复、缺少美感。具体的课堂教学过程中，教师说明性体态语的使用往往是重“量”不重“质”，暴露出一些问题：在实际的听课调查中发现，教师的说明性体态语特别是手势语多采用“伸食指”或“平伸四指”进行描述说明，显得单一重复；且在出示动作时显得笨拙僵硬，不够优美、流畅，不能很好地起到辅助、替代或是强调说明的作用。

其实，说明性体态语在具体使用中，由于没有固定的动作模式，完全是为言语行为服务的，它必然要随着言语行为的变化而变化。所以，教师完全可以为了说明某些重要且难以理解的教学内容而提前精心设计、创造特殊的体态动作。如一位特级教师在讲解课文《燕子》时，为了帮助学生理解“斜着身子在天空中掠过”和“线上是停着几个粗而有致的小黑点，那便是燕子”两句，分别设计了两个手势动作：一是高举右手臂，用微微倾斜的右手掌，快速从右上方向左下方划了一条大弧线；一是弯曲右手作叩指状，随着言语说明有节奏地在空中点了几下。就是这样两个非常简洁明了、灵活新颖的说明性动作，既增强了言语说明的形象性，也调动了学生的兴趣，学生对句子的理解自然也就更深刻、透彻了。说明性体态语的这种可随机创造的特性，同时决定了说明性体态语还具有明显的不确定性，即一个动作在此时此地的语言环境中所表达的内容，在彼时彼地不一定还表达同样的内容。例如还是前面的那个叩指的手势动作，如换作配合《游园不值》中“小扣柴扉久不开”来进行说明，则有了新的意义——敲门。

以上论述不难说明：具有可创造性和不确定性的说明性体态语是非常丰富的，在具体运用过程中应该注意灵活多变，以最高效地辅助教学言语活动。著名的心理学家埃克曼和弗里林认为：“说明性动作是在社会中学到的。”[①] 为此，教师需要在教学过程中不断地学习、积累并日臻完善说明性体态语，只有这样，才能逐渐对哪些教学内容应当用什么样的动作予以演示说明了如指掌，与教学言语相得益彰。

➢ 技能训练

【训练要领】

1. 避免单一重复

这一要领与说明性体态语的设计紧密结合，前面侧重说明性体态语呈现的时机与

---

① 罗树华. 教师课堂体态语言浅论[J]. 教育科学，1991(1)L10–13.

频率，这里则强调呈现的具体方式。

2. 美感

教师说明性体态语毕竟是作为一种教学手段而存在的，有其职业的专业性，因此，动作呈现应具有一定的美感，与教师的职业特点相适应。好比交警指挥交通的手势、解说员讲解时的手势一样。

【训练方法】

1. 诊断训练

结合前面说明性体态语的设计训练，更进一步进行此类体态语的美化训练。首先，可通过小组微格训练进行录像后自查与互评，再进入全班集体训练，结合教师的点评完成每个人的说明性体态语美化问题的诊断。

具体可先从易到难组织活动，如可从朗读、讲故事、小演讲等学生熟悉的言语表达方式入手，逐渐过渡到具体教学片段的教师口语表达。

2. 强化训练

针对诊断出的问题，对同一个言语表达材料进行反复强化训练，争取每个人都可以完整、完善地完成一个故事、一个小演讲、一个教学片断。重点美化说明性体态语，以增强言语表达效果。

➢ 理论说明

所谓的表露性体态语，就是教师在教育教学过程中，用以传达情感方面信息的身体动作或态势。有效使用表露性体态语，能缩短师生间的距离，营造和谐的师生关系，为保障教学质量的提高创造有利条件。毕竟教师的工作并不是毫无热情地把知识从一个头脑装进另一个头脑里，而是师生之间每时每刻都在进行着心灵的接触。正如霍姆林斯基所说，教育是人和人的心灵最微妙的相互接触。教师通过表露性体态语的一举一动向学生流露的情感、意志和个性，必将影响学生审美观念的形成和良好品德的培养，最终帮助学生健康发展。

表露性体态语的主渠道是面部表情和眼神，它所传达的情感既有教师与学生之间的情感交流，也有教师对于教学内容中的情感再现，即表露性体态语有作为教师形象体现的常规性，也有配合教学内容变化的特殊性。从常规性角度来说，课堂教学中教师的表露性体态语应以亲切、热情为常态；从特殊性角度来说，表露性体态语则需要结合教学内容与情境的变化做相应的调节。

第一节　表露性面部表情语

➢ 理论简介

相比较其他类型的体态语，表露性体态语的丰富性是突出而惊人的，其中，尤其是面部表情，可谓是人体语言的“稠密区”。所谓面部表情，是指眉、目、鼻、嘴组成的“三角区”和脸上的肌肉、脸色等对于情感体验的反应动作。据雷·L.伯德惠斯特尔研究，人类大约有两万五千多种面部表情可以用来表现思想和情感。[①] 法国浪漫主义作家雨果说：“脸上的神气总是心灵的反映。”批判现实主义作家罗曼·罗兰也说：“面部表情是多少世纪培养成功的语言，是比嘴里讲的更复杂千万倍的语言。”这些论述都足以表明，教师在与学生的课堂教学交流中，面部表情的信息传达充当着极其重要的角色。可以说，教师配合教学内容与情境而变化的丰富（面部）表情，有利于创设生动的教学情境，激发学生的学习热情，营造和谐愉快的教学氛围。

然而，或许是受师道尊严的长期影响，也或许是国人情感表达比较含蓄的性格使然，在课堂教学中，教师的面部表情大多比较呆板、严肃，缺少变化。有研究显示：只有42.3%的教师会根据教学内容和教学情境的需要而丰富面部表情；49.6%的教师虽然也有面部表情的变化，但基本出于教学管理的需要，并不关注与教学内容情感信息的配合，且以严厉的表情为主；而多达

① 李如密.试论老师的非语言表达艺术[J].山东教育科研，1988(3)：21-26。

8.1%的教师基本没有面部表情的变化，显得冷淡、呆板。这表明教师使用面部表情语，主要用于组织管理班级纪律，而与教学内容配合的主动性不明显。值得肯定的是，课堂教学中语文教师的面部表情普遍比数学及其他学科教师丰富，虽然，这在一定程度上反映出不同学科教学的特点，但更多的是暴露出非语文学科的教师对于教学情感性的不重视，甚至是认识不够到位，因为任何教学活动都不可能是完全排斥情感的，这是不容回避的事实。所以，无论哪种学科教学，教师的面部表情都应力求丰富多变，配合教学内容与情境以达到最优化的教学效果。此外，面部表情中，本应作为教师课堂上主基调的微笑是少之又少。教育心理学认为，教师的微笑是一种重要的教育资源和教育力量。可以毫不夸张地说，教师的微笑有着巨大的教育魅力。无论是出于师生良好关系建立的需要，还是出于教学信息有效传递的考虑，微笑都应该在教学课堂上大放异彩。可是相关调查研究显示，只有不到40%的教师能在课堂教学中，以亲切自然的微笑作为常规性表情与学生进行交流。其中，语文、英语教师明显多于数学教师和其他学科教师，这种差异与其学科特点比较符合，表明文科教师因学科的丰富情感性更重视微笑。而这也恰恰反映出其他学科教师对教学的认识不到位，不能很好地体现教学本身的人文情怀。

由此可见，教师微笑匮乏与面部表情呆板，已成为了教师表露性体态语中较为突出的问题，集中反映出教师的教学热情、教育专业度有待进一步提高。师范生作为未来的教师应防患于未然，重视表露性体态语的训练。

➢ 技能训练

【训练要领】

1. 教师面部表情应具有丰富性。
2. 教师面部表情应具有连续性。
3. 教师面部表情应以微笑为主基调。

【训练方法】

1. 常规性表情训练

教师在教学中的常规性表情是亲切的、和蔼的、热情的、开朗的，以微笑作为主基调。

可让学生各自对镜练习微笑的表情，一般嘴角微咧，从内而外地传达一种愉悦与真诚情感即可。不必生硬要求露几颗牙，而应以亲切、自然为标准。

由于教师的微笑表情往往是面对众多学生呈现的，这对于师范生而言有一定的心理障碍。可组织一些小活动让学生从两两面对，到一对多，最后到一对全班，以逐渐调适心理，能够轻松地微笑面对。

2. 变化的表情训练

在具体的教学情境中，教师的面部表情应跟随教学内容发生改变，以使课堂教学变得丰富而生动。

可以给出一定的教学情境，让学生模拟教师来进行表情训练。如让学生作为一名新教师作自我介绍；或是以教师的角色给其他学生范读一篇文章；或是对班级中出现的某种不良现象进行批评教育等。

第二节　表露性目光语训练

➤ 理论简介

“眼睛是心灵的窗户”，早已成为人们的共识。孟子曰：“存乎人者，莫良于眸子。眸子不能掩其恶。胸中正，则眸子瞭焉；胸中不正，则眸子眊焉。”（《孟子·离娄上》）这表明，眼睛最能直接、真实地传达人们内心的思想情感。因为，眼睛是人体最主要的感觉器官，外界信息主要通过眼睛来接收，同时，人们又主要凭借眼睛来与外界建立联系。所以，在面对面的人际交往中，善于运用眼神将令交流更顺畅，课堂教学亦如此。这种主要通过眼睛来传递信息、情感的体态语，称为眼势语，也叫目光语。

教师在课堂教学中常用的目光语，主要有环视和注视。

环视，就是目光在较大范围内作环状扫描，一般用于面向全体学生授课时。如开始上课时使用，能集中学生的注意力，尽快进入学习状态；提问时使用，能促进全体学生开动脑筋、深入思考，同时全面了解学生对问题的理解程度；讲解过程中，也可通过环视来调控课堂纪律，让每一个学生认真听讲。

注视，则是目光较长时间地固定于某人或某物。教师在教育教学过程中，主要使用的注视有：严肃注视、授课注视和亲密注视。其中，严肃注视和亲密注视主要在教育活动中运用，即对学生进行批评教育时用严肃注视；而与学生进行不以批评为目的的教育谈话时用亲密注视。授课注视，则是讲授过程中的注视，其视线落点主要是以两眼为底线、嘴为下角的倒三角区域。授课注视一般需要形成比较融洽、和谐的气氛，主要和亲切、自然的面部表情相配合构成；同时，也需要结合各种不同的教学内容与情境，与丰富多变的面部表情相配合构成，或怒目圆睁、或眉开眼笑。

应该说，课堂教学的效率与教学期间师生的目光交流有着直接的关联，教师应在课堂上充分发挥目光语的作用。但目前的小学课堂教学中，目光语的使用却有待改进。

有调查显示，教师普遍重视环视在教育教学中的作用，如78.77%的教师会在正常的授课过程中，采用环视来关注全体学生。如教师在上课之初比较重视环视对学生注意力的调动，基本每堂课都有安排课前环视。但同时，也暴露出一些问题，比较突出的就是环视时目光语过于冷漠，这种问题在中小学都普遍存在。小学生正处于活泼好动的年龄段，课间十分钟游戏后再回到课堂很难较快进入学习状态，这时，通过“起立、敬礼、相互问候”环节，教师环视全体同学以提醒他们上课了，能取得较好的整顿纪律的效果。通过随堂听课记录发现，教师此时环视往往严厉有余，亲切不够。虽然这与有的小学生过于调皮有关，但如能以鼓励的目光来提醒和暗示会更具积极意义。全国著名特级教师于永正《给女儿的20条贴心建议》中，就曾谈到课前的目光语：

> 铃声落了，教室里的多数人如果对你视而不见，依然我行我素，乱哄哄的（低年级小朋友尤甚），你不要发脾气，要静静地观察每个人，目光不要严厉，但要犀利、灵活、有神。一般情况下，片刻之后，多数学生会安静下来。此刻，你一定要及时给同学们一个满意的表情，表扬表现好的人，表扬要具体，指出哪

一排哪一组的同学安静,哪些学生坐得端正。①

可见,给学生一个积极、鼓励、期待的眼神,更有利于培养学生的良好习惯和长期良性发展。否则,过于严厉的目光语虽能一时控制课堂纪律,但长此以往必然拉开师生之间的距离,造成一种学生面服心不服的尴尬局面。而更让人担忧的是,为了避免学生难以快速恢复上课状态,有的教师竟然禁止学生课间游戏。这与目光语严厉、冷漠的现象一样,急需得到重新的认识与改变。

除了环视之外,注视也是目光语的重要内容,特别是授课注视更是每时每刻都在进行着的。课堂教学中教师授课注视常见的问题主要是:漠视、侧视。漠视是冷淡、冷漠地注视,这与教师授课中缺少微笑有关,给学生一种缺乏授课热情的心理感受;侧视也可称为斜视,往往传递出轻蔑、看不起的意味,当教师快速转移视线时比较容易出现,还有就是与学生距离较远且没有转身面对时也常有体现。有调查显示3.66%的语文教师、16.67%的数学教师和9.09%的非语文数学教师,在课堂教学中会出现不屑的眼神。这些不良目光语的使用会影响学生的学习积极性,造成一定的学习障碍。此外,授课注视的范围有一定的局限性,这也是一个不容忽视的问题。根据课堂记录发现,四十分钟的一节课里,教师授课注视的时间分配上,比较偏向于正前方和右边的学生,并且以三、四排区域为主。这与美国昂塔里欧学院教育博士约翰·克勒的研究比较吻合:他发现,教师平均用44%的时间直视前方,39%的时间与右边的学生交换目光,只用19%的时间与左边的学生进行目光交流。探究其成因,有资料表明可能是由于人的大脑左右两半球优势发展不均衡,大多数人左半球发达,因此它所主司的视觉器官便偏向于右边活动;再就是教师在课堂上大多是进行逻辑思维,主要应用左脑,这也促使视觉器官偏向右边的学生多于左边的学生。然而,在与个别教师的访谈中发现,这种长期形成的注视定势并不被教师们所自知,对于听课记录呈现的结果教师们都感觉很吃惊,而这也恰恰反映出授课注视范围急需改变的现实。

➢ 技能训练

【训练要领】

1. 目光语应与教学情境相配合。

2. 目光语应与表情密切配合。

【训练方法】

1. 目光语诊断

以学生上台说话的方式,做一般目光语的诊断;继而模拟教师授课的方式,做教师目光语的诊断。

请同学们罗列出可能出现的问题。

2. 基本目光语的训练

根据目光语的分类,在教师的示范下训练目光语,以亲切、柔和、神采奕奕的目光语

---

① http://blog.sina.com.cn/s/blog_603d862d0100hzlg.html

为主基调，同时配合微笑。可采用对镜训练法和微格训练法进行不同心理状态下的目光语训练。

3. 可结合教学环节，分解训练目光语

教师讲课时要扩大目光语的注视范围，始终把全班同学都置于自己的视野之中，并用广角度的环视表达对每个学生的关注。课中，可以用眼神的交流组织课堂教学、捕捉反馈信息，针对不同的学生使用不同的目光点视，如对听讲认真、思维活跃的学生投去肯定的目光，对开小差的学生投以制止的目光，对回答问题胆怯的学生投以鼓励的目光等。

可结合具体的教学情境进行，如在微格教室模拟一些特别的情境来训练。

➢ 理论说明

教师适应性体态语和体调性体态语，从其本质上看都属于消极性体态语，对于课堂教学有一定的负面影响。教师在课堂教学中应尽量避免使用，本篇着重对师范生进行此类体态语的诊断与纠正训练。

第一节 教师适应性体态语的诊断与纠正

➢ 理论简介

所谓教师适应性体态语，是指教师在教育教学过程中，为了适应某种心理上、生理上或者是客观环境的需要，在较长时间内逐渐形成的身体态势。它有时是有意识的，有时是潜意识的，但都具有稳定性、习惯性、与教学无关、与言语联系不紧密等特点。例如，课堂教学中安排学生自由讨论或练习时，有的教师在巡视过程中喜欢倒背双手，或者双臂交叉在胸前；还有的教师讲课时喜欢把一只手插在裤兜里，等等。这些习惯一旦养成便很稳固，会经常表现出来，很难改变。

一般而言，教师适应性体态语与具体的教学内容没有直接的关系，对于教学没有直接的辅助作用，有时甚至会产生一定的消极影响，像前面提及的手插裤兜的动作就给人以随便、松懈的感觉，不利于良好教师形象的树立，所以应尽量地控制。有调查显示，18.18%的教师在课堂教学中，习惯较长久地倒背双手。根据听课观察，年老的教师比年轻的教师倒背双手的频率高，男教师又比女教师的频率高。有关研究表明，将双手放于身后，一只手握住另一只手，这是一种显示权威的信号，有身份、有地位的人常常有此习惯。这一动作还能起到一定的“镇定”作用，当人们处于极度不安时，倒背双手可以缓解紧张情绪，给人以泰然自若的感觉。但在课堂教学中出现这一动作，会塑造过于严肃呆板的教师形象，给学生以高高在上、盛气凌人的感觉，进而形成较为紧张的师生关系，间接影响学生的学习兴趣。相关调查还显示，有13.01%的教师在课堂教学中习惯双臂交叉抱于胸前。这个动作所传递出来的是一种防御性信号，同时给人一种目中无人、趾高气昂的感觉。有资料表明，当人们听到不喜欢的或有威胁性的话语时，90%的人会把双臂交叉起来。[①]可见，教师在课堂教学常出现双臂交叉于胸的动作，势必会拉大师生之间的情感距离，因为这一动作的客观封闭性影响了师生间的情感沟通，进而会给正常的教学活动带来负面的影响。调查发现，课堂教学中出现频率最高的教师适应性体态是双手撑讲桌，竟有43.84%的教师会经常使用这个动作，其中以数学教师最多，占45.24%。这种上身向前倾斜，双手撑在讲桌上以承受身体部分重量，减轻腿部压力的体态，对于长时间站立讲课的教师来说是比较

① 汪福祥. 奥妙的人体语言[M]. 北京：中国青年出版社，1988：115。

舒服的，但它的消极作用也显而易见：双手固定支撑，束缚了手势语在教学中的灵活运用；上身前倾做俯冲状，会给学生的心理造成压力，给人一种咄咄逼人的感觉；抑或因为以讲桌作为支撑，给人一种精神不饱满的感觉。以上种种适应性体态语在课堂教学中的出现，都在不同程度上对师生关系或是教学效果造成一定的负面影响，教师应极力控制这种消极性质的适应性体态语，尽可能地让教师的习惯性身体动作文质彬彬、优雅从容。

【诊断】

适应性体态语是在长期的教学过程中逐渐形成的，作为师范生尚未真正开始教学实践，理论上不存在适应性体态语。但由于它与一个人的日常行为习惯紧密相连，所以，借助模拟教学来对师范生可能形成的一些适应性体态语进行预测，还是很有防微杜渐的现实意义的。

具体诊断方法分两步：

1. 以本我的角色做自由发言

通过这种方式来诊断学生自身的一些不良体态定势。

2. 以教师的角色模拟课堂教学片段

让学生自选教案或课堂实录，或者优秀教学录像进行模拟教学，以小组方式进行微格训练，相互评议以改进；再进行全班性点评，以确诊个人的适应性体态语症状。

【纠正】

1. 分解纠正

把各自的问题性体态语进行分类、分级，按出现频率和顽固程度，从低到高、从易到难地逐个进行纠正。

2. 反复操练

在分解纠正的基础上，进行完整教学片断的反复操练，以强化正确运用积极体态语来辅助教学。

第二节　教师体调性体态语的诊断

➢ 理论简介

所谓教师体调性体态语，是指教师在教育教学活动中出现的，与教育教学的具体内容无直接关系的，身体一部分对另一部分或身体的一部分对其他物体的动作，也称为教师调节性体态语。简单来说，往往就是一些手足无措时的抓耳挠腮，心理紧张时的一些下意识动作，等等。这类体态语常出现在新教师身上，当然，老教师也不是完全没有。靳荣丰的《学生阅读辞典》中比较详细地叙述了一位新教师的体调性体态语：

> 星期一上午，第一节课，还不到上课时间，新老师来到了教室。新老师还很不好意思呢，走到讲台上，脸红得像红布，手好像不知该往哪儿放，一会儿挠挠头，一会儿扯扯衣服，那抓耳挠腮的模样，使好多同学低下头哧哧笑起来。

他更不自在了，干咳两声，然后说："同学们，我刚到这所学校来工作，教咱们班，我叫李正光……"讲完这几句话，李老师又不知该说些什么了，他的手大概没事干难受，就不停地玩弄粉笔，一小会儿，一支粉笔就被他捏成了几小段。他又伸出手梳一下头发，哈，头发沾了粉末，成白的了，几个胆大的同学再次笑起来，这回的笑就有点哄笑的意味了……①

这种体调性体态语，呈现出下意识、无意义或意义模糊、与言语关系不密切的特点。教师在课堂教学中出现的体调性体态语，几乎没有什么积极作用。有调查研究显示，教师在课堂教学中经常出现的体调性体态语主要有：修饰头发、抖动腿部、打哈欠、摸鼻子、挠耳朵等。其中，4.55%的教师会在授课过程中抖动双腿；5.48%的教师会在课堂教学中摸鼻子；13.01%的教师会在课堂教学中撩头发；16.67%的教师在课堂教学中喜欢用手玩弄粉笔、板擦。这些数据表明，对课堂教学具有不利影响的教师体调性体态语大有存在，这些消极的体态语不但于教学无补，而且很不文雅，只会损坏教师的形象，分散学生的注意力，致使教学效果不佳。而与教师的个别访谈中，教师并未意识到这些动作的消极作用和需要控制的紧迫性，往往把一切归咎于下意识的不可知上。对此，急需改变教师对体调性体态语的认识，通过训练加强对体调性体态语的控制，力求减少到最小范围，以保证教学质量。

【诊断】

1．结合学生具体专业评析教师课堂教学录像

提供大量中小学、幼儿园教师的课堂教学录像给学生观看，培养学生的评析能力，进而转化为对自我体态语的自查能力和内在要求。

2．学生模拟教师进行课堂教学

让学生以小组为单位共同完成一个完整的教案，每人平均执教大约十分钟，轮换进行教学。通过微格录像进行互评，进而通过全班点评诊断出各自的体调性体态语症状。

【纠正】

1．分解纠正

把各自的问题性体态语进行分类、分级，按出现频率和顽固程度，从低到高、从易到难地逐个进行纠正。

2．反复操练

在分解纠正的基础上，进行完整教学片段的反复操练，以强化正确运用积极体态语来辅助教学。

附：教学建议

1．适应性、体调性体态语相对于前三种体态语而言，属于消极体态语，应力求避免出现。它们与前三种体态语密切相关，可以说是前三种体态语的不良表现。如果说前三者是从正面帮助学生进行训练，那么这两种消极体态语则是从反面提醒学生要努力

---

① 靳荣丰．学生阅读辞典[M]．济南：济南出版社，1989：98。

克服。所以，在具体教学中不必拘泥于教材的编排顺序，可以把这两种体态语融入到前三种的训练当中，具体指导学生的积极与消极体态语的对比训练。

2. 语态篇的训练力求培养师范生成熟、大方、自然、洒脱的教态，但从学生转化为教师角色需要一个心理跨越的过程，所以在有限的课堂很难完成。建议可以在课外组织学生编排相声、小品等曲艺节目，并通过上台表演的方式来提升学生的心理素质，辅助增强学生的体态表现力。

语义篇

教育的艺术首先包括说话的艺术，同人心交流的艺术……教师高度的语言修养，在极大程度上决定着学生在课堂上脑力劳动的效率。

——【苏联】霍姆林斯基

【训练目的】

语义篇，即从言语表达的意义层面进行训练，主要从教师言语行为的产物——话语切入，从言辞表达上塑造教师的内在气质。这里的语义不同于语言的意义，而是语言运用中的意义，即言语意义，包括语词的选择与组合。语义篇的训练，力求教师口语在意义表达的层面做到清晰流畅、准确到位、形象生动，符合教师口语的科学性、情感性和得体性。

【训练内容】

语义篇共分五章：

第八章教师口语的语体特征。该章旨在从理论上界定清楚教师口语的语义是言语意义，其表达与语境密切相关。言语意义的表达适切语境即形成某种语体，教师口语的语体特征是书卷语体和谈话语体的有机结合。

第九章单向式教师口语表达训练。该章从独白体的教师口语表达入手，通过讲述、讲解两种具体的表达形式，来训练教师口语的语义表达。

第十章双向式教师口语表达训练。该章从对话体的教师口语表达入手，通过倾听、提问、评价三种具体的表达形式，来训练教师口语的语义表达。

第十一章心理素质与教师口语。该章指出师范生在教师口语训练中存在的心理障碍，并给出克服障碍的相应方法。

第十二章思维品质与教师口语。该章表明思维与表达的密切关系，就思维的方式和品质进行介绍与训练。

最后两章虽然放在语义篇内，但在实际教学中却是贯穿整个教程的训练过程的，可根据具体情况进行调配。

理论概述

因为教师口语是言语而非语言，所以这里涉及的语义篇就是言语的意义而非语言的意义。

语言意义包括词语意义和语法意义，它们都是高度抽象与概括的，具有相对凝固、稳定、多义的特点。某一个词语在未进入具体的言语环境时，往往有多种概念意义和非概念意义；某一个句子在未进入具体的言语环境时，也往往难以确定其真正含义，歧义句不用说，就是一般句子，除了概念意义之外也常常暗含多种非概念意义；某一种语法意义也常常包括两种以上的意义。语言意义最大的特点是能够脱离言语环境独立存在，例如研究一种语言词汇意义就如同研究一部词典，所以分析语言意义可以从语言系统自身的意义入手。

而言语意义是一种环境意义，它和语言意义有很大区别。言语意义是指具体的人在具体的语境中，对语言意义具体运用的结果。言语意义必须在一定的言语环境中才能产生，由于客观言语环境千变万化，所以言语意义也往往是灵活多变的。每当进入一种言语环境时，概括和多义的语言意义有时会用隐含的形式来表现。例如，作为语言意义的“英雄”是一个褒义词，是相对凝固与稳定的，也是概括与多义的。当它进入具体的言语环境后就会发生变化，往往只采用某一种意义。如“英雄来了”这句话，如果是在围观打虎英雄武松时说的，就具体指武松；如果是在看“开英雄车”的交通肇事者时说的，这里的“英雄”就是一种临时活用的讽刺意思。可见，言语意义是灵活多变的，它离不开具体的语境。

言语交际中，言语意义的表达必须受制于言语环境，即必须在言语表达过程中形成、运用与语境相适应的语言手段。王维成在《语用环境、语体风格和修辞功用》中提到：“由于交际的话题内容、对象、目的以及场所和时间等显性因素不同，决定和制约着语言手段的选择，并使所选用的语言手段具有特殊的组合方式。这些特殊的组合方式体现在选词造句、设格谋篇上，就产生了一系列反映特殊组合方式的语言表达形式，这些表达形式反复出现、逐渐稳定后，就形成了一个对内有一致性、对外有排他性，具有内在规律性的独特的言语体式，这就是语体。”由此可见，言语表达对于语境的适切就形成了语体。在任何一种语体中，都存在占主导地位的基本词汇、基本句式和表达手法，它们属于“核心语言”，不带有任何语体色彩，是各类语体都需要使用的“共同语”。而不同语体所表达出来的言语特点则是常规基础上的变异，即在与共同语的对比中，各种语体才显得出它的言语特点。这种话语显示出功能风格，具有表达作用，可充分发挥语言的社会功能，完成特定的交际任务。基于此，可概括语体为语境类型决定的言语功能变体，即一定语境类型中形成的、运用与语境相适应的语言手段，以特定方式反映客体的言语功能变体。

教师口语作为一种言语交际中的言语表达，其言语意义的传达必然也要受到教师角色、学生特点、课堂环境、教学内容及目的等语境因素的制约而形成自身特有的语体。下面就具体分析教师口语的语体特征，并有针对性地进行教师言语表达训练。

第一节　语体分类及特征

语境类型制约着语体的产生，语言手段的语体分化使语体产生成为可能。而语体既经形成，就能适合语境的要求，体现出各种功能，达到不同的交际目的，同时制约交际者建构话语，成为言语规律，为全社会共同遵守。语体规律是重要的言语规律，使用语言的人除遵守语言体系的规律外，还要遵守言语规律。恪守语体规律，在相应语境类型中建构相应语体的话语是言语能力的表现。

由于语境类型的概括性和语言材料分化的系统性，以及表达客体方式的专门性，一种民族语言中，语体的数量极为有限。大致说来，语体首先分为谈话语体和书卷语体；其次，书卷语体再分为艺术语体和实用语体；再次，实用语体可分为科学语体、事务语体、报道语体和政论语体。

一、谈话语体与书卷语体

按照人类言语活动的总的语境类型，语体可首先划分为日常谈话语体和公众书卷语体两大类。谈话语体适用于日常生活领域，书卷语体适用于集体活动的领域。日常谈话可以调节个体与个体之间的人际关系，达到人际和谐。集体言语活动中产生的书卷话语可以调节个体与群体以及群体之间的人际关系，达到社会一致，使社会生活和谐统一。这两种语体相辅相成，使语言充分发挥社会功能。谈话语体是在人们日常的、随意的、非专门性的交谈中形成的。由于它涉及生活领域的各个方面，因此使用的语言材料较广泛。书卷语体是在社会集体言语活动领域中形成的，由于社会集体活动趋于专门化，书卷语体使用的语言材料比较专门化。

二、艺术语体与实用语体

书卷语体用于社会集体活动的专门领域，由于语境类型的多样性，表达客体的方式也较丰富，从而引起语言材料的不同分化。所以，书卷语体需要进行再分类。首先可分为艺术语体和实用语体两类。

在艺术领域的语境类型中，话语形象地反映客体，在感情上感染听者或读者，在语言体系中分化出许多描绘手段和表现手段。这一类书卷语体就称为艺术语体，它重感情、重形象、重主观审视价值，重通过感染间接解决问题。而其他书卷语体则具有实用性，或者如实地记录客体、报道客体，或者理性地陈述客观规律，或者做事务性的交代。这一类称为实用语体，它重理性、重实际、重客观、重直接解决问题。

三、实用语体分类

随着民族语言的发展，实用语体为适应不同的实用领域慢慢分化出不同的语体。从大量话语的分析中，可以认识到目前实用语体已分化为科学语体、事务语体、报道语体和政论语体四种。

政论语体的语境类型是政治评论、宣传鼓动，服务于政治宣传领域。它的任务是直接为政治服务，鼓舞群众为特定的政治目的而斗争。科学语体的语境类型是学术交流、学术研讨、科学研究和应用，服务于科学、技术和生产领域。它的任务是准确而系统地阐述自然、社会和思维现象，论证这些现象的规律，理性地表达客体。事务语体的语境类型是行政事务、业务管理，服务于公众行政事务领域。它的任务是在行政管理中起联系、传达、通知的作用，如实地反映事务性内容。报道语体的语境类型是新闻采访和报道，服务于新闻传播领域。它的任务是及时、简要、如实地反映新近发生的事件，客观地报道客体。

第二节　教师口语语体特征

语体的形成取决于语境，不同的语境产生不同的语体风格。教师口语也一样要受制于其使用的场合——课堂语境。教师口语语体就是教师在进行口头言语表达时，在教师角色、教学对象、教学内容、教学手段、教学目的等各种课堂语境因素的综合制约下形成的具有语体区别特征的总和。它既有谈话语体的特征，也有书卷语体的特征，这与教师口语表达的言语意义密切相关。

一、教师口语言语意义

一般而言，言语活动就是一个语言意义向言语意义转化的过程。教师的课堂教学言语活动从本质上来看，并不是一种自我性的艺术性的表达活动，而是一般的指代性反映。因此，当教师言语活动把语言意义转化为言语意义时，它倾向于指代和表现功能。但是，在具体的教学实践中，又无法回避教师的个性化表达，同时也不排斥艺术化的表达功能，尤其是在一些文科类教学中。所以，教师的课堂教学口头言语意义应包括两个方面：最基本的指称化再现性语义和丰富复杂的个性化表现性语义。

（一）指称化再现性语义

杰弗里·N.利奇在《语义学》中论及：在使用语言再现性传递信息时，语言的理性意义占有最突出的地位。所谓理性意义，就是指语言作为符号所指和能指的事物，这种所指和能指具有稳定的认知特性，是词典的基本意义。理性意义是词语意义中稳定的核心部分，是语言不可缺少的基本组成部分，如果没有理性意义，就无法通过语言传递信息。

课堂教学中的教师言语主要是一种对所讲学科知识的再现性质的言语方式，因为课堂教学最基本的目的是向学生传授本学科的知识和技能，让学生准确明白地领会并能熟练运用。因而教师口语表达首先应是对这些学科知识和技能的再现，也就是呈现教师口语指称化的再现性言语意义。这主要表现为课堂教学中，教师对一些陈述性知识的讲解。各门学科都有自己固有的术语、概念、定义等，教师在传授本学科知识时，一定要让言语意义切合本学科内容的语言本身固有的语言意义，让言语的所指与语言符号本身的所指相一致，使得教师口头言语准确、科学地再现学科知识。同时，教师口语在传达再现性言语意义时，还要使教学言语的表层语义和深层语义尽可能一致或接近，不使用或少使用有言外之意、隐含之意、多重含义的语词，以及尽量避免造成不同理解的歧义句。例如："三角形两边之和大于第三边"这句话的表层语义与深层语义完全相同，能让学生准确理解三角形边的特征。但如果换为："三角形两边之和不小于第三边"，则隐含了更多的意义："三角形两边之和有可能大于第三边，也有可能等于第三边。"这必然会导致学生错误理解三角形边的特征。

总之，课堂教学中教师口语的再现性语义，主要用来讲授阐释学科知识体系和框架结构，其基本要求是清晰、准确、科学、规范。这种语义的呈现适合使用书卷语体。

（二）个性化表现性语义

如果说指称化的再现性语义是教师口语表达中的理性意义，旨在对客观事物、现象、性质、行为等的概括反映，表明语言单位所指称的对象及其对相关事物的联系。那么，教师口语表达中必然还存在感性意义，如教学内容中所包含的以及教师个体对教学内容、教学对象所产生的情感、态度等多种多样的表达色彩，这就是教师口语的个性化表现性语义系统。毕竟，课堂教学不可能像教学机器或录音录像机般，仅仅只呈现指称化的再现性语义。

无论是出于学生接收的需要，还是教师表达的需要，作为一种言语交际活动，课堂教学中教师口语表达的言语意义都无法排除教师个性化的表现性语义。它主要表现为：教师对所讲授知识及学科的主观化程度；教师对自己进行的教学活动及从事的教育事业的主观化程度；教师对教学对象——学生的主观化程度。即教师口语在传达感性意义时，会带有教师个体的情感色彩，这关乎每个教师对于教师职业、教学学科、教学内容、教学活动、教学对象的个性化情感和态度。这一意义的实现，主要通过两种方式达成：一是在教学过程中直接明白地说出自己的主观性认识、意向和情感，接近传统意义上的教育语言；二是在教学过程中借助教学内容间接传达个人的主观情感和价值判断，做到"润物细无声"。课堂教学中，教师口头言语的个性化表现性语义往往不能仅凭"直接说"一种形式来表达，因为语言的情感意义基本上是依附性的，正如现实主义小说主张"倾向性应该在故事情节中自然而然地流露出来"一样，教师的主观情感倾向性也应该从讲授学科内容的过程中自然流露。事实表明，教师在课堂教学中的讲述也必然会显露出教师的主观倾向性，无论是有意还是无意。

总之，课堂教学中教师口语的表现性语义，主要用来表达流露学科内容本身蕴含的情感态度，以及教师个体在语境中所生成的主观情感态度，其基本要求是庄重、典雅、灵活、生动。这种语义的呈现侧重使用谈话语体。

二、教师口语的语体特征

教师口语的言语意义既有指称化的再现性语义一面，又有个性化的表现性语义一面，即教师口语表达既要庄重、典雅，又要形象、生动；既要科学、严谨，又可活泼、灵活。这决定了教师口语的语体应该是书卷语体与谈话语体的有机结合。

言语的书卷语体常用于比较正式的庄重场合，它在词语的选用、句式句法结构等方面都有独特的表现。具体来说，就是多选用书面词汇、外来词汇和一定的文言词汇，少用口语词、方言词、俚语、俗语等词汇，词语运用呈现典雅、优美、庄重等特点；在句式句法的选用上，多选用完整的主谓句，多用关系繁复的长句和复句，领先大量的关联词语来表示得名的种种关系；句子成分齐全、句式严整，各种句子成分的位置相对固定。以上这些语言手段和组合方式，使得书卷语体呈现出典雅、规范、庄重等整体性特征，这就是人们常说的“书卷气”，不管是写出来还是说出来，都显得“文绉绉”的。课堂是由具有较高文化修养的教师传授学科知识的庄重场所，它的交际场合、交际对象和交际目的符合书卷语体的形成与使用条件，所以课堂教学中的教师口语具有书卷语体的特征。教师在传授知识、分析整理、推论公式、解说原理、分析课文等环节中的言语，通过书卷语体进行表达能增强教学的严密性、理论性和规范性。也就是说，当教师口语侧重呈现指称化的再现性语义时，多使用书卷语体来进行表达。

言语的谈话语体的特征是话题和用语的广泛性、表达的生动性、话语的简略性和随意性。具体表现为：它在音义结合上要选择听者易于接受的内容，在词语上多用通俗的、日常生活中经常使用的普通口语词，常使用方言词、俗语、俚语、歇后语、儿化词、叠音词，大量使用语气词；句式上简短、灵活，多用短句和结构不复杂的句子，尽量省略一些成分，以缩短句子，突出表达的重点和要点。以上这些语言手段和组合方式构成了谈话语体的灵活、通俗、随意、生动的整体性特征，也就是日常所说的“口语化”特点。课堂教学既是教师向学生传授信息的认知过程，更是教师与学生平等交流走向共同进步的交往过程，所以教师口语表达也具有谈话语体特征，如课堂问答、讨论、评议环节就常使用谈话语体。课堂教学中，教师视教学需要随意灵活地使用插入、转换、重复、设问、省略等谈话语体进行表达，可以让教师显得更为亲切、自然，既融洽课堂气氛，也利于教学效果的提升。一般来说，教师口语侧重呈现个性化表现性语义时，多采用谈话语体进行表达。

综合来看，课堂教学中的教师口语是书卷语体和谈话语体的有机结合，它既要有书卷语体的科学、规范、庄重、典雅，也要有谈话语体的生动、活泼、通俗、自然。一味追求谈话语体的特点，把课堂变成拉家常聊天一般，教师的口头言语就难免流于庸俗，缺少理论性和示范性；而一味追求书卷语体，过于艰深晦涩地照本宣科，必然影响教师口语表达的可接受性。

教师口语按其功能划分，可分为教育口语与教学口语；按其表达形式划分，可分为单向式教师口语与双向式教师口语。不同类型的教师口语，在具体的言语表达过程中呈现出不同的语体特征。一般而言，教学口语和单向式教师口语侧重体现书卷语体特征；而教育口语和双向式教师口语侧重谈话语体特征。下面将按照表达形式的划分，进行单向式教师口语和双向式教师口语的言语表达训练，力求体现它们不同的语体特征。

➢ 理论说明

单向式教师口语是一种独白言语，即指教师一个人单独发言而学生仅作为听众的言语，因为是教师单方面的言语，所以称其为单向式教师口语。作为一种独白言语，单向式教师口语缺少支持系统，需要教师独立完成；同时，单向式教师口语是一种开展性的言语，教师必须在言语的方法结构方面力求完善，在言语的逻辑系统方面力求严谨，并且必须充分利用更替动作的辅助作用来加强言语的表现力。所以，单向式教师口语是一种相当复杂的言语方式，难度较高，需要有所预设，也就是要事先备课并撰写教案。此外，作为教师口语表达的一种方式，单向式教师口语的言语意义主要是指称化的再现性语义。

以上特点决定了单向式教师口语的表达以书卷语体为主、谈话语体为辅，集中体现其科学、严谨、庄重、典雅的语体特征，同时兼顾形象、生动、灵活、通俗的一面。

单向式教师口语在课堂教学中主要表现为讲授。

讲授是指教师以语言为载体，向学生传输知识信息、表达思想感情、启迪学生心智、指导学生学习和调控课堂活动的一类教学行为。《中国大百科全书·教育》对其界定为“教师通过口头语言向学生描绘情境、叙述事实、解释概念、论证原理和阐明规律的教学方法。它是教师使用最早的、应用最广的教学方法，可用于传授新知识，也可用于巩固旧知识，其他教学方法的运用，几乎都需要同讲授法结合进行”。言语讲授是教师最常用的一种教学行为方式。美国教学研究专家弗兰德斯曾在大量课堂观察研究的基础上提出了“三分之二律”，即课堂时间的三分之二用于讲话，讲话时间的三分之二是教师讲话，教师讲话时间的三分之二是向学生讲话而不是与学生对话。通过对我国中小学高成效教师的课堂观察后，专家也发现类似结果，讲述平均占课堂时间的65%左右。言语讲授在教学中的广泛应用源远流长，从两千多年前孔子的“私学”和柏拉图的“学园”时期一直延续至今。1989年出版的《教育词典》中指出：讲授法是指教师用语言系统地向学生传授教学大纲规定的教学内容并指导学生学习的方法。由于教材内容和学生的年龄特点不同，讲授法还可分为讲述法、讲解法、讲读法、讲演法等，统称为讲授法。当然，在实际的课堂讲授过程中，讲述、讲解、讲演、讲读这四种方式是相互交叉和彼此渗透的，很难截然分开。其中讲述和讲解是最基本的方式，无论是哪一门学科的讲授，都离不开这两种方式。

讲授的基本要求是清楚准确，一般要讲清“是什么”、“为什么”和“怎么做”的某一方面，或者是将这三方面作不同层面的组合，如：是什么＋为什么；怎么做＋为什么；是什么＋怎么做＋为什么。下面就着重从讲述和讲解两种方式入手，来进行单向式教师口语表达训练，以体现其书卷语体特点为目标。

第一节 单向式教师口语之课堂讲述训练

➢ 理论简介

课堂讲述是教师通过口头语言的方式向学生系统地陈述或描绘教学内容的一种讲授方式。这种方式是教师在充分消化教学内容的基础上，根据教学目标和学生的实际情况，对教学内容进行的系统叙述和形象描绘。讲述法的特点是生动形象的叙述，教师侧重用生动形象的语言描绘某些事物现象，叙述事件发生、发展的过程，使学生形成鲜明的印象和概念，并在情绪上受到感染。讲述比较重述说、渲染和点拨，它比较适用于有过程、有情节、有特征的教学内容。中小学各科教学中都可运用讲述法，特别是语文、历史、地理等学科的教学，运用得较多，因为这些学科形象性教材较多。在小学低年级，由于儿童思维的具体性，注意力不易持久集中，在各门学科的教学中，更多采用讲述法。

讲述的具体表达方式主要分为叙述与描述，下面分别进行训练。

➢ 技能训练

一、单向式教师口语之复述训练

因为单向教师口语往往是一种有准备的口头言语，其内容多是对教材或教案所叙述的内容的再次叙述，所以称为复述更为准确。

复述，就是把读过、听过的语言材料重新叙述一遍。复述是在理解和记忆的基础上，对有关内容加以整理，有重点、有条理、有感情地重述的一种表达方式，其基本要求是：

1. 完整、准确地体现原材料的中心和重点；
2. 条理清晰，能准确反映各部分内容的内在联系；
3. 把书面语转换为口头语。

课堂教学单向教师口语的复述，同样应符合以上基本要求，稍不同的是更要突显教师口语表达的科学性、情感性和得体性。即单向教师口语的复述要更为严谨、规范、庄重、典雅，同时针对不同的教学对象和教学内容，而具有示范性和可接受性。

复述的方式一般分为：详细复述；概要复述；扩展复述。

（一）详细复述

详细复述，是指把原来语言材料的内容原原本本地重述出来。作详细复述要做到细而不乱。这种复述训练，有助于推动富有表现力的书面语向口头语的迁移，它也是对表达条理性的一种锻炼。

在教师口语训练中，详细复述对于师范生或者新教师特别重要。因为教师在讲述过程中，还要注意对课堂纪律的组织与把控，既要关注学生的一举一动，又要协调自己讲述的思路和节奏。初上讲台的新教师很容易感到分身乏术、应接不暇，往往顾此失彼、狼狈不堪。而详细复述的训练既能锻炼表达的条理性，又能很好地锻炼表达的细致与较强的记忆力。

【训练要领】

1. 认真阅读原材料，理清思路，把握重点；

2. 运用记忆技巧：框架记忆与细节记忆相结合；

3. 语言转换要体现书卷语体为主、谈话语体为辅的特点；

4. 注意复述的语气，不要有读或背稿子的感觉，应是自然的说话语气；

5. 注意与语音、语态的配合。

【训练方法】

依然遵循由易到难、循序渐进的训练原则，先以学生的角色进行生活语言材料的复述训练，然后再过渡到以模拟教师的角色进行教学语言材料的复述训练。

具体方法可先以小组为单位复述同一个材料，相互点评是否细而不乱，有无遗漏或是颠倒顺序，等等；然后以班级为单位上讲台进行复述训练，结合语音、语态方面的要求进行点评；最后让学生针对教师点评的问题，以小组为单位进行微格强化训练。

【训练材料】

下面每则材料可用三分钟阅读后进行详细复述（也可自选材料）：

材料一：比惩罚更深刻的奖励

一天，孩子放学后，在客厅里玩篮球。忽然，篮球打落了书架上一个花瓶，“咚”的一声，花瓶重重地摔到地板上，瓶口摔掉一大块。这不是摆设品，而是祖上传下的古董。孩子慌忙把碎片用胶水粘起来，胆战心惊地放回原位。当天晚上，母亲发现花瓶有些“变化”。吃晚餐时，她问孩子：“是不是你打碎了花瓶？”孩子灵机一动，说：“一只野猫从窗外跳进来，怎么也赶不走，它在客厅里上蹿下跳，最后碰倒架子上的花瓶。”母亲很清楚，孩子在撒谎，每天上班前，她把窗户一扇扇关好，下班回来再打开。母亲不动声色说：“是我疏忽了，没有关好窗户。”就寝前，孩子在床上发现一张便条，母亲让他马上到书房去。看到孩子忐忑不安地推门进来，母亲从抽屉里拿出一个盒子，把其中一块巧克力递给孩子：“这块巧克力奖给你，因为你运用神奇的想象力，杜撰出一只会开窗户的猫，以后，你一定可以写出好看的侦探小说。”接着，她又在孩子手里放了一块巧克力：“这块巧克力奖给你。因为你有杰出的修复能力，虽然用的是胶水，但是，裂缝黏合得几乎完美无缺。不过，这是修复纸质物品的，修复花瓶不仅需要黏合力更强的胶水，而且需要更高的专业技术。明天，我们把花瓶拿到艺术家那里，看看他们是怎样使一件工艺品完好如初的。”母亲再次拿起一块巧克力，说：“最后一块巧克力，代表我对你深深的歉意，作为母亲，我不应该把花瓶放在容易摔落的地方，尤其是家里有一个热衷体育的男孩子。希望你没有被砸到或者吓到。”“妈妈，我……”以后，孩子再也没有撒过一次谎……

材料二：作家简介

鲁迅，原名周树人（1881年9月25日—1936年10月19日）。浙江绍兴人，字豫才，十七岁之前曾用名周樟寿，后改名周树人。以笔名鲁迅闻名于世。鲁迅先生青年时代曾受进化论、尼采超人哲学和托尔斯泰博爱思想的影响。1904年初，入仙台医院专门学医，后从事文艺创作，希望以此改变国民精神。鲁迅先生一生写作计有600万字，其中著作约500万字，辑校和书信约100万字。作品包括杂文、短篇小说、诗歌、评论、散文、翻译作品等。对“五四运动”以后的中国文学产生了深刻而广泛的影响。毛主席评价他是伟大的文学家、思想家、革命家，是中国文化革命的主将，可谓知言。

（二）概要复述

概要复述，类似于写作中的缩写，是对原有材料的缩略与摘要。作概要复述要能把握整体、理清线索、突显核心、反映原貌。它是一种加工与再创作活动，比详细复述稍有难度。这种复述训练，有助于口语表达中的思维训练，也是对表达概括力的一种提升。

概要复述对于教师口语训练至关重要，它对于教师在表达中的逻辑思维大有帮助，多加练习有助于提升师范生的分析、概括能力，从而在课堂教学中能够提纲挈领地从容表达。

【训练要领】

1. 认真阅读原材料，理清思路，把握重点；
2. 梳理主干，删减细节，反映原貌；
3. 语言转换要体现书卷语体为主、谈话语体为辅的特点；
4. 注意复述的语气，不要有读或背稿子的感觉，应是自然的说话语气；
5. 注意与语音、语态的配合。

【训练方法】

依然遵循由易到难、循序渐进的训练原则，先以学生的角色进行生活语言材料的复述训练，然后再过渡到以模拟教师的角色进行教学语言材料的复述训练。

具体方法可先以小组为单位复述同一个材料，相互点评是否取舍得当，把握住了中心等；然后以班级为单位上讲台进行复述训练，结合语音、语态方面的要求进行点评；最后让学生针对教师点评的问题，以小组为单位进行微格强化训练。

【训练材料】

材料一：小故事概述

“推敲”的来历

唐朝的贾岛是著名的苦吟派诗人。苦吟派就是为了一句诗或是诗中的一个词，不惜耗费心血，花费工夫。贾岛曾用几年时间作了一首诗。诗成之后，他热泪横流，不仅仅是高兴，也是心疼自己。当然他并不是每作一首都这么费劲儿，如果那样，他就成不了诗人了。

有一次，贾岛骑驴闯了官道。他正琢磨着一句诗，名叫《题李凝幽居》，全诗如下：

闲居少邻并，
草径入荒园。
鸟宿池边树，
僧敲月下门。
过桥分野色，
移石动云根。
暂去还来此，

幽期不负言。

但他有一处拿不定主意，那就是觉得第二句中的“鸟宿池边树，僧推月下门”的“推”应换成“敲”。可他又觉着“敲”也有点不太合适，不如“推”好。不知是“敲”好还是“推”好。嘴里就边推敲边念叨着。不知不觉地，就骑着毛驴闯进了大官韩愈（唐宋八大家之一）的仪仗队里。

韩愈问贾岛为什么闯进自己的仪仗队。贾岛就把自己作的那首诗念给韩愈听，又把其中一句拿不定主意是用“推”好，还是用“敲”好的事说了一遍。韩愈听了，对贾岛说：“我看还是用‘敲’好，即使是在夜深人静，拜访友人，还敲门代表你是一个有礼貌的人！而且一个‘敲’字，使夜静更深之时，多了几分声响。再说，读起来也响亮些。”贾岛听了连连点头称赞。他这回不但没受处罚，还和韩愈交上了朋友。

“推敲”从此也就成为了脍炙人口的常用词，用来比喻做文章或做事时，反复琢磨，反复斟酌。

林则徐请客

林则徐五十三岁那年，道光皇帝派他到广州担任湖广总督，负责查禁鸦片烟。一些外国人，总想找机会摸摸林则徐的底细。

一次，英国领事查理设宴，邀请林则徐参加。宴会快结束时，送上来的最后一道点心，是甜食冰淇淋。那时候，冰淇淋还很罕见。林则徐见冰淇淋冒着气，以为很烫，送到嘴边时，还用口吹了吹。这一来，在座的外国人便趁机哄笑。林则徐受到侮辱，心里非常生气。但是，他压住怒火，似乎毫不在意地说：“这道点心，外面像在冒热气，其实是冷冰冰的。今天，我算是上了一次当。”

过些天，林则徐在总督府设宴请客，回敬上次参加宴会的那些外国人。宴席上，一道道端上的都是中国名菜。那些外国人，一个个张大了嘴巴狼吞虎咽。他们一边吃喝，一边赞不绝口。酒足饭饱之后，有个外国人说：“中国菜，好吃得没话说，只可惜少了一道甜食。”

“有！”林则徐便吩咐道，“上甜食！”话音刚落，一盆槟榔芋泥端上来了。外国人见是甜食，便举起汤匙，兴冲冲地舀着往嘴里倒。这一下，可够那些外国人尝的了。他们“啊——”，“啊——”，嚷成一片，喉咙里比卡着鱼骨还要难受。有的挥起手，想伸进嘴巴去抓；有的按住嘴，泪水直淌。一个个洋相出尽，狼狈不堪。

林则徐不动声色，若无其事地说：“这是我家乡福建的名点，叫槟榔芋泥。这甜食，看上去外面冰冷，内里却滚烫非常，正好和似热实冷的冰淇淋相反。吃的时候，性急不得，性急了就要烫了喉咙！”外国人听了瞪圆蓝眼睛，个个呆似猴样。他们这才感到林则徐不是个好对付的中国官员。

材料二：小说概述

《法律门前》

［德国］卡夫卡

法律门前站着一名卫士。一天来了个乡下人，请求卫士放他进法律的门里去。可是卫士回答说，他现在不能允许他这样做。乡下人考虑了一下又问：他等一等是否可以进去呢？

“有可能，”卫士回答，“但现在不成。”

由于法律的大门始终都敞开着，这当儿卫士又退到一边去了，乡下人便弯着腰，往门里瞧。卫士发现了大笑道：“要是你很想进去，就不妨试试，把我的禁止当耳边风好了。不过得记住：我可是很厉害的。再说我还仅仅是最低一级的卫士哩。从一座厅堂到另一座厅堂，每一道门前面都站着一个卫士，而且一个比一个厉害。就说第三座厅堂前的那位吧，连我都不敢正眼瞧他呐。”

乡下人没料到会碰见这么多困难；人家可是说法律之门人人都可以进，随时都可以进啊，他想。不过，当他现在仔细打量过那位穿皮大衣的卫士，看了看他那又大又尖的鼻子，又长又密又黑的鞑靼人似的胡须以后，他觉得还是等一等，到人家允许他进去时再进去好一些。卫士给他一只小矮凳，让他坐在大门旁边。他于是便坐在那儿，日复一日，年复一年。其间他做过多次尝试，请求人家放他进去，搞得卫士也厌烦起来。时不时地，卫士也向他提出些简短的询问，问他的家乡和其他许多情况；不过，这些都是那类大人物提的不关痛痒的问题，临了卫士还是对他讲，他还不能放他进去。乡下人为旅行到这儿来原本是准备了许多东西的，如今可全都花光了；为了讨好卫士，花再多也该啊。那位尽管什么都收了，却对他讲：“我收的目的，仅仅是使你别以为自己有什么礼数不周到。”

许多年来，乡下人差不多一直不停地在观察着这个卫士。他把其他卫士全给忘了；对于他来说，这第一个卫士似乎就是进入法律殿堂的惟一障碍。他诅咒自己机会碰得不巧，头些年还骂得大声大气，毫无顾忌，到后来人老了，就只能再独自嘟嘟囔囔几句。他甚至变得孩子气起来；在对卫士的多年观察中，他发现这位老兄的大衣毛领里藏着跳蚤，于是也请跳蚤帮助他使那位卫士改变主意。终于，他老眼昏花了；但自己却闹不清楚究竟是周围真的变黑了呢，或者仅仅是眼睛在欺骗他。不过，这当儿在黑暗中，他却清清楚楚看见一道亮光，一道从法律之门中迸射出来的不灭的亮光。此刻他已经生命垂危。弥留之际，他在这整个过程中的经验一下子全涌进脑海，凝聚成了一个迄今他还不曾向卫士提过的问题。他向卫士招了招手；他的身体正在慢慢地僵硬，再也站不起来了。卫士不得不向他俯下身子，他俩的高矮差距已变得对他大大不利。

“事已至此，你还想知道什么？”卫士问，“你这个人真不知足。”

“不是所有的人都向往法律么，”乡下人说，“可怎么在这许多年间，除去我以外就没见有任何人来要求进去呢？”

卫士看出乡下人已死到临头，为了让他那听力渐渐消失的耳朵能听清楚，便冲他大声吼道：“这道门任何别的人都不得进入；因为它是专为你设下的。现在我可得去把它关起来了。”

材料三：电影概述

自选一部喜欢的电影做剧情概述。

（三）扩展复述

扩展复述，是对原材料作适当扩充、展开的叙述。它和概要复述都是对原材料的加工与再创作，有利于联想与想象的思维训练，同时也是对口语表达灵活性的锻炼。

扩展复述能力的高低，一定程度上反映了教师口语表达水平和思维品质的高低。是师范生教师口语训练的重要内容，应加强训练以满足课堂教学的即时生成性特点。

【训练要领】

1. 认真阅读原材料，理清思路，把握重点；
2. 围绕原材料的中心进行合理的联想与想象进行扩展；
3. 语言转换要体现书卷语体为主、谈话语体为辅的特点；
4. 注意复述的语气，不要有读或背稿子的感觉，应是自然的说话语气；
5. 注意与语音、语态的配合。

【训练方法】

依然遵循由易到难、循序渐进的训练原则，先以学生的角色进行生活语言材料的复述训练，然后再过渡到以模拟教师的角色进行教学语言材料的复述训练。

具体方法可先以小组为单位复述同一个材料，相互点评是否取舍得当，把握住了中心等；然后以班级为单位上讲台进行复述训练，结合语音、语态方面的要求进行点评；最后让学生针对教师点评的问题，以小组为单位进行微格强化训练。

【训练材料】

材料一：笑话扩展

《枇杷与琵琶》

有人送枇杷给一个县官，可他在礼单上把“枇杷”错写成了“琵琶”。县官笑道：“‘枇杷’不是此‘琵琶’，只恨当年识字差！”有个客人应声道：“若使琵琶能结果，满城箫管尽开花。”

《拾得一横》

民国时候，有位官员演说，错将“荼毒生灵”说成了“茶毒生灵”。接着另有一人上台演说，把“洒扫应对”说成“酒扫应对”。听众一阵哄笑，乱作一团。这人却示意大家安静后，说：“刚才拾得一横，无地安放，只能‘酒扫应对’！”这下大家才恍然大悟，齐声喝彩。

材料二：作家作品介绍

（作家、作品介绍是语文教学中必不可少的环节，请根据以下材料做扩展复述训练）

李白（701年—762年），祖籍陇西成纪（今甘肃秦安），唐代伟大的浪漫主义诗人，字太白，号青莲居士，有“诗仙”之称。和杜甫并称李杜。

《小王子》，法国著名的儿童文学短篇小说，作者安东尼·德·圣埃克苏佩里。

材料三：古诗词扩展复述

秋　　思

［唐］张籍

洛阳城里见秋风，欲作家书意万重。复恐匆匆说不尽，行人临发又开封。

长　相　思

［清］纳兰性德

山一程，水一程，身向榆关那畔行，夜深千帐灯。
风一更，雪一更，聒碎乡心梦不成，故园无此声。

二、单向式教师口语之描述训练

描述是显示事物形状、再现某种场景的表达方式。教师常常要通过丰富的想象，运用传神的描述来塑造栩栩如生的听觉形象，以增强教学的生动性、直观性和审美性。

描述可分为白描和细描。白描是写意式描述，寥寥几句就能把事物活生生地勾勒出来；细描是工笔式描述，是从多角度进行细致的描绘。描述训练对于提高教师口语表达的生动性、形象性非常重要，对于在文科类以及低年级段的教师来说尤为重要。

【训练要领】

1. 认真阅读原材料，理清思路，把握重点；
2. 围绕原材料的中心，进行合理的想象与联想，进行细致描绘；

注意与扩展复述的区别：扩展复述重在对细节或情节内容的补充扩展，体现为内容的增加；而描写则重在对细节或情节内容的形象刻画，体现为内容的细致与生动。

3. 语言转换要体现书卷语体为主、谈话语体为辅的特点；
4. 注意描述的语气，不要有读或背稿子的感觉，应是自然的说话语气；
5. 注意与语音、语态的配合。

【训练方法】

依然遵循由易到难、循序渐进的训练原则，先以学生的角色进行生活语言材料的描述训练，然后再过渡到以模拟教师的角色进行教学语言材料的复述训练。

具体方法如下：

1. 让同学上台描述班上某一位同学，让其他同学猜；
2. 让同学蒙住眼睛摸物体，然后进行描述；
3. 给出一些概述的文字，让学生做细致描述训练。

也可以借助讲故事的方式，让学生绘声绘色地进行描述训练。

具体方法如下：

1. 给成语编故事；
2. 看电影片断讲故事；
3. 看漫画讲故事。

【训练材料】

材料一：成语故事

以下列成语故事的简介为雏形，对该故事做细致描述。

卧　薪　尝　胆

原指中国春秋时期的越国国王勾践励精图治以图复国的事迹，后演变成成语，形容人刻苦自励，发奋图强。春秋时，越王勾践战败，为吴所执，既放还，欲报吴仇，苦身焦思，置胆于坐，饮食尝之，欲以不忘会稽败辱之耻。

东施效颦

这是《庄子·天运》中的一个故事，美女西施因病而皱着眉头，邻居丑女见了觉得很美，就学西施也皱起眉头，结果显得更丑。后人称这个丑女为东施。用“东施效颦”嘲讽不顾本身条件而一味模仿，以致效果很糟的人。同时，也作为模仿别人的谦语。

材料二：漫画故事

看下面两幅《父与子》漫画，细致描述其故事。

材料三：电影片段

让学生看电影片段后，做细致描绘训练：

1.《音乐之声》中玛丽亚与孩子们的第一次见面片段。

2.《汽车总动员》以一敌百的精彩片段。

第二节 单向式教师口语之课堂讲解训练

➢ 理论简介

讲解是教师用语言对教学内容进行解释、说明、论证的一种讲授方式。讲解与讲述不同，讲解不是讲事而是讲理，比较重说明、解释和论证，侧重于发展学生的抽象思维能力。其主要任务是使学生理解课文内容，培养学生分析问题和解决问题的能力。讲解适用于对词句、典章制度的诠释和对课文内容的分析，以及解释概念、证明事理、演示方法和传授知识为中心的教学。讲解在文、理科教学中应用广泛，尤以理科教学最多。当演示、讲述等其他方法不足以说明事物的内部结构或联系的时候，就要运用讲解法进行。

讲解的最基本表达方式是说明，即用简明扼要的文字，把事物的形状、性质、特征、成因、关系、功用等解说清楚的表达方式。被讲解的对象可以是实体的事物，如山川、江河、花草、树木、建筑、器物等；也可以是抽象的原理、法则，如思想、意识、修养、观点、概念、原理、技术等。讲解作为一种表达方式，从不同的角度可以划分不同的种类，如从讲解的详略、规模角度，可分为：简约性（纲目性）讲解、精细性（阐明性）讲解；如从语言风格角度，可分为：平实性讲解、形象性讲解和谐趣性讲解。下面就对这些分类进行具体训练：

➢ 技能训练

一、按详略、规模划分的讲解类型

（一）简约性讲解

简约性讲解是指用比较凝练、概括的话说明事物、解释事理。在生活节奏日益加快的今天，简约性解说有助于提高工作效率，有时也被看作是精明、干练的表现。简约性讲解的特点是，尽量省略繁琐的说明，只用简明扼要的话，就把事物的本质属性说得清清楚楚。在作简约性讲解时，应注意说话前将表达内容作一番提炼，快速确定表达用语，这样才能做到话一说出口就抓住了关键。

课堂教学中，从教学对象来看，面向中学、大学等年龄段稍大、逻辑思维能力稍强的学生，教师比较适宜采用此类讲解方式；从教学内容来看，理科类教学内容比文科类教学内容更适合这种讲解方式。

（二）阐明性讲解

阐明性讲解是对一个事物、一种见解作较详细的分析或说明。其方法很多，有作分解、举例子、作比较、打比方等。运用这些方法，可以把抽象的事物说得具体、形象，把难懂的道理说得浅显明白，把专业性较强的知识说得通俗易懂。

与简明性讲解相比，阐明性讲解更适合低年龄段的学生，所以幼儿园和小学教师口

语表达中较多采用。

【训练要领】

1. 两种讲解在实际运用中往往相互整合,具体视教学内容和教学对象各有侧重;

2. 两种讲解方式的表达都以清晰、准确、科学、规范为要求,以听者容易理解为目的;

3. 具体讲解过程中,要注意与语音、语态的配合。

【训练方法】

依然遵循由易到难、循序渐进的训练原则,先以学生的角色进行生活语言材料的复述训练,然后再过渡到以模拟教师的角色进行教学语言材料的复述训练。

具体方法如下:

1. 列举一些生活中常见的事物,让学生对其进行讲解,分别采用简约与阐明两种讲解方式进行对比训练。如:

"微信与QQ有何不同?"

"微博与博客各是什么?"

2. 让学生自选一种娱乐活动或是一档电视栏目进行讲解说明。

3. 让学生自选一道菜肴进行烹饪方法的讲解说明。

4. 教学类的训练,可选取一些优秀教案进行模仿练习,如语文教学中对于记叙文、说明文的写作特点讲解;数学教学中对于正方形、长方形特点的讲解等。

二、按语言风格划分的讲解类型

(一)平实性讲解

平实性讲解在表达形式上的最大特点是极少修饰,用平平实实生活化的口语直截了当地把事物、事理说清楚。这样的解说,有时可能因为过于"平",不易调动人们的听觉兴趣,但也正因为它朴实无华,更贴近生活,会使人觉得可靠、实在。

单向式教师口语表达中,常采用这种方式来讲解一些比较简单,或是学生比较熟悉的教学内容,在言语表达上呈现出简洁、明了的特点。

(二)形象性讲解

叶圣陶先生曾说:"解说并不一定要板着面孔说话。"他主要指的是运用形象化的表述手段,可使解说更具体、生动、感人。形象性讲解往往是说明与描述的配合。静态描述要说明其空间位置,讲清其形态、方位和结构;动态描述则要注意时间顺序和在不同时间中不同事物的状态。在描述中,适当运用比喻、描摹、拟人、借代等修辞方法,可使解说更生动、具体。例如用打比方作解说,它是用人们熟悉的事物作比,使人们对不熟悉的事物或抽象的道理有具体、深刻的理解。在作形象性解说时,解说者可以注入自己的主观感情,这样会更有感染力。

幼儿园、小学的课堂教学中,因为学生的形象思维强于抽象思维,教师在单向式的口语表达中,比较多采用这种方式来进行教学内容的讲解。特别针对教学重点和难点,更要突显讲解的形象性,在言语表达上体现出生动、具体,富于情感性和感染力的特点。

(三)谐趣性讲解

谐趣性讲解是使讲解蒙上一层诙谐、幽默的色彩,它会使讲解更有吸引力。这种讲解方式较鲜明地流露出自己的情感或情趣，但这是次要的。谐趣是手段，把事物、事理说清楚是主要目的，所以要浓淡相宜，不可将重点转移到“谐趣”上面。要把话说得有趣，首先要能用“趣味思维方式”解释被说明的事物；另外择词用语避用陈词套话，适当用些民谚俗语，或来个欲褒虚贬、欲贬虚褒、大词小用、移用双关等。有时可以在“平实”的表述中点染成趣，有时也可整段话妙语迭出，这样人们听解说就成了一种愉快的接受过程了。

可以说谐趣性讲解是形象性讲解的升华版，它在形象、生动的基础上更多融入一些讲解者的个性化特征，呈现出较高超的教学机智。这种讲解方式是单向式教师口语表达较高水平的表现，需要在教师职业生涯中长久磨练而形成。

【训练要领】

1. 这三种讲解方式主要从语言风格上进行区分，与前面简明性与阐明性的分类没有矛盾，即这三种讲解方式既可以是简明性的，也可以是阐明性的；

2. 三种讲解方式在具体的教学情境中可以独立使用，也可以相互交融，应根据教学内容和教学对象的特点酌情选择；

3. 相对而言，平实性讲解最易掌握也最常用；谐趣性讲解最难也较少使用；而形象性讲解效果佳，能够通过训练得到提高，应强化训练；

4. 三种讲解方式的语言风格各有侧重，训练中要加以区分；

5. 具体训练中，要注意与语音、语态的配合。

【训练方法】

在前面简约性与阐明性讲解训练的基础上，可直接进入模拟教学的讲解训练。即让学生模拟教师角色进行教学片断，重点呈现讲解方式。

具体方法如下：

1. 模仿教学

先让学生根据自己的学科方向，选取一些优秀教案或课堂实录进行小组讨论，分析出教案或实录中的讲解部分属于什么类型，有何优缺点。进而在稍做修改以适合自己的表达习惯后，在微格教室进行小组练习，要特别注意与语音、语态的协调配合。录像后，小组互评、修正，反复练习。

示例：《点的轨迹》

“什么是点的轨迹呢？”杨希亮放开洪亮的嗓门，一下子把学生的注意力抓住了。教科书上是这样写的：“具有某种性质的所有点组成的图形，叫做具有这种性质的点的轨迹。”学生们看着这近似绕口令的定义，迷惑不解。杨希亮却不慌不忙，把小黑板一翻，扬起教鞭一指，将书上的定义略加改动，读道：“一个点按照一定规律运动时所留下的痕迹，就叫做具有这种性质的点的轨迹。”学生们紧锁的双眉舒展开了。杨希亮为了让学生更深刻地理解这个定义，又作了一个形象生动的比喻。他扬起右手，手中拈着一个蓝色的粉笔头，将声音放低，开始侃侃而谈：“同学们，我这里有一个刚刚从墨水瓶里爬出来的‘小虫子’。”其实，就是他手中的蓝粉笔头。学生们屏住气，一百多只眼睛盯住他的手，好像在看一个魔术表演。“现在，我们让这个‘小虫子’爬行到距离30厘米处的A点。它爬呀，爬呀，身后留下点点墨迹，这就是‘小虫子’运动的轨迹……”噢，原来是这样，学生们会心地笑了。

2. 独立教学

让学生以小组为单位选定某一学段某一学科的某一个知识点，进行独立的讲解教学，以检测能否灵活运用多种讲解方式，并且体现出书卷语体与谈话语体相结合的特点，同时注意与语音、语态相协调。

示例：一道应用题的讲解

王村供销社运到白糖650公斤，运到的红糖数再加上230公斤，就和白糖数相等。问运到红糖多少公斤？

教师：我们已经知道，运到的白糖是650公斤，运到的红糖数再加上230公斤才和白糖相等，这样我们可以列出这样的式子：红糖斤数+230公斤＝白糖斤数。因为题目告诉我们白糖是650公斤，我们就可以列出这样的式子：红糖斤数+230公斤=650公斤。这个式子告诉我们，必须在白糖的斤数650公斤里减去红糖比白糖少的230公斤，才可以求出红糖的斤数。这样，我们就可以列出这样的式子：650−230=420（公斤），最后得出运到的红糖是420公斤。

➢ 理论说明

双向式教师口语是一种会话言语，是课堂教学中教师与学生在一起交谈时所进行的言语，因为是教师与学生两方面进行的言语，即教师要在聆听学生表达的前提下进行反馈，所以称为双向式教师口语。作为一种会话言语，双向式教师口语总被学生的言语所支持，是一种缺乏开展性的言语。虽然教师口语表达总体上有一定的预设，但在与学生的交流中往往会不断生成一些新的信息与言语，很难完全预设。所以，双向式教师口语体现出缺乏预设的特点在所难免。而作为一种教师口语的表达方式，双向式教师口语的言语侧重个性化的表现性语义。

以上诸多特点决定了双向式教师口语在表达风格上以谈话语体为主，与单向式教师口语相比，它在文法结构和逻辑系统方面都不够完善和严谨，有很多意思并不在言语中表达出来，而是彼此意会。语言表达上呈现出较为活泼、通俗、随意、自然的特点，但应避免流于庸俗和随便。

双向式教师口语在课堂教学中主要表现为谈话，或者说问答。

谈话法又称问答法，是教师根据学生已有的知识和经验，提出问题，引导学生积极思考，通过师生之间的对话，从而完成教学任务的一种教学方法。谈话法是一种历史悠久的教学方法。早在两千多年前，我国古代教育家孔子就是善于运用谈话法的巨匠。他善于从正反两个方面去提问学生和回答学生，后人把这种方法叫作“叩两端法”。在西方，古希腊哲学家苏格拉底也善于运用谈话法，通过一步步的对话，最后得出结论，故称这种方法为“产婆术”。

课堂教学中的师生谈话主要表现为问与答的方式，双向式教师口语集中体现为教师提问和对学生回答的反馈——评价。而评价必须建立在对学生回答的倾听基础上，所以，双向式教师口语表达包括提问、倾听及评价三个方面。

第一节　双向式教师口语之课堂倾听训练

“听”与“说”是口语交际中两种基本的交际行为。“听”与“说”一道构成了口语交际的基本结构。在口语交际中，听对方说话，与向对方说话同样重要。只有包含了双方话语在内的对话，才是真正的对话。

口语交际是一种人际交往。“听”与“听见”不同。“听见”只是一种结果，“听”还是一种行为，是对对方态度、情感的表现。倾听对方说话，这本身就向对方发出了一种信息，就是口语交际的活动。所以，听话是语言沟通的基本前提。听话技能的训练是口语交际训练的基础。

有关言语交际功能的资料表明：在人们日常的言语活动中，“听”占45%，“说”占30%，“读”占16%，“写”占9%。也就是说，人们有近一半的时间在听，可见它在日常交际活动中的重要地位。随着人类交际活动的频繁，特别是现代科学技术的迅速发展，用声音来传播、保留信息的渠道越来越多了，除了远距离的通讯手段——电话——已开始被人们广泛使用以外，那些专门供人们听话的机器也已陆续问世。这一切说明，听话已成为社会生活中交流信息的主要途径了。我们必须接受认真的听话训练，才能适应现代化社会生活的挑战。现代社会要求在听话能力上做到：听得准，理解快，记得清，做到听话的一次准确性，具有较强的听话品评力和听话组合力。当然，这种能力不是自发形成的，必须通过严格的训练和参加社会交际活动才能逐步提高。良好的听话能力是人们获取知识的主要途径之一。学生在校学习各科知识，除阅读外，主要是听讲、听记，此外，听报告、听发言、听讲座、听广播等，都能学到许多知识。听话能力是学好各门学科知识的基本功，日本的教育界称这种能力为基础“学力”。教学调查表明：凡是学习成绩优异的学生，大都在听课时能快速而准确地捕捉住知识的要点，对关键语句有敏锐的反应能力，有边听、边思考、边摘记要点的听记能力，以及善于从教师讲授的众多材料中进行比较、选择并重新组合为系统知识的能力。而那些学习成绩差的学生，大都在听讲时注意力指向性差，理解迟钝，没有边听、边记要点的习惯。所以，认真锻炼听话能力，不仅是培养自学能力的重要方面，也是作为教师做好教育、教学工作的重要本领。

教师口语作为一种在课堂教学中与学生之间进行的言语交际，教师同样需要重视听话技能的训练，甚至应该比一般人具有更强的倾听能力。下面，就从倾听的方法技巧和倾听反馈的方法技巧两方面进行训练。

一、倾听的方法技巧

一般说来，倾听的方法和技巧主要包括抓要点的技巧、诱导的技巧、推断的技巧和评价的技巧四方面。

➢ 理论简介

（一）抓要点的技巧

说话人常常把话语的意思隐含在一段话里。即前面的话，往往是引子，是提示；当中一段话，有时是要点，有时是解说；后面一段话，也许是结论，也许是对主要意见的强调或引申。我们听讲时，可以从说话人话语的层次来捕捉要点。再有，说话人在强调某些重点语句时，常采用故意放慢语速、突然停顿、提高声调或故意降低声调，以及用手势等加以提示，这样我们可以从说话人的语气、手势变化来捕捉要点。

（二）诱导的技巧

说话是言者与听者双方的事。因此听者有责任也有必要帮助对方更坦率地、更清楚地表达自己的意思。听话人要学会运用应答、简要的评论，或者必要的提示来诱导说话人。特别是对那些说话能力差的人，如能及时地进行诱导，边听边做些简短的提问，帮助理清说话的思路，使他摆脱困境，那么，他讲话的心理就会大大改善，更有勇气把话讲好。这点，对于教师诱导学生回答较困难的问题时尤为重要。

（三）推断的技巧

推断的技巧包括两方面。一是推断价值，即边听、边筛选出对自己有价值的材料，抛弃那些自己不感兴趣的、与己关联不大的材料，以减轻听话记忆的负担。二是推断真意，即透过话语表面的含义了解其内在的含义，从一些表面上微不足道的谈话细节、语气、手势中，发现对方立场、目的、主观意图等有价值的信息。从对方谈话时常重复的词、爱使用的词、爱谈论的话题等，推断他的所思、所想、所爱、所论。在教师进行教育性谈话时，这种听话推断的技术对与学生进行有针对性的谈话，具有十分重要的作用。

（四）评价的技巧

听话时，不仅要正确理解其内容、观点，而且还要透过他的话语去评价其人的话语价值和品格。评价的重点包括：1. 他讲的内容是否真实可信？有无错误或疏漏之处？2. 该人是否提出了有价值的见解？ 3. 听众对他的反应如何？爱听他讲话，还是厌烦他讲话？ 4. 讲话人说话的技巧如何？能紧紧抓住听众的情绪吗？ 5. 对讲话人的总体印象如何？从话题到内容、从姿势到外表给自己的印象好还是不好？为什么？听话过程中，根据话语的内容，可以进行如下方面的评价：1. 讲话人说的是真诚的话，还是违心的话？2. 讲话人有无明确的见解？这见解有没有根据？ 3. 讲话人的思路明确吗？立论是不是正确？是否有以偏概全或自相矛盾的地方？ 4. 讲话人是以听众关心的问题作为阐述的中心吗？是不是有以己之见强加于人的地方？ 5. 听众是不是拥护这位讲话人？从讲话的效果看，这位讲话人的优缺点是什么？

作为一个主动的、积极的听众，特别是作为一名教师，应当学会全面评价说话人。在听评过程中，要积极思考：如果我是那位讲话人，我是否会照他那么讲？怎样讲才更好，更全面？我要补充哪些实例，重申哪些见解？怎样注意与听众保持感情交流？等等。

➢ 技能训练

（一）听记训练

听记训练，是指用文字符号把听到的话语迅速记写下来的能力训练。旨在通过训练初步掌握边听、边详细记录要点的本领，同时学习一些快速听记的技巧，提高听记技能。

【训练要领】

1. 听记时，注意力高度集中，并准备好纸笔，养成边听、边记要点的良好习惯。

2. 把握听课速记的一些方法。如：

（1）索引式速记法——记下有关听记内容的出处，为课后寻找这些材料提供线索。

（2）符号式速记法——自己设计一些常用的符号，代表那些常出现的专用名词或短语，复习时一见便知其义。

（3）浓缩式速记法——快速记下主题词、统领句、关键话语。

（4）首尾式速记法——记下可推出意思的起始句、分论点或小结语。

（5）提纲式速记法——借用教师的板书或循着讲课人的思路，设计一个内容提纲，作为听课笔记。

此外，还可以学会“跳行记”、“留空记”、“画线记”等听记技巧，努力提高自己的快速听记本领。虽然教师口语表达中的听记更多依赖的是心记，但这些方法是培养基本的听记能力，同样对教师口语训练有帮助。

【训练方法】

可以由易到难地练习听记的本领，如：

从听记故事到听读文章；

从听读记叙性文章到听读说明性文章再到听读议论性文章；

按内容的顺序听记──→边听、边概括听记──→边听、边综合听记──→听后重组听记。

1. 全息听记比赛

首先，让学生准备好纸、笔。请大家边听、边记下老师读出的20条新闻，比一比谁记得最全。

然后，可以提高难度让学生不用纸、笔，全凭心记。

2. 争当“优秀秘书”

推举一位同学扮演秘书，再找几位同学扮演客商。“客商”纷纷向“秘书”陈述购买产品的事项。“秘书”要快速记下来，稍加整理后，立即向“经理”（也由一名同学扮演）汇报。其他同学评议一下，哪位“秘书”听记后复述得最好，推选他为“优秀秘书”。

这里同样可以由易到难，先用笔记然后用心记。

3. 模拟教学片段

设定一个教学情境，由一位同学扮演教师，其余同学扮演学生。然后由教师请学生说一段话后，教师对其所说的话再进行复述总结。

（二）听辨训练

听辨训练，是指边听、边对听知材料进行准确辨析的能力训练。旨在通过训练能对听知材料的主旨（立意）、正误、类别、美丑等做比较准确的辨析。

【训练要领】

1. 听话过程中，边听、边对话语内容的各个方面进行比较，是记忆与理解的同时配合；

2. 注意从听知材料的总体上把握，才能从局部、细节处，作出准确的判断。

【训练方法】

1. 听读文章辨析

可让学生听教师读一些相近题材的文章，然后由学生来辨析，如：

大家都学过朱自清先生写的散文《春》。现在请同学们仔细听郭枫先生写的《春天》，看这两篇材料在立意上、写法上、风格上有没有不同的地方，请说说你的判断。

2. 听说辨析

可让多个同学对某件事进行叙述，或是对某种现象进行说明，然后让同学们听辨他们说得有何不同。

可让学生仔细听一段录音，看能不能找出里面的观点、概念或表述方面的错误之处，边听、边记下来。

3. 教学片段听辨

设定一个教学情境，由扮演教师的同学提出问题，请多个学生回答后进行辨析。

（三）听测训练

听测训练，是指根据话语的内容进行推测、判断的能力训练，旨在通过训练，锻炼边听、边做出合理推测、准确判断的能力。这在教师口语表达中非常重要，主要包括听测结果、听测人物、听测意图几方面。

【训练要领】

要在头脑里想象口语交际时的场景，按照话语内容的逻辑或事件发展的总趋势，来推测话语的结论或故事的结局。听测训练，以听记和听辨为基础，如果记不清、记不全则会直接影响听测的准确性；而听辨能力的高低也直接决定听测效果的好坏。

【训练方法】

1. 听故事推测结局

请认真倾听老师讲的一段故事，推测一下故事的结局。听后，立即写下你的推测结果，并对全班同学讲一讲。请你对照一下，你推测的结果同原作一致吗？也许你设想的结局更符合逻辑。

2. 教学片段听测

设定一个教学情境，由扮演教师的同学提出一些容易引发争议的问题与现象进行讨论，请学生表达后推测其意图。

（四）听话组合训练

听话组合训练，是指对不同的话语内容进行归类、组合的听话技能训练。旨在通过训练，获得在听话过程中逐步把握边听、边归类并组合成一段有条理话语的本领。

【训练要领】

1. 日常生活中，我们有时听到的话语常常是多种内容的或多种角度的，有时还会是杂然无序的。我们要边听、边归纳，把不同的话语内容重新归类、组合，成为一段内容集中，重点突出，含意显豁的话。

2. 练习在听话时运用求同性思维，即千方百计寻找事理之间的相同点、相近点或相似点，然后把这些归结在一起，再予以清晰的表述。

【训练方法】

1. 听一段话语内容庞杂无序、语意杂糅的讲话，请你听后稍加整理，再予以清晰的有条理的表述。

2. 大家听一个班级召开的“怎样建设我们的班集体”主题班会的录音。注意听听同学们都提出了哪些意见和建议。听后请回答：一共提出多少提案？这些提案都提出了哪些问题？哪几个提案是同类型的？请你以班会主持人的身份为这次班会做一个小结。

3. 以小组为单位就某个话题进行讨论，然后抽取同学模拟教师对本组的讨论作一个总结发言。

二、倾听反馈的方法技巧

言语交际中，倾听必然有所反馈，一般有反应和反射两种方式。

（一）对对方话语的反应

➤ 理论简介

反应，是指听话者在听话过程中对说话者所说的话的反馈。它对于口语交际的顺利进行具有重要的作用。无论是两人对话，还是多人会话过程，有交际能力的人都善于积极地、有意识地对对方的话语作出反应。教师口语教学也要训练学生在口语交际中的语言反应能力。

反应具有三个特征：一是由听话者发出；二是在客观上不打断说话者的说话，主观上也没有索取说话权的意图，而是鼓励说话者继续说话；三是形式上比较简短，内容上不提供新信息。

反应分言语性和非言语性两种。

言语性反应就是用一些倾听用语将对方的表达步步引向深入。用于言语性反应的倾听用语有三类：1. "嗯"。通常表达"我在听呢，请继续说吧"的意义。2. "对"、"是"、"是啊"。通常表示"你说得对，请继续说吧"的意义。3. "哦"、"真的啊"、"还有这事"、"我还不知道呢"等。通常表示"原来是这样，我以前不知道，请继续说吧"的意义。

非言语性反应就是主要借助一定的体态语对对方的说话作出反应，传递"我正在倾听"的信息。这种体态语往往有点头、目光注视、眼神、面部表情，以及诸如前倾之类的身姿体态等。汉语口语交际中，无论是两人对话，还是多人会话，"目光注视"是听话人在听话过程中表示对对方说话感兴趣的一种常见反应。有两种情况：一是长时间专注。听话人在听话时长时间注视说话人，只有短暂的移开。二是间断专注。听话人一直采取低头、闭目、仰头、身体前倾的体态语在倾听，目光不注视对方，但在说话人说到关键地方时，抬起头来或转过头来注视对方。这两种方式都传达了听话人对说话人十分尊重，对对方的话语十分感兴趣的意思。如果对方说话时，听话人一边干活，一边心不在焉地"嗯、呀"地应付，对方说着说着就会觉得没劲没趣，结果声音越来越小，最后闭嘴不说；如果听话人全神贯注地倾听对方说话，说话人心中就会产生一种感觉："这个人很愿意听我说话，我可以继续说下去。"说话人的这种感受往往就是听话人要传递的一种信息，也是使口语交际顺利的一种润滑剂。

言语性反应通常是与非言语性反应一道出现的。

➢ 技能训练

【训练要领】

1. 反应训练旨在强化听话的意识，即明确认识对方的说话受到自己听话态度和听话反应的影响；

2. 学会在对方说话的时候，正确运用倾听用语对对方话语作出恰当的反应；

3. 学会在对方说话的时候，正确运用体态语言对对方话语作出恰当的非言语性反应。

4. 注意言语反应与非言语反应的协调。

【训练方法】

1. 在交谈中，以言语反应和非言语反应让对方不断说话，最后总结一下：

① 让对方谈了多长时间？

② 你在哪些地方使用了哪种言语性反应？效果如何？

主动找一个人说话，谈话开始后，你就尽量只充当听话者的角色。试分别或综合运用三种言语性反应，让对方不断说话。最后总结一下：

① 你在听话过程中作出了哪些言语性反应？你是怎样运用言语性反应手段的？

② 你让对方谈了多长时间？以此来分析你的言语性反应的效果。

主动找一个人说话，谈话开始后，你就尽量只充当听话者的角色，并试用点头、目光注视、眼神、面部表情、身姿体态这些体态语中的一种或几种，对对方作出非言语性反应，让对方不断说话。最后总结一下：

① 你在听话过程中作出了哪些非言语性反应？你是怎样运用非言语性反应手段的？

② 你让对方谈了多长时间？以此来分析你的非言语性反应的效果。

2. 设定一个教学情境，在模拟教学中以教师的角色请学生就某个问题发表看法，着重训练作为教师的言语反应与非言语反应。

（二）对对方话语的反射训练

➢ 理论简介

反射，就是在听话过程中，把听到的话语原封不动地、或稍作变化地重复一遍，也是听话者在听话过程中对说话者所说的话的一种反馈。如：

学生：……总之，我这次没考好，心中特别难受。

教师：哦，你很难受。

教师的话就是对学生话语的一种反射。反射与反应一样具有三个特征：一是由听话者发出；二是在客观上不打断说话者的说话，主观上也没有索取说话权的意图，而是鼓励说话者继续说话，所以也不充当对话结构的引发语；三是形式上比较简短，内容上不提供新信息。

反射，看来好像是听话人在说话，但它与说话不一样，它仍然是听话的一种组成部分。就口语交际的现状来看，有些教师没有想到、也不善于听取别人的说话。一进入口语交际之中，就只想一个劲地说话，而且没有呼应对方的话。常见的不良情况有几种：

1. 上课型。有时，学生不是出于求知，而是出于感情抒发的需要找老师交谈，教师却答之以各种各样的知识，将双方的谈心变成师生的上课。

【示例】

一个幼儿园小班孩子问："老师，为什么孙悟空会飞呀？"教师答道："这是假的。人不是鸟，怎么能飞呢？"或答道："孙悟空只是个神话人物，会飞只不过是古人想飞向天空的愿望而已。"

【评析】这种回答可以说是倾听的失败。孩子的问题并不是寻找答案，而是表达愿望与情感。如果教师以为这个问句是询问气体力学的问题，于是就从批驳入手，给孩子灌输知识，那么，教师的回答不但使孩子莫名其妙，而且还破坏了他们心目中孙悟空的形象，使他们大为扫兴。善于听话的教师本可以说："是啊！孙悟空不愧为齐天大圣！"这样就呼应了孩子的赞叹之情。或者回答："小朋友们好好学本领，长大开飞机，比孙悟空飞得还快还高！"这种回答既呼应了情感，又激励了学习的劲头，孩子们听了会特别高兴。

2. 安慰型。当学生抒发害怕、沮丧等感情时，教师虽然会针对孩子的情感说话，方向却相反,极力想把学生的情感压下去。

【示例】

孩子说:"天黑,我怕。"

教师说:"不怕,这不黑,一点也用不着怕。"或说:"天虽然黑,但用不着害怕。"

【评析】这种回应也表明倾听的失败。孩子确实认为黑,确实很害怕,并不是教师一说不黑不怕,就会消除害怕心理的。结果,教师的话语没稳定孩子情绪,相反,孩子还会认为老师是在欺骗自己、驳斥自己。

3. 嘲笑型。当孩子表达一种自己所不满意的情感时,有些教师会用一种夸张的神情、讥讽的语调进行嘲笑。

【示例】

孩子说:"我不想上学。学校里一点也不好玩。"

教师就会说:"嘿!瞧你多傻呀!居然会说学校里不好玩。"

【评析】教师的这种神态与语言严重地打击了孩子的自信心,抑制了他内心情感的抒发。孩子感觉到向老师袒露情怀是件冒险的事,或怀疑自己的判断与情感。这种打击是毁灭性的。

上述几种情况,虽然各有特点,但造成的后果却是共同的:破坏了教师与孩子的口语交际活动,教师用自己的语言阻塞了与孩子沟通的心灵之路,孩子从教师的语言中得出了一个结论:教师根本不愿听或根本没听进自己的话,根本不理解、不同情自己,不是可以"谈心"的人。

正因为教师与孩子谈话的语言既关系到两代人的关系,又关系到孩子的身心健康,因此,教师很有必要针对孩子的情感需要与特点,调整自己的言行。

首先,教师在交际观念上要尊重孩子的情感。不能认为学生小,不懂事,对他们的情感和情感表达可以漠然处之、随便对待,甚至嗤之以鼻。学生的有些情感在大人看来是荒唐的、可笑的,甚至是毫无道理的;但在学生看来却往往是非常认真的。所以,做教师的应该站在学生的角度对待学生的情感,认真听取学生那些表达情感的话语,而不应该用简单粗暴的方法加以压制,用讥讽嘲笑的口吻加以取笑,用迂腐无效的逻辑加以反驳。

其次,在听话的过程中,要运用各种听话技巧、反应技巧和反射技巧,鼓励学生表达出他的情感。当学生抒发情感时,教师不要打断孩子的话语,不能有这种想法:"他怎么会有这种念头?这还得了!"更不能让这样的想法变成驳斥孩子的话语。

【示例】

学生:我最讨厌英语这门课了。

教师:哦,你最讨厌英语这门课了。为什么呢?说给老师听听,好吗?

【评析】教师用学生的话对学生进行了反射,学生的情感在教师的听话中得到了回应。教师的听话鼓励了学生的说话,推动了双方的交际。

反射的运用有一定条件,即在对方进行情绪性表达、宣泄时特别有效。说话人在听话人的反射中听到了自己话语的"回声",双方实现了情感的呼应、心灵的沟通。反射对于口语交际的顺利进行具有重要的作用。

反射有两种方法:

1. 当说话人说出自己的情感时，听话人就用相似相近的话把说话人的话重述一遍。

【示例】

学龄前的明明对老师说："我要去公园，公园真好玩！"许多教师的反应会是："不行！昨天去了，怎么今天又去？""这么大的雨，怎么去？"话虽有理，可孩子不服。"怎么今天不能去？天天去都行。""为什么下雨就不能去？照样去！"但他一看到老师严厉的面容，只能把情感压抑下去。教师的这种说法就是没有正确地听话。如果换一种听法：

学生："我要去公园，公园真好玩！"教师："哦——你想去公园玩，是吗？"这种对孩子语言的重复，就呼应了，甚至促进了孩子的情感。"就是嘛！公园有好多玩具。"孩子欢叫道。"公园有好多玩具，你玩得好快活哟。"听这话，孩子更来劲了："嗳！有飞机，有碰碰船。""对，有飞机，有碰碰船。"教师又重复道。

【评析】就在这种对话中，学生的情感得到充分的抒发，他同时感到老师在听，也听到了他心中要说的话。这时教师随便打个岔："哎！你看那边是什么？"孩子的注意力就转移了，去公园玩的要求忘得干干净净，因为他在教师的听话中到公园"玩"过了，"玩"得非常高兴。

2. 当对方没有说出或没说清自己的情感时，听话人可以运用恰当的话语引导对方把情感表达出来。

【示例】

美国儿童心理学家F·多德森讲过一件事。有个孩子从睡梦中惊醒，尖叫道："屋里有狼。"这时，许多教师多半会批驳孩子："怎么会有狼？那是不可能的。"然后会带着孩子巡视整个房间，验证确实没狼。但这种逻辑的方法不起作用。孩子的恐惧的心情并没有表达出来，内心还一直受到可怕的梦魇的缠绕。而教师说道："孩子，你告诉老师，那只狼是个什么样的？"这个要求听话的举动既表示了自己对孩子的关心，又鼓励了孩子继续说话，将心中的情感充分表达出来。孩子说："我好怕！"教师就说："那只狼真是吓坏了你了！"重述孩子的话语，进行情感呼应。孩子又说多么怕狼，多么讨厌狼，准备怎样把狼推下悬崖去。最后，差不多过了20分钟，孩子说："我想睡觉了。"教师送他上床。不一会儿，孩子就睡着了。整个过程，教师没有证明屋里没有狼，没有劝孩子别害怕，只是进行情感呼应。孩子的话说完了，心中的害怕与烦恼也发泄出来了，心中留下的只是老师的关心、老师的理解、老师的爱！

➢ 技能训练

【训练要领】

倾听反射好似一面情感的镜子，它与普通镜子一样，就是把情感原原本本地映射出来，不变形。通过反射说出对方的感觉，有助于彼此间的沟通。

【训练方法】

1. 给出一些错误反射的对话，让学生尝试纠正，如：

孩子：妈妈，我累了。

妈妈：你刚睡过午觉，不可能累。

孩子：（大声地）我就是累了！

妈妈：你不累，就是有点爱犯困，赶快换衣服吧！

孩子：（哭闹）不，我累了！

学生：老师，这儿好热。

老师：怎么会？开着空调呢！穿上外套，别冻着。

学生：不，我热。

老师：我说过了，“穿上外套！”

学生：不，我热。

……

甲：这个电视节目真无聊！

乙：不会吧，我觉得很有意思啊！

甲：这个节目真傻！

乙：才不呢，这多有教育意义。

甲：这个节目真烂！

乙：你不该这么说话！

……

2. 让学生两两组合，或以小组为单位，模拟师生交流，尝试进行反射性倾听反馈。

建议阅读书目：

（美）海姆·G·吉诺特著，张雪兰译.孩子，把你的手给我：与孩子实现真正有效沟通的方法.京华出版社，2004.9.

（美）吉诺特著.孩子，把你的手给我2：与十几岁孩子实现真正有效沟通的方法.京华出版社，2010.11.

（美）海姆·G·吉若特.孩子，把你的手给我3：老师与学习实现真正有效沟通的方法[M].京华出版社，2010.11.

第二节　双向式教师口语之课堂提问训练

➢ 理论简介

教学过程实质上是提出问题、分析问题、解决问题的过程，所以提问是一种常规教学手段。

教师口语的课堂提问种类很多，按质疑指向集中与否可分为宽问和窄问；按提问用语是直表还是委婉可分为直问和曲问；按提问的问题组合情况可分为单问和重问：单问是一问一答的问，重问是就一个问题提出追问；从问句特征是否明显来划分，可分为明问和暗问：明问是用疑问句发问，暗问是通过设置“悬疑情境”含蓄地发问。

一般地，教师提问语应具备如下特点：

（一）思辨性

所谓思辨性，是指提问要有质量，要有思辨价值，要能调动学生探究的热情。提问时，语速要放慢，要对质疑点作适当重复或解释。要防止随意性的“满堂问”，这样的

“问”调动不了学生的思维活动，也损坏了教材讲授的完整性，应当避免。

（二）量力性

所谓量力性，是指提问要难易适度，着眼于学生的最近发展区，难度大的可以分为几个小问题来问。对小学生发问，要疑点明确，质疑指向集中，问句要说得简明易懂。

【示例】

“分数的初步认识”的教学片段

师：4块饼干，2块饼干，1块饼干，（板书：4、2、1）这些都是整数。（举起掰开的半块饼干）请说说，这半块饼干的“半”，是不是整数？生：“半”不是整数！师：“半”不是整数，那是什么数呢？生：“半”是半个数。师：“半个数”，说得多别扭呀！那么，这“半个数”是怎么得来的？

生：是“1”平均分成两份得来的。师：说得好，是平均分成两份得来的。既然是平均“分”出来的，“半”就要用“分数”来表示了。那么“半”用分数怎么说？生：平分两份中的一份。师：哎呀，这么说太啰嗦了，不方便，简单的说法是“二分之一”，就是平分两份中的一份，写作$\frac{1}{2}$。如果平均分成三份，其中的一份用分数怎么表示呢？生：$\frac{1}{3}$。师：分成五份，其中的两份怎么表示呢？生：$\frac{2}{5}$。

【评析】分数是数的概念的一次扩展，比较抽象，学生接受有一定难度。教师运用设疑诱导，在提问中小步迁移，用语平中显巧，一步步把学生引入新的知识领域，使他们很快掌握了“分数”这个概念。

（三）协调性

学生在公开场合接受提问，由于心情紧张，智力活动容易出现阻滞，因此教师语态要友善、有耐心，提问尽可能嵌入礼貌语，并适时改变提问方式，或重复质疑点，或作一点提示，以缓解心理压力。

【示例】

老实的回答（教学幽默）

一个名叫杜日诺的法国小学生站在讲台旁，正在接受教师的提问。老师有些不耐烦了。“你是傻瓜蛋还是怎么啦?5+5，这不难吧?”杜日诺怯怯地站着，还是答不上来。“4+4呢？这你总该知道了吗？”杜日诺眨眨眼，还是不吭气。“唉！笨瓜！好，我来问别的。美洲，你总听过这个词吧？那么谁发现美洲的？”杜日诺懵住了，像个哑巴。教师大声嚷道：“哥伦布！”杜日诺转身回到座位上。“谁让你走的?”教师大声喝道。“老师，”杜日诺站起来，老老实实地回答说，“老师，您不是叫另一位小朋友了吗?”

【评析】这是引自《读者文摘》的幽默小品。也许我们不能仅仅把它看作是文艺作品，类似情况在小学课堂上时有所见。教师情绪急躁地直接提问，有点咄咄逼人，使教学气氛十分沉闷，把学生的思维也弄得僵化了。尤其是“谁发现美洲”这个突发性提问，超出了这位学生的知识水平，把学生问懵住了，使他误以为是问另一个学生。

在小学课堂教学中，单刀直入的直接提问不宜多用，提问语应当富有变化，我们可称之为“变式提问”。包括：

1. 趣味性提问语。如体育教师做跳远落坑的示范动作，提问道：“谁能用个比喻描述我的落坑动作？”当一位学生说“老师的身体像折水果刀那样”，教师予以肯定，教师没有用一个专业术语，学生却掌握了落坑动作的要领。教师饶有趣味的提问语，激发了学生的求知欲和想象力，可以使接受提问变成一种轻松愉快的事情。

2. 选择性提问语。这是“藏答于问”的提问语。教师提问的答案，以“多项选择”的方式隐含于提问语之中，使全班同学的思维因“似知而不尽知”而兴奋起来，这样让他们调动已有知识进行筛选，并展开争论，教师适时地追问、补问，会收到事半功倍的教学效果。

3. 迁移性提问语。这是“移答作问”的推进式提问。前面示例中“分数的初步认识”，运用的就是迁移性提问。这种提问，循着学生的思维流程小步迁移，渐渐地由“已知”推知“未知”，有助于培养逻辑思维能力。

4. 情境性提问语。情境是启迪儿童思维的钥匙。教师要善于用情境的描述或叙述，把学生带入迷困的情境，调动他们解答问题的积极性。例如，有位教师教《保护大自然》这一课。他说：“我先讲个故事：从前法国有个新上任的林务官，看见森林里杂草丛生，枯枝遍地，觉得不干净、不雅观，就下令铲除野草，砍掉大树旁边杂乱的灌木，扫尽枯枝败叶。林务官看着平整清洁的地面，很顺心；可是日子一长，他越来越不顺心了。这是怎么回事呢？”这么一问，学生很快会产生兴趣，深入思考了。

5. 探究性提问语。常言道：“似寻常处最奇崛。”教师要善于提出看似平淡却有思维价值的问题。例如特级教师袁珞教《颗粒归仓》一文时，对“小弟弟，你是好样的”一句提出的问题是：“‘好样的’是什么意思？”学生不假思索地回答：“好样的就是好榜样。”“好样的就是模范。”……袁老师追问道：“非得这样吗？”这一问一答，使学生的理解由肤浅推向深入。

➢ 技能训练

【训练要领】

课堂提问是一个复杂的技能，既涉及教育学、课程论、教学法的相关知识，也是一个最为重要的教学技能。作为教师口语训练中的一环，主要侧重言语表达技巧的体现。所以，训练建立在学生已具备课堂提问设计能力的预设基础上。

1. 提问语要有思辨性、量力性和协调性，并注意根据儿童的特点，改变单一的直问方式。

2. 提问语与评价语要力求灵活，有针对性。

3. 重点把握课堂提问的教师口语语体特征。

4. 作为双向式教师口语，在课堂提问中要注意语义的表达与语音语态相协调。

【训练方法】

1．模仿教学片段

借助已有的优秀教案或者课堂实录，模拟教师进行课堂提问的教学片断模仿训练。小组互评与全班点评相结合。

2．独立教学片段

小组为单位，自选一个教案进行课堂提问的设计，并以微格训练的方式进行模拟教学，以训练提问环节的语义表达，注意语音、语态的整合。

第三节 双向式教师口语之课堂评价训练

➢ 理论简介

双向式教师口语的课堂评价，是指教师对学生的答问、演示、作业等活动所作的评说。

独立意识尚未形成的小学生很看重教师的评价，恰如其分的评价有助于推动知识技能的掌握，也体现出教书与育人的和谐统一。评价语分为详评、简评和点评三种。点评是随机插入的评价，往往只作一两句的评说。

评价语一般是在教学过程中的即兴表达，这就要求教师要在特定语境中要很快决定"说什么"、"怎么说"，因此：（一）要注意观察听辨。根据教学目的，很快确定有必要作出评价的信息。（二）语意不可旁逸，对于着意要强调的某个侧面要讲得清清楚楚。（三）要恰如其分，用语有分寸感。

【示例】

教学中评价语运用一例

（几位同学分别朗读闰土说的几件事以后）

师：读得很好！他们体会到闰土说话是那么生动，那么绘声绘色，所以读得很感人。那么，"我"在听闰土讲话时，是什么样子呢？

生："我"听得入迷了。

生："我"越听越佩服闰土。

生："我"越听越惊奇，越听越羡慕。

师："我"的思想是一步步变化的。刚才几位同学在发言时用了"越来越"这个说法，这样说很准确，这就强调了思想感情的逐步变化。那么，"我"的思想感情是怎么一步一步变化的呢？

【评析】

教师有点评有简评，不只停留于表层的简单肯定，而是追加几句，指出好在何处、对在哪里。教师听得很仔细，将"越来越"提出来作评价，同教学意图结合得很紧密。

➢ 技能训练

【训练要领】

1. 评价语与提问语相结合，即有问有评；

2. 熟记本节介绍的评价类型及特点，有针对性地使用；

3. 双向式教师口语的评价往往是一种动态的评价，即面对教学实际，要有冷静的思考，稳定的心理状态，快速组织语言，进行准确、得体的评价。

【训练方法】

1. 模拟教师给出一首诗歌让学生赏析，然后就学生的谈论进行评价。如：

《牵一只蜗牛去散步》

中国台湾　张文亮

上帝给我一个任务
叫我牵一只蜗牛去散步。
我不能走太快，
蜗牛已经尽力爬，为何每次总是那么一点点？
我催它，我唬它，我责备它，
蜗牛用抱歉的眼光看着我，
仿佛说："人家已经尽力了嘛！"
我拉它，我扯它，甚至想踢它，
蜗牛受了伤，它流着汗，喘着气，往前爬……
真奇怪，为什么上帝叫我牵一只蜗牛去散步？
"上帝啊！为什么？"
天上一片安静。
"唉！也许上帝抓蜗牛去了！"
好吧！松手了！
反正上帝不管了，我还管什么？
让蜗牛往前爬，我在后面生闷气。
咦？我闻到花香，原来这边还有个花园，
我感到微风，原来夜里的微风这么温柔。
慢着！我听到鸟叫，我听到虫鸣。
我看到满天的星斗多亮丽！
咦？我以前怎么没有这般细腻的体会？
我忽然想起来了，莫非我错了？
是上帝叫一只蜗牛牵我去散步。

2. 设想面对四年级学生，以"怎样写信"为课题，作试讲，将提问语与评价语结合起来。

3. 就"森林被破坏必然会对农业造成不良影响"为课题，设计一组逐步迁移的提问并试教。

4. 就下面的数学题设计一组提问语与评价语，并作模拟教学：

服装厂预计做660套服装，已做5天，平均每天做75套，剩下的要求3天完成，这3天平均每天要做多少套？

5.《草船借箭》一课上完以后，学生对"借"字展开了争论，学生有3种说法：①"借"字不妥，没征求同意，也没有打借条，应改为"骗"；②"借"字用对了，20只船受满箭，诸葛亮令军士高喊"谢谢曹丞相的箭"，如果是"骗"就不会谢人家了；③10万多支箭，一开战都射向曹营，不都还了人家吗？所以还该说"借"。请针对这几种看法，设计评价语并试讲。

6. 就“分母所表示的意思”设计提问。如果学生分别作出如下几种回答,如何评价?

a. 分母表示一个整体,就是单位“1”;

b. 分母表示把整体“1”分成几份;

c. 分母表示的是把单位“1”平均分成若干份的数。

➤ 理论说明

言语交际是一个复杂的生理与心理过程，交际中双方的心理处于互动互变状态。克服心理障碍，具备健全的心理素质，懂得心理沟通的方法，是人际交往获得成功的前提条件。真诚是高尚人格的体现，也是人际交往中必备的个性心理品质。只有真诚，以心换心，才能使交际双方从心理上确立安全感和信任感，促使交际的深入，所以，真诚是交际的前提和基础。在师生交往中，真诚更是教师必备的基本素质。自信是意志和力量的体现，是人们对自我认识感到满意的心理倾向，它是口语交际必备的心理素质之一，也是做到"为人师表"的重要心理基础。

课堂教学这一特定的言语交际活动中，教师的口语表达往往要求严谨、规范，具有感染力和示范性，这无疑增强了教师在课堂教学中的心理压力。所以，具备良好的心理素质，是师范生在教师口语训练中不可忽视的重要组成部分。在教师口语交际中要注意克服胆怯、自卑、自傲等心理障碍。

第一节　教师口语交际中的心理障碍

➤ 理论简介

师范生从学生向教师角色转变的过程中，往往会面对不小的心理障碍，一般来说包括以下三方面：

一、胆怯

师范生初登讲台，或者在陌生人尤其是在众人面前讲话，有时会出现胆怯心理。他们有时显得目光呆滞，不敢与别人对视；有时面红耳赤，呼吸急促，甚至手腿发抖，语无伦次。胆怯心理不仅是口语交际的严重障碍，也是刚上讲台的年轻教师常见的心理障碍。一般说来，出于保护自我的本能，青年人初次在陌生人或公众面前说话时，出现轻微的慌张与胆怯，属于正常的心理现象。即使一些著名演讲家，在初练演讲时，也常有胆怯和失败的经历。因此，重要的是要逐步克服胆怯，不能由胆怯而恐惧，再由恐惧而自卑，形成难以扭转的心理定势。

二、自卑

先请看一位大学生的手记："在交际场合，我总表现为不安、局促，变得沉默、内向和自卑，心里总觉得有一种恐惧感。我和同宿舍的同学之间关系总处不好，不想同她们说话。我曾几次调换宿舍，但郁闷的心情总摆脱不掉。"这是口语交际中的一种心理障碍——自卑心理的反映，在法国心理学家克里斯多夫·安德烈看来，这种现象非常普遍。"害怕丢脸，害怕当众讲话，和害怕蛇、害怕空旷一样常见。55%的人害怕这种场合，将近1/3的人放弃过当众表达想法的机会。"

有自卑心理的人，虽有强烈的交际欲望，但又不敢大大方方地与人平等交往，担心受到别人的冷落与嘲笑。他们在进行口语交际时，也常常会情不自禁地出现脸红心跳、语无伦次、手足无措等现象。如此多次反复，便逐渐强化了怯懦感与自卑心理。自卑的本质是自我意识的弱化，自卑的人总是过分地看重自己的弱点，而看不到自己的优势，所以心理状态是消极的，它是一种不良的心理品质。它使人离群、孤立、苦闷、失去自信心，甚至导致嫉妒、沮丧、暴怒、自欺欺人等不良情绪的产生，自卑心理对于口语交际，尤其是对于教师开展正常的教育教学工作，都是十分有害的。

三、自傲

自傲是一种以自我为中心的心理倾向。在口语交际中表现出自傲心理的人，只把注意力集中在自我身上，他们往往有一定的口语表达基础，但是过高地估价了自己的能力。于是在交际会话中滔滔不绝，自以为技压群雄；在演讲中高谈阔论，不顾听众情绪，其实口语交际的效果并不好。在古希腊曾有个年轻人拜苏格拉底为师学习演讲术，年轻人为了展示自己的口才滔滔不绝地大发了一番议论，本以为会得到老师的青睐，不曾想苏格拉底听完后却说要收他双份学费，年轻人大惑不解，连忙问为什么。只见苏格拉底平静地说："因为我得先教你怎么闭上嘴巴去听，再教你怎么去演讲。"所以，自傲也是应该克服的心理障碍。

自尊与自傲是两种截然不同的心理倾向。自尊是建筑在客观实际基础上的正确的自我评价与自我态度，是青年上进的内驱力。自傲是建筑在以自我为中心基础上的一种超现实的自我评价与自我态度。它使青年人孤傲离群，使师生关系难以协调，对口语交际极为有害。

以上障碍也常常成为师范生在进行教师口语训练中的绊脚石，使教师不能在各个训练环节中自然、大方地表现，因此应调整心态尽早克服。

第二节　克服教师口语交际中心理障碍的方法

➢ 理论简介

克服口语交际中的胆怯、自卑和自傲等心理障碍，根本在于正确地认识自己和评价自己。同时，还要通过积极的自我暗示进行有意识的口语交际实践。在实践中摆正自己在人际交往中的位置，逐步形成健康的交际心理。同时，心理素质是可以训练的。如果训练方法得当，也能取得较好的效果。

一、克服紧张情绪、稳定心理的方法

心理训练的要领，在于根据造成心理障碍的原因有针对性地选择训练方法。比如，如果是由于自我分析不当，期望值过高而形成自卑，可采用自我心理暗示法，有意识地做自我心理调节；如果因为性格内向而不爱讲话，或吐字不清、不善讲话而引起胆怯与自卑，则可以采用强化训练法，通过增加实践机会来取得效果。同陌生人、名人、异性交谈时出现紧张心理，可用自我心理暗示的方法加以调控。比如说，可以

作这样的暗示：大家都是人，有什么好紧张的。也许他正想同我交谈而难以启齿呢。我做了充分准备，比他有利，交谈一定能成功。这样一想，就可以帮助克服紧张心理。

二、克服自卑、自傲心理的方法

在公开场合发表讲话，如果出现自卑、自傲的心理，请用以下方法做心理调节。

（一）直接暗示

直接暗示，有人称为“镜子技巧”。一些教师、企业家、律师、演讲家在出去讲课、演讲或参加社交活动时，先对着大镜子修饰一下自己的容貌，然后自信地凝视着自己的形象大声说几遍：我今天一定成功！然后精神焕发地跨出家门。这种做法说来可笑，其实是一种自我暗示。自我肯定的潜意识会帮你克服自卑与胆怯，增强信心。

（二）联想求同

如果在教学评比或演讲比赛中发现有强大的对手，绝不要盲目自卑：“我的普通话、风度都不及他，我多么无能呀！”而应该这样想：“他能这样绝不是一朝一夕形成的，也许开始还不如我呢。”马克思欣赏这样一句格言：“你所以感到伟大高不可攀，只因为自己跪着。如果我站起来，绝不比别人矮半截。”这种避开现实中的差距，通过联想找出双方共同点的心理暗示方法叫联想求同法。

（三）交叉比较

有自卑与自傲心理的人应采用两种不同的比较法。

自卑者要找出自己的长处同对方短处比，然后想：“天生我材必有用。我并非一无是处，只要扬长补短，我也会超过他。”自傲者要找出自己的短处比别人的长处，然后想：“我这方面不如A，那方面不如B，哪里值得骄傲呢？”

交叉比较的心理暗示，有利于克服自卑与自傲的心理障碍。

三、建立自信心理的训练方法

（一）渐进训练

如果在口语交际中，自卑心理障碍一时不能很快克服，也不必急躁，可以用渐进训练的方法，先从容易的事情做起，即使不显眼，也不要放过训练的机会，逐渐增强自信。比如，第一次试教或演讲不成功，可以先从在自己班级（或小组）内讲一段话开始；与名人交谈太拘束，可以先从跟老师交谈做起；与性格内向的人交往不成功，可以先从与性格开朗的人交往开始，等等。这些由易到难的训练，会使你发现自己并非不会上课、不会演讲、不会口语交际。在这个基础上，逐渐提高口语表达难度和口语交际水平。

（二）强化训练

实施强化训练法要注意激发训练欲望，训练时要以表扬鼓励为主，决不要因为暂时效果不佳而让学生产生新的心理负担。

➢ 技能训练

【训练方法】

1. 指定5人上台，抽题后当场讲述。题目应有助于肯定自我形象、提高自尊与自信。例如:“我就是这样一个人”、“我有个优点”、“我的特长”、“我最得意的一件事”,等等。讲完后,由其余同学评论5人的心理素质,可以当场质疑、讨论。最后由5人答辩,谈谈怎样稳定心理。

2. 指名上台讲述,介绍自己初次登台时的心理状态,以及是如何用积极的自我暗示来稳定情绪的。也可以开展“心理咨询”活动,由教师或心理素质好的同学当场回答有关提高口语交际中的心理素质的问题。

3. 设计十几组常识题(每组5题),同学抽题上台,每人完成一组快问快答题(提问后3秒内回答)。计分评比:答对10分;超过3秒,0分;答错扣10分。训练应付突发性提问的稳定心理。

常识题举例:

一件中山装几个口袋?

七只青蛙几条腿?

树上有五只鸟,打中一只还剩几只?

房间里有两个女儿两个妈妈,至少有几人?

鸡啼、鸟鸣、犬吠、狼?狮?

4. 两班同时上课,同学分别交叉到陌生班级做即兴演讲(2分钟)。题目当场抽签(可准备4分钟)。锻炼在陌生人面前即兴讲话所需的稳定与自信。

5. 低年级学生到高年级班里演讲,由高年级同学质疑、评论,演讲人答辩。训练目的:克服胆怯,增强自信。

6. “演播室热门话题访谈”。讲台前为假想“电视台演播室”,4名学生排坐台前,1人为主持,3人为嘉宾,就热门话题展开交谈,比如“关于在师范院校开设‘教师口语’课”等,要求不慌张,不胆怯,神态自然,言谈得体,接语生动,内容有主见,表达有条理。同学听后评议,谁的心理最稳定、谈吐最得体、表达最清楚。

7. 开“记者招待会”或“新闻发布会”。3—4人坐台前,面对全体同学。创设一定情境,“记者”提各种问题,可以指名回答或自由回答。目的在于训练在各种突发情况和尴尬场合的稳定心理和应变能力。结束后由全体参加者从心理和口语角度评议,并评选“最佳新闻发言人”。

第三节　教师口语交际中心理沟通的方法

➢ 理论简介

口语交际中的心理沟通,是争取对方密切协调配合的过程。

对教师来说,能否与学生沟通形成相容心理,是教育口语和教学口语能否取得成效的关键之一。口语交际中心理沟通的方法有倾听、认同、调控等。倾听是心理沟通的前提。倾听可以满足对方自尊的需要,为心理沟通创造有利的氛围。倾听的过程也是深入了解对方并考虑如何进一步作出反应的过程。因此,倾听不只是用耳朵去接收信息,必须耐心、虚心、用心地听，这就需要良好的心理素质。关于倾听，详见“听话技能训练”一章。本节主要讲述认同与调控的方法。

一、认同

建立认同心理，就是设法寻找同谈话对方的共同语言，以求得心理上的接近与趋同。认同心理是相互沟通的基础。

【示例】

甲：这幅画是你画的？真不错。

乙：过奖了，我不过在业余艺校学了几天。

甲：啊，是鲁迅艺校吧？那儿名师可多呢。

乙：我跟×××老师学的。

甲：真的？太好了！那你是我师兄啦！我也准备拜×××先生为师呢。

【评析】

甲为了与乙沟通，设法寻找共同点，经过一番寒暄，终于挂上了钩，一下子缩短了双方的心理距离，为进一步交谈创造了有利的气氛。

认同的方法有：

1. 存异求同。需要沟通的双方，往往存在严重的分歧，这些分歧可以暂时搁置，双方可以先找一些比较接近的方面取得共识。待双方有了接近的气氛之后，再转入需要沟通的话题，效果要好得多。容易取得共识、形成认同感的话题有：共同的兴趣、爱好。比如影迷、球迷碰在一起，几句话一拉，就熟悉起来了。其次是共同熟悉的人或事。比如在他乡遇老乡，一谈起家乡的景色，双方便眉飞色舞、心心相印了。第三是共同的经历、专长等，也有利于双方的认同。

2. 先绕开敏感话题，设身处地为对方层层分析。当他觉得你的确为他着想的时候，他在精神上就会处于松弛和开放的状态，也就可能较为客观地理解和评价你的观点，沟通的目的也就容易达到了。有时，双方的情感落差很大，这时也需要设身处地体察领悟对方特定境遇中的情感，形成感情的认同感。

二、调控

口语交际中的调控是指：为达到控制说话主动权以实现沟通心理、统一思想的目的而运用的言语技巧。

（一）迂回诱导

对一些难以直说或不便单刀直入的问题，可以采取“曲径通幽”的办法，通过类比、推理等办法来达到心理沟通的目的，这叫迂回诱导。

【示例】

一位班主任同一个早恋的学生谈心。为避免学生产生对抗心理，教师只字不提男女之事：“你看，这棵桃树，因为春天到了，开始发芽了。多好的春天啊，给万物带来了生机！你看，一棵芽，以后就是一朵桃花，再以后，就是一个个又大又甜的桃子呀！怎么搞的，这里已开了一朵花，哎，开早了呀！现在还没到开花的季节，没到开花的时候开的花，是一种不结果的花呀！”学生听到这里，心里似乎被猛锥了一下。老师又说：“争春，不一定提前表露；早柳提前发芽，但春天刚到，就开始枯黄，飘落无情的柳絮；竹笋，春日还把头埋在土里，吸收着丰富的水分和营养，后来拔地而起，直冲云天……”教师的话讲完了。学生先用惊恐的目光望着老师，继而低下了头。良久，她终于抬起了希望的双眼……

（二）情绪感染

感染是人际间情绪的同化反应形式。交际过程中，一个人谈高兴的事，对方也愉快；一个人说不幸的事，对方也难过。情绪感染是调控的一种好方法。例如，30万汉军把项羽的10万军队围困在垓下时，军师张良教会汉军的九江士兵唱楚歌，顿时“四面楚歌”缭绕，于是楚军军心大乱，纷纷逃跑，不战自溃，逼得霸王别姬，自刎乌江。这是汉军采用情绪感染法调控楚军心理取得极大成功的一个范例。

（三）话题调控

在口语交际中，当交谈出现障碍时，及时调控话题是重新达到心理相容的一个好办法。

【示例】

小说《人到中年》中有一段傅家杰同陆文婷的对话：“你呢？你喜欢诗吗？”他问她。“我？我不懂诗，也很少念诗。”她微笑着略带嘲讽地说，“我们眼科是手术科，一针一剪都严格得很，不能有半点儿幻想的……”“不，你的工作就是一首最美的诗。”傅家杰打断她的话，热切地说，“你使千千万万人重见光明……”

【评析】傅家杰以“诗”为题发话，在不懂诗的陆文婷面前受阻。这时傅家杰立刻果断地采取偷换概念的手法调控话题。赞美说“你的工作就是一首最美的诗”，避免了尴尬，又得到陆文婷的好感，双方的心理沟通了。

➢ 技能训练

1. 仔细听老师讲《触龙说赵太后》的故事，说说触龙是采取哪些办法同赵太后沟通心理的。

2. 情境训练。

A. 高考前夕，父母关怀备至。有一次晚饭后，父亲听见你房间里有流行音乐乐曲声。一看，你边听音乐边复习功课。他火了，拎起录音机就走。第二天晚饭后，你同爸爸开始了沟通……

小组讨论：采取什么办法同爸爸沟通好？每组编一个小品上台表演，然后全班评议。

B. 你正在上数学课：“……那么，同学们，梯形面积的公式S=?”小王同学举手说：“老师，他打我。”于是哄堂大笑。课后，小王胆战心惊地跟你走进办公室。

讨论：如何同小王沟通心理并做好教育工作？

C. 春游出发之前，大家在议论带什么点心糖果。一位同学问李辉：“你带什么？”李辉默然不语。他父母离婚后他与母亲生活在一起。母亲待岗在家，没钱买点心。

讨论：你作为班主任，此时如何调控话题，并在照顾到李辉自尊心的前提下妥善处理这件事？

3. 利用实习机会，运用心理沟通技巧，做好一两个后进学生的思想转化工作。

➢ 理论说明

语言是思维的外壳，思维是语言的内核。口语表达的过程实际上就是思维的过程，只有思维清晰、灵敏，口语表达才有可能有条不紊。所以说，一个人思维的品质与水平，很大程度上制约着他口语表达的水平和质量。教师口语表达也是一样，所以离不开思维训练。

但思维是非常复杂的，它不同于一般的技能训练可以通过反复操练达成。这里只是简单从思维方式与思维品质角度提供一些训练，以期有助于思维水平的提高，从而辅助教师口语表达水平的提高。

第一节　教师口语的思维方式训练

一、发散思维与集中思维

发散思维，是指思路从某一中心向不同层次、不同方向辐射，从而引出许多新的信息的思维方式。训练发散思维能使说话者思路流畅、长于联想发挥、善于应急变通。集中思维，是将许多新的信息围绕中心进行选择、归纳和重新组合。发散思维与集中思维可以同时训练。

➢ 技能训练

训练要领先进行发散思维训练，而后确定一个主题进行集中思维训练。

【示例】

1. 围绕“牛”每人说一个观点，进行发散思维训练，如：

“脸朝黄土背朝天，牛的踏实苦干精神很可贵”；

“牛总要人牵着鼻子走，缺乏自主意识和主动精神”；

“牛奶、牛肉可以吃，味道美、营养好”；

“牛奶供应紧张，养牛事业有待发展”；

“牛吃了草会反刍，还津津有味，好比我们学习，也要温故而知新”；

“牛喜欢窝里斗，被人利用，这是缺乏团结精神”；

“牛生前拉套，死后捐躯——牛肉、牛毛、牛皮、牛黄、牛粪都有用，真可谓鞠躬尽瘁，死而后已”。

2. 试以“养牛好处多”为题进行集中思维训练。

选择上述有关材料，加工提炼组成一段话：“牛的体格强健，力气很大。我国有些农村还用它作为主要劳动力使用。牛奶、牛肉可以食用，味道美、营养好。牛骨可以制骨胶，牛皮是皮件的好材料，牛角可做雕刻品，甚至当号角，牛黄是珍贵的中药材。农村有些地区，牛粪还当燃料用。养牛好处真多。”

以上训练题也可改为“谈谈牛脾气”等。

【练习】

1. 围绕以下题目,进行发散思维与集中思维训练:

"眼镜"、"书"、"音乐"、"窗"、"春天"、"微笑"、"谦虚"、"生日祝辞"……

2. 依照人们的思维习惯,总认为"红砖"是用来造房子的,请你在1分钟内,说出"红砖"的其他8—10种用途。

二、正向思维和逆向思维

正向思维是指常规的思维方式,逆向思维是指与常规思维反向的一种思维方式。《司马光砸缸》的故事大家都非常熟悉,按常规思维,救人是让人离开水,但缸太高,伙伴们无法把缸里孩子拉出来。这时,司马光来个逆向思维:难道就不能让水离开人吗?于是他砸了缸、救了人。善于逆向思维,可以使人在口语交际中新意迭出。

➢ 技能训练

【示例】

三国时曹植写过一首著名的《七步诗》:"煮豆燃豆萁,豆在釜中泣。本是同根生,相煎何太急?"诗斥责了"豆萁"的自相残杀行为。郭沫若来个逆向思维,他认为:"如果站在萁的方面说,不也是富于牺牲精神的表现吗?"于是他写了一首《反七步诗》:"煮豆燃豆萁,豆熟萁已灰。熟者席上珍,灰作田中肥。本为同根生,缘何甘自毁?"

【练习】

1. 学生分为正方、反方,对下列成语,正方同学按正向思维方式作3分钟阐述,反方同学按逆向思维方式作3分钟阐述,然后展开辩论。

知足者常乐——不知足者常乐

班门岂能弄斧——弄斧必须到班门

愚公移山赞——愚公移山质疑

只要功夫深,铁杵磨成针——即使功夫深,铁杵未必能磨成针

2. 仿照例子,对下列事物按正向思维、逆向思维分别列出不同观点。如:

天平:正——公正无私的楷模　反——谁多给一点就倾向谁

镜子、伞、月亮、茶杯、杨柳、春蚕……

第二节　教师口语的思维品质训练

思维品质一般体现为思维的条理性、开阔性、敏捷性、灵活性与新颖性五个方面。

一、思维的条理性训练

思维的条理性是思维品质最基本的要求,思路清晰,才能保证语流清晰畅达。

➢ 技能训练

1. 听一个不超过5分钟的讲话录音,听的时候要注意捕捉讲话人"首先"、"其次"

等提示语，然后指出说话人的思维是怎样连贯起来的。有时间的话，把录音整理成文字，对照自己的听记，进行仔细研究。

2. 听一段内容较紊乱的录音材料。要求：a. 边听边记要点，指出哪些是条理不清的地方，为什么会讲乱了。b. 请你按一条合理的思路，利用原材料，重新组合以后再说一遍。c. 全班听后评议。

3. 教师引出一段备受争议的新闻话题，让学生听后复述或发表评论。并依此类推，一个接一个往下复述、评论，以锻炼思维的条理性。

二、思维开阔性训练

思维的开阔性，也就是思维的广度。要求我们不仅要全面地、辩证地看问题，而且要富于联想、善于想象。这样，在口语交际中就能纵横开阖、左右逢源。

（一）联想训练

联想主要有三种形式：

1. 接近联想，由于时间、空间上接近等原因而产生的联想。例如：由“茶”联想到“龙井”，联想到“西湖”……

2. 类似联想，由于某些性质类似而引起的联想。例如：由“茶”联想到“咖啡”，联想到“啤酒”……

3. 对比联想，由对比而引起的联想。例如：由“茶”联想到“白开水”，由“茶”联想到“饭”等。

➢ 技能训练

试对以下事物展开接近联想、类似联想及对比联想，看看谁的联想最丰富、谁的思维最开阔：月亮、皮球、小孩、巧克力、春天……

（二）想象扩展训练

➢ 技能训练

将以下成语分别扩展成一个个生动的小故事。在不改变主题的情况下允许合理想象。讲述时间不得少于3分钟。

叶公好龙　掩耳盗铃　水中捞月　四面楚歌

请君入瓮　狐假虎威　塞翁失马　田忌赛马

（三）想象结果训练

➢ 技能训练

给下面的小故事设想一个合乎逻辑的结局。可以有几种结局，看谁想得多、想得合理。

小王在上学的路上捡到一只小猫。毛茸茸的，可爱极了。一进教室，同学都要抢来抱一抱。“滴铃铃……”上课铃响了，怎么办？小王掀起课桌的翻板，拿出几本书，小心翼翼地把小猫放了进去，然后轻轻地抚摸一下小猫的脑袋，把翻板关上了。语文老师踏上了讲台，她发现今天的纪律特别好，满意地点了点头，就上课了。正当老师转过身去写板书的时候，小猫“喵”地叫了一声。老师下意识地回过头去一看，只见小王突然剧烈地咳嗽起来，紧接着全班同学也一齐咳起来了。“怎么了？今天大家都感冒啦？”老师不解地问，然而没有一个人回答。老师继续上课，可小猫却再也忍不住了，大声地“喵——”起来了。这下，老师全明白了。她摘下老花眼镜，走到小王旁边，把课桌翻板往上一掀……

三、思维敏捷性训练

在口语交际中，思维敏捷以及思维向言语的快速转化，是最重要的思维品质，也是衡量一个人口语能力的重要标志之一。

➢ 技能训练

1. 限时推理训练：请说说看，是谁忘了关电灯。限时1分钟，立即口答推理过程和结果。

某学校一宿舍住着甲、乙、丙、丁四人。住宿规则规定，每晚由最后一个回宿舍的人关电灯。有一次这个宿舍电灯亮了一夜，不知是谁忘了关灯。总务处来查问这件事，丙说：“我比乙先进宿舍。”甲说：“我进宿舍时看见乙正铺床。”乙说：“我进宿舍时丙跟丁都睡了。”丁说：“我很疲倦，一上床就睡着了，什么也不知道。”

2. 成语速接训练。

开头者先说一个成语，递接者以那句成语末尾的字音（或谐音）为自己说的成语的首字字音，余者类推。如果谁卡壳，就罚谁出个小节目（讲笑话、背古诗、讲故事等）。例如开头者说：“十年树木，百年树人。”第一位递接者可以说“人才辈出”或“人才济济”，第二位可递接说“出类拔萃”或“济济一堂”……

3. 快速归类训练。

如：看谁能一口气快速说出“体育活动项目”的名称：游泳、划船、乒乓球、滑水、赛跑、踢毽子……

A. 农具都有哪些？B. 表示或描述“手”的动作的词有哪些?C. 说出带“不”字的成语。

4. 对对子训练。

这是我国传统语文教学中行之有效的方法，可以训练思维的敏捷性、用语的精炼性和想象的丰富性。

例：万水千山——五湖四海；虎不怕山高——鱼不怕水深；嘻嘻哈哈喝茶——叽叽咕咕谈心；粪堆里长不出灵芝草——狗窝里养不出金钱豹。

请抢答完成接对：

A. 千军易得，______________________。

B. 尺有所短，______________________。

C. 宁吃鲜桃一口，不吃______________________。

D. 柿子拣软的捏，山芋______________________。

E. 菜刀越磨越快，文章______________________。

F. 一锹挖不成井，一笔______________________________。
G. 大河有水小河满，高山______________________________。
H. 快马也要响鞭催，响锣______________________________。
I. 好花不浇不盛开，小树______________________________。
J. 云彩经不住风吹，露水______________________________。
K. 稗苹长不出稻穗，狗嘴______________________________。
L. 良言一句三冬暖，恶语______________________________。

四、思维灵活性训练

思维灵活性即思维的变通性，要求当事人根据具体情境与临场变化随机应变地作出切合情境的巧妙反应。

➢ 技能训练

【示例】

1955年，在印度尼西亚召开了举世瞩目的亚非会议。会议开始的头两天，许多与会代表吵吵嚷嚷意见分歧，眼看会议有陷入僵局的危险。周恩来总理把原先准备好的讲话稿，散发给与会代表，接着作了即席讲话。他讲的第一句话是："中国代表团是来寻求团结而不是吵架的。"

一句话会场就安静了下来。周恩来总理机敏的语言应变能力，是值得我们学习的。

【练习】

思维的灵活性还表现在选择表达方式的灵活性上。比如，"凡是人，都是有情的"这一思维结果，可以根据不同语境的需要予以多样性表述：

所有的人都是有感情的。

是的，你，我，和所有的人一样，都是有感情的。

人世间不存在没有感情的人。没有感情的人是不存在的。

哪里会有没有感情的人？

作为人，怎会没有感情呢？

难道有没有感情的人吗？

没听说过，人会没有感情？

……

试以下面的命题，做灵活多样的表述：

A. 王小明同学大有进步。

B. 该来的人还没有来。

C. 好男儿志在四方。

五、思维新颖性训练

"吃别人嚼过的馍——没味道"，老重复别人说过的话，缺乏个人的独到见解，是思维趋于定势的表现。良好的思维品质追求思维上的创新，力求具有新颖性。

➢ 技能训练

1. 国庆节前夕，某同学上街买东西回到班上，他想向同学们介绍他在街上的见闻。为了显示自己的学问，总想多用几个成语，一开头他说了这样几句话：“街道上车水马龙十分繁忙，商店里人来人往熙熙攘攘。货架上陈列的货物琳琅满目，日用百货应有尽有……”这些话不是他经过大脑认真思考说出来的，而是套用了人们常说的“现成话”。这种爱说现成话的缺点，是一些人常有的。有人把这种缺点叫做“套板反应”。请回忆一下你过去在会上的发言或检查一下你写过的文章，有没有这种“套板反应”的缺点，举几例读给大家听，并说说打算怎么克服。

2. 运用比喻，用3分钟时间，把下面的几段话讲完。讲时自行录音并复听。

A. 决策犹豫不定，岌岌可危的企业必定会垮台，这样好比是……（或“这就像一则寓言所说的……”）

B. 废话说了一大堆，有什么用？言不在多，达意则灵。打个比方说……

C. 他啊，“跳槽”有好几次了，还在找路子“跳”，他这样，还想在事业上有什么进展？这就好比说……

D. 你在大学攻读高等数学，随随便便缺课没什么关系？学知识有个系统性，不能缺课，这好有一比……

【综合检测】

教师口语表达是语音、语态、语义表达的有机整合，分篇训练的目的是为了更好地整合。前面各篇的训练与检测各有侧重，而这里的综合检测则要求三方面协调统一。

【检测方式】

以教学片段的方式进行检测，从教师口语的语音、语态和语义表达三方面进行评分。

附：优秀教案及课堂实录

1. 幼教小班

一一对应比多少（小班）

教案设计：徐苗郎

教学要求：

1. 初步学会用一一对应的方法比较两组物体的多少或一样多。

2. 培养幼儿计算的兴趣，教学准备，小椅子若干把，小铃一副。

教学过程：

一、通过游戏，学习一一对应比较两组物体的多少或一样多。

1. 教师出示4把椅子。问：“这里有多少椅子？”

（许多椅子——幼儿在尚未学习数数以前，只要求幼儿能回答许多椅子就可以了。）

2. 请5位幼儿做找椅子游戏，要求一把椅子上坐一个小朋友，看谁能找到椅子。

教师敲小铃，全体幼儿念儿歌：“小铃、小铃你真灵，敲的声音真好听，叮叮叮叮敲起铃，小朋友很快来坐定。”5个幼儿边念儿歌，边绕着椅子走，待铃声停，马上找一把椅子坐下。未找到椅子者为输。

进行两遍游戏，让幼儿看到，每次游戏结果都有1名幼儿未找到椅子。然后问幼儿："为什么总有1个小朋友找不到椅子呢？"

（一般幼儿能理解这一问题，但语言表达有困难，常会用动作代替。有时也会端起自己小椅子说："把这个放上去就够了。"）

师："怎样使每个小朋友都能找到椅子呢？"

（按照幼儿建议再增加1把椅子，进行第3次游戏。）

游戏结束，教师边说边指：1个小朋友，1把椅子，1个小朋友，1把椅子……使幼儿得出"小朋友和椅子一样多"的结论。

拿掉1把椅子，启发幼儿作一一对应比较，并问："小朋友多还是椅子多？"让幼儿得出"小朋友多，椅子少"的结论。

二、复习巩固"多少，一样多"。

继续做"找椅子"游戏，使每个幼儿在作业中至少能参加1次游戏。放5把椅子，问："要使每个小朋友都找到椅子，应请几个小朋友呢？"教师一个一个请，请到的小朋友站在椅子前面，每次请时问幼儿现在小朋友够不够。最后要突出强调现在是"一样多了"。

游戏结束，小结：今天我们做了"找椅子"游戏，我们学会了1把椅子和1个小朋友相比的方法，以后我们玩其他游戏时也可以用这样的方法来比多、少、一样多。

【评析】

这是一节从基础入手形成幼儿数概念的教学活动，作业全过程用游戏的方法，通过一一对应来比较"多"、"少"、"一样多"。设计细致，生动有趣，根据游戏过程中出现的现象，提出问题，步步深入，激发幼儿思考。让幼儿通过动脑，用动作或语言来表达自己的见解，提出解决问题的方法。通过幼儿自身活动和具体情景，能清楚地领会"多"、"少"、"一样多"的含义。这节作业课中，教师重视以幼儿为主体，让幼儿主动地学习，作学习的主人，一改过去那种以教师为主单纯灌输知识的教学方法。如设计第一、第二次游戏，结果都是有1名幼儿没有找到椅子，教师根据全体幼儿共睹的现象提出："为什么总是有1个小朋友没有找到椅子？"让幼儿去思考，寻找产生多少差别的原因。接着又提出一个问题："怎样使每个小朋友都能找到椅子？"引出"一样多"的教学要求和一一对应的方法。一个"为什么"、一个"怎么样"，促使幼儿从数量上去寻找原因和解决问题的方法。

值得指出的是，对幼儿的建议，教师不是"权威"性的肯定或否定，而是通过具体活动来证实是否正确。"1个小朋友，1把椅子，一一对应。"让幼儿自己来肯定或否定，这种方法对培养幼儿养成积极思考的学习习惯起着积极的作用。

这节教学课的设计，符合小班幼儿年龄特点，不但是因为游戏活动形式能引起幼儿兴趣，而且符合他们的理解水平。当教师提出问题后，幼儿的反应十分活跃，虽然有的幼儿还不能用清楚连贯的语言来表达，但是他们仍七嘴八舌地抢着来谈自己的见解，甚至有的幼儿端起自己坐的小椅子说："把我的椅子放上去就够了……"当采纳了他们的意见后，他们更为自己想的办法正确而高兴地拍起了小手。可见，这节作业设计符合小班幼儿年龄特点和接受能力，既注意到进行数概念知识的教学，又注意了幼儿智力能力的发展，是一节很有特色的作业设计。

2. 幼教中班

北风爷爷和小朋友（中班）

教案设计：诸品娟、付坚敏等

教学要求：

1. 要求幼儿在理解故事内容的基础上，学习故事中角色时对话，并鼓励幼儿做一个勇敢的孩子。

2. 引导幼儿自己布置冬天的景色，巩固对冬季主要特征时认识。

教学准备：

1. 配乐故事磁带1盒。北风爷爷的头饰1只。

2. 冬天景色的背景图1幅，穿冬季和夏季服装的小朋友若干，冬季和夏季的草、树，花，小河等插入材料。

教学过程：

一、师生共同布置冬天的景色

1. 师：呼——呼！小朋友，你们听谁来了？

2. 师：北风爷爷来了，什么季节到了？

3. 师：冬天到了，草地上有什么变化吗？（启发幼儿选择拾黄的草地，然后，贴在冬天的背景图上。）

这里还有许多东西，请小朋友用这些东西布置一幅冬天景色的图画。（教师注意帮助幼儿选择恰当的东西。）

边布置边提问：

（1）你为什么要贴这些“树”？

（2）你为什么要贴这些“小朋友”？

（3）你为什么要贴这“结冰的小河”？

二、教师讲述故事

师：小朋友，你们布置的冬天的景色真好，现在，老师就用你们布置的冬天的图画编一个“北风爷爷和小朋友”的故事。

1. 教师有表情地边讲故事边操作教具。

2. 讲完故事后提问：

（1）故事的名字叫什么？

（2）你喜欢冬天吗？为什么？（启发幼儿谈谈自己的感受。）

3. 听配乐故事。老师根据故事内容，指出画面上的重点部分，帮助幼儿加深对故事内容的理解。

三、分析故事，学讲“对话”

1. 冬天到了，北风爷爷吹到哪些地方？

这些地方有什么变化？

师：北风爷爷吹到小河旁。

（幼儿集体回答：小河里的水结成了冰。）

师：北风爷爷吹到了小树林里。

（幼儿集体回答，树枝冷得直发抖。）

师：北风爷爷找小鸟玩。

（幼儿集体回答：小鸟说："北风爷爷，你吹得我好冷呀，我要回家了，家里可暖和呢。"）

师：北风爷爷去找小朋友玩。

（幼儿集体回答：小朋友们说："北风爷爷，你吹得我们好冷呀，我们要回家了，屋子里可暖和呢。"）

（注：幼儿可以根据自己对故事的感受，自选各种动作，边做边练习故事中角色间的对话。）

2. 北风爷爷想：小朋友都不出来，我要想个好办法。北风爷爷想了什么好办法？（幼儿回答。）

四、老师和小朋友分角色表演故事。

请3名幼儿扮演小河，3名幼儿扮演树，2名幼儿扮演小鸟，其余幼儿坐在座位上扮演故事中的小朋友，老师戴上头饰扮演北风爷爷。当表演到北风爷爷送礼物的时候，可让幼儿从椅子背后自然地走出来，边说边教："1片、2片、3片……树枝上也白了。"最后，小朋友欢快地围着北风爷爷，北风爷爷夸奖小朋友："你们真是勇敢的小朋友。我们一起到外面去玩打雪仗的游戏吧！"

教师带领幼儿到草地上玩体育游戏"打雪仗"，结束。

【评析】

教师能充分发挥幼儿的积极性，主动性，有意识地启发幼儿根据已有的知识感受，选择适当的材料，师生共同布置成一幅冬天景色的图画。然后，教师再根据画面的内容编故事。这样，既可以巩固幼儿对冬季主要特征的认识，又可以激发幼儿听故事的愿望。在教育形式和方法上，教师采用师生共同贴贴、看看、听听、讲讲的生动活泼的形式，为幼儿提供看、想、听、动的机会，激发了幼儿的情感。通过贴贴、讲讲，逐步理解故事的内容，并在理解的基础上，进入角色，学讲故事中的主要对话，以达到语言教学的目的、要求。同时，在整体构思上注意语言教学与常识、品德教育的有机结合，无论是教材内容的改编，还是教学形式的选择，都能较好地将三者融合在一起。此外，教师还注意调动教与学两方面的积极性，抓住教学的各个环节，在启发提问中富有变化，使全体幼儿学得主动、积极，收到了很好的效果。

【附教材】

北风爷爷和小朋友

冬天到了，北风爷爷呼呼地唱着歌，高高兴兴地出了家门。北风爷爷吹到了小河旁，小河里的水结成了冰；北风爷爷吹到小树林，小树枝冷得直发抖；北风爷爷去找小鸟玩，小鸟说："北风爷爷，你吹得我好冷呀，我要回家了，家里可暖和呢。"北风爷爷想找小朋友们玩，小朋友们说：“北风爷爷，你吹得我们好冷呀，我们要回家了，屋里可暖和呢。”

北风爷爷气得直翘胡子，吹到屋子前，“咚咚”地敲着门，他还是想叫小朋友们来和他玩。可是，小朋友们把门关得紧紧地说：“北风爷爷，你吹得我们好冷呀，我们还是在屋子里玩吧！”北风爷爷想，你们都不出来，我来想个好办法。他动了动脑筋，说：“呼——呼——，小朋友们，我带来了一样礼物，你们快出来看呀！”小朋友们把门打开一看，呀！ 1片、2片、3片，好美丽的雪花呀，地上白了，屋顶上白了，树枝上也白了。于是，1个、2个、3个……许多小朋友都从屋子里走了出来，和北风爷爷一起高高兴兴地做游戏，北风爷爷大声地说：“呼——呼——，你们真是勇敢的小朋友！”

3. 幼教大班

认识鞋子（大班）

教案设计：曹爱琛

教学要求：

1. 通过介绍鞋子的种类，使幼儿知道鞋子的广泛用途，并找出鞋子与季节、结构材料的关系。

2. 丰富词语：透水，透气，镂空……

3. 培养幼儿观察周围事物的兴趣。

教学准备：

1. 课前组织一次运动会，要求幼儿穿运动鞋，并让幼儿体会运动鞋有弹性。

2. 课前带幼儿参观鞋店。

3. 教具准备：幼儿四季常见的鞋子及钉鞋、溜冰鞋。

教学过程：

一、出示一双小鞋，引起幼儿的兴趣

1. 出示一双小鞋：今天老师带来一双非常有趣的鞋子，这双鞋子你们喜欢吗？

提问：（1）这双鞋子是谁穿的？（2）我们每个人都要穿鞋子，你们知道为什么要穿鞋子？

（鞋子的功用：能保护脚，美观。）

2. 请小朋友看看，你们脚上穿的什么鞋？（教师根据幼儿所说的出示相应的鞋。）

3. 请小朋友想一想，你家里还有什么鞋子？（教师再出示相应的鞋。）

小结：小朋友需要穿的鞋子真多，有各种颜色的鞋子，有各种式样的鞋子。我们把跑鞋、旅游鞋都叫做什么鞋？（运动鞋）棉鞋、高帮皮鞋都叫什么鞋？（棉鞋）凉皮鞋、塑料鞋都叫做什么鞋？（凉鞋）

二、启发幼儿找出鞋子与季节的关系

师：这里的鞋子都是一个小朋友的，那么请小朋友想一想，为什么一个人要穿这么多的鞋子呢？（启发幼儿根据不同的季节应穿不同的鞋子来回答。）

小结：我们是根据不同的季节来选择合适的鞋子穿的。

三、启发幼儿讲述鞋子和材料结构的关系

1. 出示棉鞋，提问：

（1）这是什么鞋？

（2）棉鞋什么时候穿？

（3）冬天为什么要穿棉鞋？

（启发：棉鞋是什么材料做的？棉鞋能起保暖作用。）

2. 出示雨鞋，提问：

（1）雨鞋是在什么时候穿的？

（2）为什么下雨天要穿雨鞋呢？

（启发：雨鞋是什么材料做的？）

（3）水浇在雨鞋上里面会湿吗？

（教师做一个实验。教词：不透水。）

3. 出示运动鞋，提问：

（1）这是什么鞋？

（2）什么时候需要穿运动鞋呢？

（请穿运动鞋的小朋友站起来一起跳动，感受运动鞋的弹性。）

4. 出示皮鞋，提问：

（1）这是什么鞋？

（2）皮鞋什么时候穿？

（3）为什么要穿皮鞋呢？（出示一双脏皮鞋。）问幼儿：这双皮鞋漂亮吗？你有什么办法使它干净呢？对！擦一擦（教师擦）。现在这双鞋怎么样啦？（皮鞋的特点就是一擦就亮，不用水洗。）

5. 出示塑料凉鞋、凉皮鞋，提问：

（1）这是什么鞋？它们在什么时候穿？

（2）为什么夏天要穿凉鞋呢？（教词：镂空、透气。）

小结：鞋子是根据不同的用途，用不同的材料做成的，使我们穿的时候方便、舒服，又美观。

四、扩展讲述

请小朋友想一想，除了今天在这里的鞋子以外，你在电视里、马路上、鞋店里、图书里还看到过什么鞋子？如果让你发明一双鞋子，你准备发明一双什么样的鞋子呢？

五、做找鞋子游戏

请每个小朋友拿一张鞋图片，看看图片上小朋友穿什么衣服，根据所穿的衣服到前面来找出相应的鞋子，看谁找得又对又快。

教师示范：春天穿毛衣的孩子应穿什么鞋子？

（启发幼儿讲出可以穿皮鞋及运动鞋。教师根据幼儿所答找出皮鞋或运动鞋。）

请幼儿上来做找鞋子的游戏，结束后评价找得对不对，如找错，即加以纠正。

【评析】

此教案的设计很有特色。

首先，教材内容是幼儿在日常生活中常接触到的。对幼儿来说，他们每天均要穿鞋子，无论是外出或在家里，无论是冬天或夏天，无论是晴天还是雨天，都要根据不同的需要穿不同的鞋子。在平时，可能有不少幼儿还为此费过不少心思，动过不少脑筋。幼儿自己有此生活经验，因而教师把多种鞋子作为集体认知对象时，幼儿是很乐于接受的。

其次，由于幼儿对鞋子已有点滴的认识，因此，教师在教学中不仅给幼儿充分表述自己已有知识的机会，而且紧接着又给予适当的新知识。由于新知的难度适中，且立足于幼儿的兴趣之上，故幼儿易于掌握。例如，在教学的开始部分，让幼儿讲讲自己脚上穿的鞋子，每个人为什么要穿鞋子，家里还有什么鞋子等。这些问题幼儿是完全能表述出来的，因而幼儿会根据自己已有的生活经验来回答教师的提问，且说得头头是道，兴致勃勃。接着，教师就在此基础上帮助幼儿把鞋子与季节、与结构材料联系起来，使幼儿知其然，更知其所以然，知道了之所以在冬天与夏天、晴天与雨天要选穿不同的鞋子，是因为鞋子是由不同的材料做成的，不同材料做成的鞋子也就具有了不同的特性，也就能适应不同的需要。

最后，教师还很注意培养幼儿对周围事物的观察兴趣。在教学中，教师让幼儿先观察自己脚上穿的鞋子，再想想家里还有些什么鞋子。最后又要求幼儿讲讲在电视里、马路上、鞋店里、图书里所看见的鞋子。这样使幼儿的眼光由眼前扩展到了其他领域。这对观察能力较强的幼儿来说，能起到鼓励的作用，而对那些平时不太注意观察周围事物的幼儿来说，则能起到促进的作用。长此以往，幼儿平时对周围观察的兴趣定会愈加浓厚的。

4. 小学低段语文

《聪明的华佗》

芳草地小学　刘卉

教学要求：

1. 学习课文，使学生懂得遇事要多动脑筋，才能找到解决问题的好办法。

2. 继续学习结合上下文理解词句的方法，培养理解句子的能力。

3. 朗读课文，试背第四自然段。教学重点：学习结合上下文理解词句的方法。

教学难点：结合三、四自然段词句内容理解重点句“硬拉是不行的，我得想个办法”。

教学准备：投影片、生字卡片。

教学时数：两课时。

教学过程：

一、导入新课，明确训练要求

读了课题，你知道了什么？你还想知道什么？（归纳学生所提问题。）

二、初读课文

1. 自读课文。

两人一组互读互查，要求：

（1）读准字音，不丢字，不加字。

（2）读后标出自然段的序号。

2. 检查字词的读音（出示卡片）。

3. 指名分段读全文

要求读正确,读后评议。

三、讲读课文

1. 学习第一自然段。

(1) 自读第一自然段,想:从这段话你知道了什么?

(2) 指名看着投影图用自己的话说一说。

(3) 这一段有不懂的地方吗?

过渡:由于父亲的去世,妈妈送华佗到蔡医生的药铺里学徒,蔡医生能收下他吗?

2. 指名读第二自然段。想:蔡医生为什么要考小华佗? 又是怎么考的?

过渡:蔡医生叫他把两只打架的羊分开。华佗看到了什么? 又是怎么想的呢?

3. 学习第三自然段。

(1) 自读。说说当时两只羊斗得怎么样。你从哪儿看出来的?

板书:斗得凶

(2) 老师演示"头对头,角对角。你顶过来,我顶过去"。同桌边读边做动作。

(3) 指导朗读,把两只羊斗得凶的感觉读出来。(自读、指读、评读)

过渡:华佗看到两只羊斗得这样凶,他是怎么想的呢?

(4) 根据回答出示重点句:"硬拉是不行的,我得想个办法。"(齐读)

先理解"硬拉"一词,再结合上下文想:为什么硬拉是不行的?(学生讨论)

(5) 点名回答后,老师引导学生小结。

(6) 从这儿可以看出华佗遇事怎么样?

过渡:华佗想了个什么办法,结果又怎样呢?让我们再来看看课文。

4. 学习第四自然段。

(1) 自读第四段。

(2) 说说华佗是怎么做的。(以读代答)其他学生边听边看图。

(3) 结合生活实际理解"鲜嫩",看图理解"各",做动作理解"晃动"。

(4) 华佗为什么要采"鲜嫩"的草,还两手"各"拿一把,在两只羊面前"晃动"?

(5) 这个办法行吗?你从哪儿看出来的?

板书:引开

(6) 从华佗的这个办法可以看出什么?

(7) 指导朗读,把表现华佗聪明的地方读出来。(自读、指读、评读)

(8) 完成第100页第2题。(出示投影)

(9) 试背第四自然段。

过渡:小华佗用聪明的办法解决了蔡医生出的难题,蔡医生会怎样呢?

5. 学习第五自然段。

(1) 齐读第五段。

(2) 理解"立刻"一词(采用换词法)。

(3) 引导学生联系上文,想想再回答:为什么蔡医生高兴得立刻收下了华佗?

(4) 结合板书小结:华佗虽然年纪小,但他遇事不慌,能仔细观察,开动脑筋想办法,巧妙地解决了蔡医生出的难题,蔡医生认为他今后一定能成为好医生,所以高兴得立刻收下了这个（指课题齐说）聪明的华佗。

（5）蔡医生想的对吗？你是怎么知道的？齐读课文第一句话。

6. 回顾全文，还有什么不懂的问题提出来。（教师根据学生实际，相应处理）

7. 指名有语气地朗读全文。

四、总结全文

【评析】

教学内容的安排围绕教学目标，紧扣训练重点。诸如对“为什么硬拉是不行的”，“我得想个什么办法”这一教学难点的突破，对“为什么蔡医生高兴得立刻收下了华佗”这一涵盖全文内容的重点问题的解答，都分别引导学生结合上下文内容来阅读、思考。并巧妙地利用简明的板书，直观地展示了重点句与上下文的联系，加深了学生对课文内容和训练重点的理解。本教案的教学环节清楚，结构合理，教法适合学情。特别是教师积极创设了学生参与课堂教学活动的环节与形式，形成师生互动和生生互动的教学局面。有利于学生通过自己的看、听，想、做、说、质疑、讨论和相互评议等一系列实践活动，积极主动地获取知识，发展思维。教案以阅读训练为主线，优化了识字教学过程，把识字教学贯穿于整个阅读教学之中。这样既可分散“音、形、义”的教学难点，又可使阅读教学每个环节的识字任务有所侧重，既突出了阅读训练这一主线，又使识字教学得以加强。

5. 小学中段语文

《美丽的小兴安岭》

崇文区培新小学　佟旌

教学要求：

1. 使学生了解小兴安岭一年四季景色的美丽，物产的丰富。初步产生喜爱小兴安岭，热爱祖国山河的情感。

2. 学会本课15个生字。能联系上下文和生活实际理解词句，体会作者用词的准确。能初步理解课文内容。

3. 能有感情地朗读课文，并能从描写春、夏、秋、冬景色的段落中，选一段背下来。

4. 学习作者按四季变化的顺序，抓住景物特点进行观察的方法。教学重点：理解春夏两个自然段，及体会用词的准确。教学难点：理解夏季部分中较难的词句。

教学准备：

1. 收集有关小兴安岭的图片和资料。

2. 挂图、词语卡片、投影片、录像机。

教学时数：三课时。

第一课时

教学内容：初读课文，了解课文内容，自学生字。学习第一自然段。

教学过程：

一、简介小兴安岭。

二、初读课文。

1. 自由读全文。

2. 按生字表学生字,读准字音。

3. 在教师指导下查字典,初步理解:嫩绿、淙淙、欣赏、浓雾、宿舍、献出、名贵、来临、紫貂等词语。

4. 默读全文,提出不懂的问题。

5. 思考:小兴安岭给你留下怎样的印象?

三、学习课文第一自然段,并找出四季景物。

1. 自由读,思考:你们都知道了什么?

2. 从哪些地方看出树很多?(出示红松、白桦、栎树的图片,认识这些树木,了解各自的特点。)

3. 自由读。指导读第一自然段,体会"绿色海洋"的美。

4. 学生再读"春、夏、秋、冬"段,找四季景物。

四、学习"抽、封、严、呼"字形。

五、布置作业:熟读课文,写生字。

第二课时

教学内容:

讲读课文第二、三、四、五、六自然段,重点学习"春、夏"两段。

教学过程:

一、导入新课,明确学习目标。

1. 出示"抽出、嫩绿、封、献出、膝盖"词语卡片,让学生读。

2. 回忆第一自然段主要写的是什么?(板书:树海)

3. 看幻灯,回忆四季中都写了哪些景物。

4. 体会这些景物怎么美,有感情地朗读感受它的美,同时体会用词的准确。

二、分段学习。

1. 学习"春"这一自然段。

(1) 自读这段,思考:小兴安岭的春天怎样?

(2) 读描写树的句子,思考:春天的树什么样?(板书:抽、长)

(3) 什么是"抽出"?(教师做演示,让学生知道用"抽出"好在既写出树枝长得快,又写出它的新和绿)可追问:是一棵树这样吗?(体会春天树海的美丽)

(4) 其他景物什么样?学生自由读,想象活动画面,感受生机勃勃的美。

(5) 师生合作有感情地朗读这段。

2. 学习"夏"这个自然段。

(1) 默读这段,提出不明白的问题。

(2) 解疑。"葱葱茏茏"(看图助解)和"密密层层"、"封"(想象画面助解,"封"字进一步换词助解),指导读这句。再通过看录像理解"浸在、千万缕"等词的意思。

(3) 读描写小草和野花的句子。

(4) 学生看着录像给画面配音。

3. 学习"秋、冬"两个自然段,学生体会着自读这两段。

（1）秋天是一种什么景象？

（2）哪个词写出落叶美？（板书：飞舞）

（3）指导读“森林献宝”一句。

（4）学生看图描述冬景。（板书：积满）

4. 总结四季树木特点，引出最后一段。

（1）找出的四季景物，小兴安岭都有哪些宝？

（2）第一宝是什么？

三、布置作业：

有感情地朗读课文，喜欢哪个季节的景色？试着背诵下来。

第三课时

一、听写第一课时学过的生字。

二、熟读课文，练习背诵。

三、学习“嫩、鹿、映、浓、舍、献、酸、贵、膝、掌、临”等字。

四、课后作业：写生字，抄写读读写写中的词语。

【评析】

这份教案主要有三个特点。

一、突出重点，注意联系，体现了对教材的准确把握。重点学习春夏两季，其余部分让学生自学，这样安排重点突出，节省课时，有利于学习能力的培养。另外注意了句与句、句与段、段与篇的内在联系，处理好了部分与整体的关系，既能使学生看到每一景物、每一季节的特点，又能感受到小兴安岭整体的美丽。如当学生理解“抽出”一词，体会树木长得快时，老师提问：“是一棵树这样吗？”引导学生联系第一自然段，想象“数不清的”树木都在抽枝长叶，体会春天充满生机。

二、重难点处质疑问难，体现了主体意识。由于“夏季”这部分既是重点，又是难点。所以老师安排了质疑环节，用学生的疑问代替老师的设问。然后根据学生的实际，有的问题，让学生互相解答；有的通过图片、看录像等方法帮助解决。这种从学生的疑难出发设计教学环节的做法，体现出学生是学习的主人，教为学服务的思想，同时，老师并不满足只限于学生质疑，在学生理解不到之处，设计了引发学生深入思考的问题，以展示学生学习的过程，使质疑环节落到了实处。

三、训练设计扎实，形式多样，体现了训练意识。如设计了多种读的方式，调动学生学习的兴趣；利用一切手段启发学生想象，培养学生的想象力；重视词语教学，落实了训练重点；在理解内容的过程中渗透学法，等等。

此课获全国一等奖。

6. 小学高段语文

《草原》

宣武区育才小学　丁纳

教学要求：

1. 有感情地朗读课文，使学生了解草原的美景，体会蒙汉情深、民族团结的思想感情。

2. 学会生字新词，会用"那么……那么……"和"既……又……"造句。

3. 仿照第一自然段的写法，练习描写一个景色的片段。

教学重点：理解课文内容，体会蒙汉情深、民族团结。

教学难点：理解文章的中心句。

教学准备：录像、录音、投影。

教学时数：三课时。

第一课时

教学内容：

学习生字新词及课文写景部分。

教学过程：

一、导入新课

这节课让我们陪同老舍爷爷一起去内蒙古大草原看一看，领略一下它那独特的风光吧！

二、自学生字新词，初步感知课文

要求：

1. 自读课文，查字典学习生字新词。

2. 熟读课文，做到不丢字、不添字、流利。

三、细读课文，理清结构

1. 思考：课文主要讲了哪两方面的内容？（板书：景色访问）

2. "访问"是从哪几方面来写的？（板书：迎客—相见—款待—联欢）

四、讲读第一段写景部分

1. 听配乐朗诵，思考：草原的景色给你留下了哪些印象？（板书：辽阔美丽）

2. 默读第一段，思考：这段分几层来写的？

自学提示：

（1）作者初到草原时，看到什么？有什么感受？

（2）体会"那么……那么……"、"既……又……"的意思。

3. 集体讨论：按"听"、"说"的要求进行回答，及时纠正"听"、"说"中的不良习惯。

4. 练习朗读，熟读成诵，体会作者的情感。

5. 小结：这湛蓝、清晰的天空，碧绿辽阔的草原以及那洁白移动的羊群，构成了一幅生动的彩色画面。面对这大自然的无穷魅力，我们怎能不动情？怎能没有感受呢？（板书：陶醉）

五、抓住重点词语，有感情地朗读课文，体会作者情感

第二课时

教学内容：

学习第二段叙事部分，进一步理解课文，体会蒙汉情深。

教学过程：

一、导入新课

上节课，我们一起欣赏了草原美丽的景色。（放录像）下面让我们再一次走进这辽

阔、美丽的草原!(学生看录像,老师背诵第一段写景部分)这美丽的草原又孕育了怎样的人民呢?这次草原之行给你最深的感受又是什么?让我们这节课进一步体会课文内容。

(板书:景色,辽阔美丽)

二、学习课文第二段

1. 由四名学生按“迎客、相见、款待、联欢”的顺序朗读课文。要求:同学们边听边划出文中的中心句。(板书:蒙汉情深)

2. 默读第二段,思考:从哪些地方感到蒙汉情深?

(1) 边读边划出你认为最能体现蒙汉情深的词句。

(2) 注意下列带点的词语。

① 马疾驰,襟飘带舞,像一条彩虹向我们飞过来。

② 蒙汉情深何忍别,天涯碧草话斜阳!

(3) 调理语言,做好发言的准备。

3. 小组先交流,然后全班讨论。

4. 出示投影,指导有感情地朗读诗句及第二段课文。

三、总结:本文歌颂了什么

(板书:民族团结)

四、有感情地读全文:再次体会蒙汉情深

五、作业:请阅读有关民族团结友爱的文章和书籍

第三课时

教学内容:

巩固复习,仿照第一节写法,写景色片段。

教学过程:

一、导入

我们通过学习《草原》这篇文章,深深地体会到草原不仅景美,人更美!

二、指名有感情朗读全文

三、背诵第一段

四、总结第一段写作方法,理清写作思路

五、出示写作题目:《公园的一角》、《校园的一角》等

1. 分析题目,进行指导。

2. 给时间自己练写并检查。

3. 投影:重点分析一位学生所写片段,指出优缺点。

六、作业:修改自己写的片段

板书设计

【评析】

这份教案有以下三个特点:一、在课堂教学结构上,注意了对学生自学能力的培养。教师围绕着教学的重点,设计了几个有内在联系的思考题。采用了“提示”的方式渗透学法的指导。提出问题并帮助学生解决问题,使学生的自学落在实处。二、把理

性的分析、认识与增加学生的情感体验有机地结合在一起。教师在教学中,注意减少不必要的理性分析和讲解,借助多种手段——看录像片、配乐朗诵、感受性朗读等,把对课文内容的理解与激发内心的情感紧密地联系起来,促使学生在理解之中受到感染熏陶,产生相应的心理效应,使理解进入了一个高的层面。三、在课堂的教学中,重视对学生进行"听、说、读"的训练。老师在进行"听、说、读"的训练时,不仅围绕着思维进行训练,而且在训练中,还注意在教方法的同时,训练习惯的养成。

7. 小学低段数学

8的乘法口诀

昆明市莲华小学　谢明珠

教学要求:

1. 使学生在理解口诀来源的基础上,熟记8的乘法口诀。

2. 应用8的乘法口诀求积。

3. 使学生认识被乘数和乘数交换位置积不变,能用一个口诀求出两个乘法算式的积。

教学过程

一、复习。

1. 用"开火车"的方式把1—7的乘法口诀练习一遍。

2. 用卡片抽背口诀。

3. 口算:用活动图画纸卡片,8个8个地加,加到64。

二、新课。

1. 教师讲小白兔开庆祝会的故事引入新课。边讲边出示用纸做的小兔集合图,每组8只共8组,师生共同完成例1的教学。

2. 通过实物图,根据乘法意义归纳8的乘法口诀的来源,并填出第20页例1的乘法算式的得数和相应的口诀。

3. 判断被乘数、乘数。出示3个8,让学生写出乘法算式为什么用8做被乘数,3做乘数?(指名回答)

小结:几个相同加数相加,可以用乘法算式表示。相同的加数做被乘数,相同加数的个数做乘数。

4. 8的口诀全部出现后,师生共同总结,使学生进一步理解口诀的来源,熟记8的口诀。

5. 巩固练习。由两个同学板演比赛:

8+8+8+8=32

8×4=32

提问:两种算法,哪种简便?

小结:求几个相同加数的和时,用乘法计算比较简便。乘法计算离不开口诀,所以熟记口诀很重要。

6. 熟记口诀练习。

(1)全班齐背诵8的乘法口诀。

(2)用卡片口算练习六第2题。

(3)用对口令的方法比赛谁算得又对又快,算得又对又快的奖励小红旗一面。

三、讲授例。

让学生观察算式8×7=56　7×8=56,并说出各用哪一句口诀。

提问:两个算式的被乘数和乘数有什么变化?两个算式的积和口诀相同吗?

小结:8×7=56　7×8=56,两个算式的被乘数和乘数的位置交换了,8×7表示7个8相加,7×8是表示8个7相加,但它们的积相同都是56,口诀也相同都是七八五十六。我们看见任何两个数相乘,不管哪个数在前面,哪个数在后面都用一个口诀。如4×8和8×4都用口诀"四八三十二";相反,一句口诀也可以写出两个算式。

四、巩固练习。

1. 练习六第6题。

2. 游戏"小鸽子回家"在小鸽子的房子上分别写上16,24,12,几个得数,把写有2×8,8×2,4×4,4×6,6×4,8×3,3×8,3×4,4×3,2×6,6×2的卡片发给小朋友,让他们帮助小鸽子找到自己的家。

五、独立作业。练习六第8题,第10题。

8. 小学中段数学

平行四边形面积的计算

执教老师:东营市实验小学　张兴芳

教学目标:

1. 在计算长方形面积的基础上进行迁移,使学生正确理解平行四边形面积计算公式,并能够正确计算平行四边形的面积。

2. 在学生自己动手剪拼中发展学生的几何空间观念,同时让学生初步感知等积转化的思想方法,为今后的几何图形学习打下基础。

3. 培养学生自己动手、勇于探索的精神。

教学重点:

平行四边形的面积公式的推导。

教学难点:

平行四边形与长方形的等积转化。

学具、教学准备:

平行四边形硬纸板若干个、剪刀若干个、三角板若干个、一平方厘米小纸片若干个(学生用),录像、折尺做成的可以拉动的平行四边形。

教学过程:

一、创设情境,激发兴趣。

上课后先让学生看老师制作的学校装饰所用平行四边形的录像。(生:看录像。)

师:(针对长方形墙面)我校在暑假对教学楼进行了装饰,请看这一块墙面,要想贴瓷砖,应该怎么办?

生：先测量长和宽，计算出面积，然后根据面积计算出需要多少块瓷砖。

师：（针对平行四边形的墙面）这段墙面也要贴瓷砖，应该怎么办？

生：计算出面积。

师：对，但这不是长方形或正方形而是平行四边形。平行四边形的面积怎么计算我们还没有学过，今天就让同学们来解决这个问题：计算平行四边形的面积。

（这个环节从生活实际入手，联系学生生活实际，解决学生身边的数学问题，使学生感到不是为学习数学而学习，而是为解决生活中的实际问题而学习。这样上课贴近学生的生活，学生就乐于学习，乐于探索，并可使学生养成学以致用的良好习惯。）

二、学生利用自己的硬纸片和剪刀独立思考并进行操作。

（此环节不应首先让学生分小组讨论解决，学生的讨论应该在学生自己充分动脑并有所发现的基础上进行。老师切记不要给学生任何提示或暗示，只有这样才能够充分调动学生的思维与探索。）

出现了下列情况：有的学生用小方格纸片在平行四边形硬纸片上拼贴，剩下了两个小三角形，把两个小三角形拼在一起，又是一个小方格，从而计算出了平行四边形的面积。有的学生把平行四边形的一个角垂直剪下来，拼到另一边，拼成了一个长方形，计算出了面积。有的学生在平行四边形上做一条垂线，剪开，然后拼成长方形，计算出了面积。有的同学在平行四边形的两个定点做垂线，然后把两个三角形剪下来，计算出长方形的面积再加上两个三角形的面积，从而计算出了平行四边形的面积。也有的同学没有发现问题，没有想出计算的办法。凡是有所发现并计算出了平行四边形面积的同学都很兴奋，但是学生的发现都仅限于一种方法，这是不够的，此时应该进行小组讨论，让学生在合作交流中互相学习。

三、小组讨论。

师：现在分小组进行讨论，要求每个同学汇报你的发现和计算方法，看哪个小组用的方法多。

生：讨论（略）。

师：反馈各小组讨论的情况。通过讨论交流，同学们发现可以用更多的方法计算出平行四边形的面积，自己开始只用了一种方法就满足了，这是不够的，有的甚至很遗憾：这些方法我可以都想出来的，为什么我没有再想一想就满足了？那些没有发现的同学也受到了启发，恍然大悟：这么简单呀，我怎么没有想到呢？

（小组讨论收到了预期的效果，学生的思维发散开来了。学生的思维能力就是在这样的过程中逐步发展的。）

师：现在请同学们独立思考：我们用了各种方法把平行四边形转换成了长方形，谁能发现这个长方形和平行四边形有什么关系？

生：平行四边形的长是长方形的长。

师：你的回答是正确的，但是在平行四边形里，这叫底。

生：平行四边形的高是长方形的宽。

师：（肯定学生的答案）请同学们独立写出平行四边形的面积公式。

四、验证、深化对平行四边形面积公式的认识。

进行到这里，学生写出平行四边形的面积公式已经没有困难，大家一致认为平行四边形的面积公式是：底乘高。但是学生并没有解决为什么必须是底乘高。

师：拿出用折尺做的平行四边形，拉成长方形，再故意稍微拉一下，变成平行四边形，这样看上去面积似乎是一样的。

师：同学们，是否平行四边形的面积一定是底乘高？

这时，有的同学发言了：有的平行四边形可以是底乘另一条边。生：平行四边形的面积也可以是底乘一条斜边。

师：同意的请举手。

有一部分学生举起了手。虽然有的学生没有举手，但这说明相当一部分学生并没有真正理解平行四边形的面积公式。这是课堂上必须解决的问题。

师：究竟计算平行四边形的面积必须是底乘高，还是也可以用底乘一条斜边？

同学们要通过验证才可以得出正确的答案。现在请同学们独立进行验证。老师设的陷阱引发了学生新的思考。

（老师不提供验证的方法，也不给予暗示，让学生开动脑筋，自己解决。）

出现了下列情况：

有的学生在纸上画了几个平行四边形，分别做出高，然后测量高和斜边的长度，发现所有的高都比与之对应的斜边短。如果用底乘斜边，得到的面积都大于底乘高的面积。有的学生用平行四边形的底和长方形的长相等的线段、平行四边形的斜边与长方形的宽相等的线段分别画出长方形和平行四边形，用底乘高计算出的平行四边形的面积与用斜边计算出的平行四边形的面积是不同的，用斜边与底相乘实际上计算出的是长方形的面积而不是平行四边形的面积。也有的学生没有找到验证的办法。

五、小组讨论。

师：现在分组交流。（此时安排讨论是必要的，这个讨论是在学生自己动脑的基础上进行的，学生的发言是有准备的，不是盲目的。这次交流同样可以使学生合作进行探讨，使有了感悟的学生深化认识，使没有感悟的学生受到启发，逐步学会动脑。）（小组讨论过程略）

师：反馈各小组讨论的结果，一定要让学生回答为什么得出了计算平行四边形面积必须是底乘高。（反馈情况略）

通过讨论，同学们得出了正确的答案：平行四边形的面积的计算必须是底乘高。

师：为什么刚才有的同学看到老师演示了教具，认为平行四边形的面积可以用底乘一条斜边计算？

生：刚才看到老师演示的平行四边形的面积和长方形的面积差不多……

生：刚才没有认真思考平行四边形的斜边与高的关系……

生：刚才没有琢磨长方形的宽与平行四边形的高的关系……

师：数学是严密的科学，不能只靠视觉的感觉来判断公式是否正确，必须通过验证，才能得出正确的结论。

六、知识应用。

（这个环节也同样重要，学生只有应用所学过的知识才能够深化对所学知识的理解，通过应用才能够感知学习数学的真谛，通过应用才能够提高学生应用知识解决实际问题的能力，从而对学习数学产生兴趣。）

师：现在请每一个同学出一道计算平行四边形面积的题来考考你的同桌，看谁能够把你的同桌难倒，但是你要首先自己做出答案来。

（学生互考只是一种学习方式，考别人不是老师的目的，老师的目的是通过这种互相挑战的学习形式来激发学生动脑，深化对所学知识的理解和掌握。）

学生出题互考。（略）

师：我们的身边到处都有数学，现在请同学们联系生活实际，每人编一道用平行四边形的公式解决生活中遇到的问题的应用题，考一考老师，看谁能够把老师难倒。

（这是让学生联系生活解决问题，并且向老师挑战，为了难倒老师，学生都搜肠刮肚，开动脑筋，这样做既有利于学生将学过的知识用于实际，也有利于学生思维能力的发展。）

生：联系生活，编应用题。（略）

师：反馈学生的应用题，认真解答学生的应用题。对于出题有创意、有新意的学生要及时给予表扬鼓励。

七、总结升华。

师：通过这节课，同学们有哪些收获？

生：我学会了求平行四边形面积的方法，就是用平行四边形的底乘高。

生：我掌握了平行四边形面积的字母公式。

师：再想一想，还有什么收获？从学习数学的方法的角度有什么收获？

这个问题难倒了学生。在学生充分动脑的情况下，老师点拨：

我们是不是还学到了一种重要的数学方法——转化方法？当我们碰到了解决不了的数学问题的时候，就可以利用已经掌握的知识，把它转化成可以解决的问题。今天大家学习的平行四边形面积的计算，就是把平行四边形转化成长方形来解决的。这种转化法在今后的学习中还会用到。

（教师的总结没有停留在平行四边形的计算方法上，而是升华到学习数学的方法上。这节课的重点就是让学生通过对平行四边形面积公式的产生过程的感知，感受等积转化的数学方法，这不仅可以为学生以后学习几何打下基础，而且可以提高学生的知识迁移、用已知解决未知的能力。所以在学生充分动脑的基础上，老师画龙点睛的总结升华是必要的。）

八、作业布置老师布置作业。（略）

老师要求学生在完成作业的基础上，每个同学都要出一道题给老师做。

9. 小学高段数学

《圆、圆柱、圆锥》复习课教学纪实及设计意图

执教老师：东营市广饶县第二实验小学　王爱莲

教学目标：

1. 通过复习，使学生系统地掌握圆、圆柱、圆锥的特征，理清有关的数量关系和概念，以及圆、圆柱、圆锥之间的联系。

2. 发展学生的空间想象能力、思维能力和综合应用知识的能力。

教学过程：

一、学生独立理清知识网络

1. 学生独立思考、整理圆、圆柱、圆锥的知识网络。

老师要求学生用图示或表格等形式，把学过的有关圆、圆柱、圆锥的知识独立整理出来。

（学生的讨论应该在每个学生都充分动脑的基础上进行，不要一开始就让学生进入讨论状态。学生独立整理学过的知识时，其大脑在进行对知识的概括、总结，从而提高学生的概括、分析、总结的能力，学生通过对知识的系统条理地分析，可使思维品质得到良好的发展。在进行这一步时，如果学生还不知道应该怎么构建知识网络，老师应该明确告诉学生，如果用图示方法应该怎么办，如果用表格方法应该怎么办。这是简单的常识性的方法，老师可以传授，不会影响学生能力的发展。）

生：按照老师的要求，独立构建知识网路。（略）

有的学生构建得较全面，有的学生构建得不够全面。但是大部分学生都没有条理而完全地把知识网络构建起来。

2. 小组交流，相互学习，互相补充，形成小组的共识。（略）

（此时学生进行小组的讨论交流是必要的。学生已经充分动脑，对学过的单元的知识进行了整理，在这种情况下进行小组讨论，可以使学生互相启发，发现自己的不足，深化对知识的全面掌握。）

二、小组代表汇报

（老师在实施过程中，要鼓励其他同学随时发言，发表自己不同的见解。）

师：哪个小组把你们经过讨论整理出的圆的知识网络向全班汇报？

请注意，小组代表汇报的时候，其他小组的同学要认真听，要提出修改或补充意见。

生1：通过对“圆”的学习，我们学会了求圆的周长：$C=\pi d$或$C=2\pi r$，我们还学会了圆的面积公式：$S=\pi r^2$。

师：圆的面积公式是怎么推导出来的？

生1：把圆平均分成若干个小三角形，再把这些小三角形拼成一个近似的长方形，这个长方形的长就是圆的周长的一半，宽就是圆的半径，长方形的面积公式是长乘宽，所以圆的面积是π乘r再乘r，这里π乘r是圆的周长的一半，相当于长方形的长，因为我们把r看成了拼成的长方形的宽，所以必须再乘r，那么圆的面积就是：$S=\pi r^2$。

生2：你说把圆平均分成若干个小三角形，我认为这种说法不准确，应该是平均分成若干个近似的小三角形，或者说分成了若干个“扇形”而不是三角形。

师：很好，你很棒，你发现了他表述时出现的关键问题，老师要向你学习。（老师要对学生的有价值的发现及时给予表扬激励，以激发学生学习的兴趣和学好数学的自信心。要特别注意表扬激励数学学习较差的学生。老师的几句由衷的赞扬，很可能成就学生的一生。所以，老师一定要学会表扬激励学生。）

生1：谢谢你，我刚才说错了。

师：同学们，请记住一个真理，学过的知识只有应用于我们的生活、解决生活中的问题才有用，通过应用还可以深化对所学知识的理解。现在，请同学们联系生活实际每人编一道数学题。

（老师的提示是必要的。通过这样的经常提示，教会学生学习数学，养成联系实际解决生活中遇到的数学问题的习惯。）

学生编题。

师：反馈。（略）

师：哪个小组的代表愿意汇报你们学习圆柱的收获？

生3：我们整理出了以下几点：第一，圆柱的侧面积等于底面周长乘高；第二，圆柱的表面积加上下两个底面积；第三，圆柱体的体积公式是V（圆柱）=Sh。

生4：我补充一下，圆柱的体积公式是这样推导出来的：把圆柱的底面平均分成若干小的扇形，再把圆柱切开，拼成一个近似的长方体，这个长方体的一个底面积就是圆柱的底面积，高就是圆柱的高h，因为长方体的体积是底面积乘高，所以，圆柱的体积是底面积乘圆柱的高。

师：请你再说一下，把圆柱体转换成近似的长方体之后，长方体的哪个面是圆柱的面？

生4：就是以圆柱底面半径为宽，以圆柱底面的周长的一半为长的哪个面的面积。（学生操作学具，边操作边解释。）

（老师的追问是必要的，因为长方体有三组相对应的面，究竟是哪个面，不能模棱两可，学生真正弄清楚了，才能真正理解图形的转换，从而掌握用图形转换来推导公式的思维方法。）

师：很好，你理解得很正确。

生5：我补充一点，实际生活中并不是所有的圆柱都是上下两个面，所以计算表面积的时候要根据具体情况来计算。例如水管，就没有封闭的底面，因此只能计算水管的侧面积，而圆柱形的水杯只有一个底面，那么计算表面积的时候就只能加一个底面积。

师：很好，你想得很周到，很正确。同学们，下面应该怎么进行？

生：联系生活实际应用学过的知识。

师：对，现在大家再联系生活，编写应用题，看谁的全面、有新意。

学生编写应用题。

师：反馈。（略）

生5：老师，我有个问题，如果我们不知道半径和周长，只知道底面积，能不能计算出圆柱的表面积？

（学生提出了一个老师事先没有想到的问题。）

师：你提的问题很好，你很会思考问题。哪个同学能够解决这个问题呀？

学生一下子愣住了。经过思考，有的说没有办法，有的说求出半径来就能解决，有的说求出直径来就能解决，有的说求出周长来就能解决……

师：如果不知道圆的半径和周长，只知道圆的底面积，是可以计算出圆的侧面积的，圆的面积是 πr^2，要求半径 r，就必须将 r^2 开方，这个知识你们还没有学，所以现在你们还解决不了。课下，如果同学们感兴趣，可以自己去学习怎么开平方。在此，我要再一次表扬刚才提出了这个问题的同学，他想到了比课本上更深的知识，大家学习数学，就要有这种追根问底的精神。

师：哪个小组的代表汇报圆锥这一部分的主要内容？

生6：第一，圆锥的体积公式是底面积和高相等的圆柱的体积的三分之一，用字母表示是 $V(圆锥)=\frac{1}{3}Sh$；第二，我们学会了用实验的方法推导出圆锥的体积公式；第三，圆锥的高是从圆锥的顶点到底面圆心的距离，圆锥的高只有一条而圆柱的高有无数条；第四，知道圆锥的底面积和高，就可以求出圆锥的体积，知道圆锥的半径、直径或周长，又知道圆锥的高也能求出圆锥的体积。

师：很好，你总结得很全面。

生7：我补充一点，如果知道了圆锥的体积和高，可以求出圆锥的底面积。像刚才老师告诉我们的，如果学会了通过开平方求出 r，我们还可以计算出圆锥的底面的半径、直径和周长。

师：很好，这位同学换了一个角度来认识圆锥，很好，学习数学就是要会动脑，多改变思考问题的角度。

生8：圆的面积、圆柱的体积、圆锥的体积，都是近似的，不是绝对准确的。

师：这个同学发现了普遍的规律，很好。为什么都是近似值？

生8：在计算时都要使用圆周率，而圆周率是一个不尽的小数，所以用圆周率求出的数值再精确也是一个近似值。

师：大家同意吗？

生：同意。

师：我也同意，因为他的解释是科学的。接下去我们应该干什么？

生：联系生活实际编题。

10. 特殊教育

蔬菜·水果

教者：上海市奉贤区聋哑学校　王美华

教学目的：

1. 学会两个新词：蔬菜，水果。掌握“蔬”的字形结构和书写方法，理解词义，并学习使用。

2. 学会课文中的“黄花菜、芹菜是蔬菜。橘子、香蕉是水果”两个句子。理解句义，并按句式说句、写句。

3. 教育学生多吃蔬菜，水果，不要挑食。

教学重点和难点：

了解“蔬菜、水果”的概念，掌握“蔬”字的笔顺。

课的类型：

看实物学词学句。

教学方法：观察法、演示法、辨析法。

教具准备：

1. 各种生熟蔬菜、水果。

2. 种菜的农具和用具（锄、刀、草帽）。

3. 买菜的篮子。

教学过程：

一、复习巩固，为教授新内容作准备

1. 交代学习任务。

2. 读生字卡片：

芹菜、黄花菜、竹笋、马铃薯、韭菜、蒜、

葱、姜、辣椒、橘子、香蕉、荔枝、哈密瓜

3. 看实物说词。

4. 看口形（听话）吃烧熟的蔬菜和水果。

（把各种东西放在一个小碗里）看谁吃得对。

注：让学生在吃的时候注意嘴里的感觉；个别挑食的学生今天吃了，给予表扬。

二、引出新词，学习理解词的概念

1. 引出新词：

（1）教师把橘子、香蕉放在一起，把芹菜和韭菜放在一起。

问：谁会按老师的方法，把这一大堆东西归成两类。

（抽学生分类）

（2）师：这两堆东西有两个新词。

出示生字卡片：蔬菜　水果

2. 读词，解字形。

（1）师："蔬"字跟哪个字音相同？（书）

读词：齐读，抽读（注意翘舌音）。

（2）看"蔬"字、抽学生解字形：上下结构，上面是草字头，下面右边是"梳"的一半。左边是新的。

（3）看老师板书，横折、竖、横、竖、横（5画）。

学生书空。

（4）三个学生一组排字：蔬。

3. 理解意思。

（1）让学生看桌上的两堆东西，再想想刚才我们吃的感觉。

讨论：蔬菜、水果有什么相同点？什么不同点？

（如学生回答不出，启发：谁种的？可以怎样？）

相同点：都是农民种的，都可以吃。不同点：蔬菜是吃饭时的菜，水果是果实，有水，解渴，甜。

板书

(2)讨论：鱼是不是蔬菜？甘薯是不是水果？为什么？

抽学生拿这些东西演示：两个学生戴上草帽，拿锄刀种菜，一个学生吃饭，一个学生口渴要吃水果。

通过演示让学生明白：鱼是菜，但不是种出来的，不是蔬菜；甘薯是种出来的，能吃，但没水不能解渴，故不是水果。

(3)按上面的特点讨论区别：毛豆、茭白，柿子，豆腐。

4. 老师按上面的特点小结“蔬菜，水果”的概念。

三、说说写写，初步形成句子概念

师：刚才我们学会了蔬菜、水果的读法，写法，并知道了它们的意思，现在你能根据它们的特点说说“什么是蔬菜”，“什么是水果”吗？

在抽学生回答的同时，让学生在黑板上贴上卡片或写上字。

注：在说写过程中如发现有错的，就加以演示，帮助学生理解错在哪儿。

四、创设情景，巩固加深词句的概念

师：现在我们来做游戏：买蔬菜、买水果。

1. 把实物分给每个学生负责卖。(小菜场)

2. 抽两个学生分别拿着写上“水果”、“蔬菜”的篮子去买，看谁买的又快又对。

3. 老师把同学买的东西一样一样地往外拿，同时学生说：××、××……是蔬菜，××、××……是水果。并检查学生买的对不对。对的给予鼓掌表扬。

五、学习句子，按句式写句

1. 师：你知道吗，黄花菜，芹菜是什么？橘子，香蕉是什么？

出示课文句子，齐读：黄花菜、芹菜是蔬菜。橘子、香蕉是水果。

2. 师：你能按上面的句式说、写一句话吗？

抽学生说、写，注意要写两样东西。

(　　　　)是(　　　　)。

六、课文小结，布置作业

1. 读黑板上的词句并小结。

2. 告诉学生蔬菜、水果有营养，我们要多吃蔬菜、水果，不要挑食。这样才能长得高长得壮。

3. 抄写词、句。

参考文献

[1]国家教育委员会师范教育司组编.教师口语[M].北京：语文出版社,2001.

[2]宋其蕤,冯显灿.教学言语学[M].广州：广东教育出版社,2000.

[3]高名凯,石安石.语言学概论[M].北京：中华书局,1987：16—18.

[4]冯鸿滔.心理学概论[M].北京：中国公安大学出版社,2006：446—449.

[5]李元授.交际学[M].武汉：武汉测绘科技大学出版社,1991.

[6]王德春.语体学[M].南宁：广西教育出版社,2000.

[7]贾红霞.言语交际学[M].北京：中央广播电视大学出版社,2009.

[8]李海林.言语教学论[M].上海：上海教育出版社,2000：21—22.

[9]张华.课程与教学论[M].上海：上海教育出版社,2000.

[10]崔春.语言与交际[M].杭州：浙江大学出版社,2006.

[11]马志强.语言交际艺术[M].北京：中国社会科学出版社,2006.

[12]李杰群.非言语交际概论[M].北京：北京大学出版社,2002.

[13]刘丽群,石鸥.课堂讲授策略[M].北京：北京师范大学出版社,2010.07.

[14]周德昌主编,江月孙副主编.简明教育辞典[M].广州：广东高等教育出版社,1992.

[15]张惠芹.教师的语言艺术[M].北京：中国国际广播出版社,2008.

[16][美]海姆·G·吉诺特著,张雪兰译.孩子,把你的手给我：与孩子实现真正有效沟通的方法[M].北京：京华出版社,2004.

[17][美]吉诺特著.孩子,把你的手给我2：与十几岁孩子实现真正有效沟通的方法[M].北京：京华出版社,2010.11.

[18][美]海姆·G·吉若特.孩子,把你的手给我3：老师与学习实现真正有效沟通的方法[M].北京：京华出版社,2010.

[19]吴雪青.小学教师口语[M].上海：华东师范大学出版社,2010.

[20]庄锦英,李振村.教师体态语言艺术[M].济南：山东教育出版社,1993.

[21]杨秋泽.教师口语[M].济南：齐鲁书社,2001.

[22]王永华编著.新课改下课堂教学新操作转变中小学教师教学行为十三讲[M].长沙：湖南师范大学出版社,2006.

[23][美]洛雷塔·A.马兰德罗拉里,拉里·巴克.非言语交流[M].北京：北京语言学院出版社,1991.

[24]魏丽杰,魏丽华.教师言语艺术[M].济南：济南出版社,2003.

[25]杨欣.教学语言艺术[M].成都：巴蜀书社,2009.

[26]严先元.教授的技巧[M].成都：四川大学出版社,2010.

[27]刘澍心.语境构建论[M].长沙：湖南人民出版社,2006.

[28]云南教育编辑部.小学语文优秀教案选[M].昆明：云南人民出版社,1984.

[29]周锡华,黄泽成.数学精彩案例片断集粹[M].海口：海南出版社,2006.

[30]虞莉莉.幼儿园教育案例专题研究[M].杭州：浙江大学出版社,2005.

[31]北大附小教案编写组.北大附小优秀教案[M].北京：北京大学出版社,2000.

后 记

本书的编写一路走来跌跌撞撞，从框架的敲定到全书的完成是一个旁人无法想象的艰难过程，途中几度停滞几乎放弃。如今终于成书，如释重负的同时又平添诸多新的忧虑：最终的编排有许多和设想不一样，不少想表达的没能做到位，所选的例子针对性还不够强……闭目想来，满是不足与遗憾，心中很是惶恐。而一切已是尘埃落定，只能留待广大的师生来作评定。在此，诚挚地恳请使用本教程的教师和师范生们提出宝贵的意见和建议，以便不断修订、完善，使本教程能够为培养师范生的教师口语能力发挥更好的作用。

本教程在编写过程中，借鉴和参考了大量的文献和著作，并采集了许多国内出版物中有关教师口语的论述和教例，在此谨向原编著者表示感谢。

最后，因为编写水平有限，本教程必定存在不少错漏之处，期待各方专家的批评指正。

张　洁

2013年10月